国家出版基金项目
NATIONAL PUBLICATION FOUNDATION

中宣部2022年主题出版重点出版物

"十四五"国家重点图书出版规划项目

纪录小康工程

全面建成小康社会

贵州大事记

GUIZHOU DASHIJI

本书编写组 编

贵州出版集团
贵州人民出版社

选题统筹：谢亚鹏

责任编辑：刘旭芳　左依祎

封面设计：石笑梦　唐锡璋

版式设计：胡欣欣　唐锡璋

图书在版编目（CIP）数据

全面建成小康社会贵州大事记 / 本书编写组编 . --
贵阳 : 贵州人民出版社 , 2022.10
（"纪录小康工程"地方丛书）
ISBN 978-7-221-17090-3

Ⅰ . ①全… Ⅱ . ①本… Ⅲ . ①小康建设－大事记－贵
州 Ⅳ . ① F127.73

中国版本图书馆 CIP 数据核字 (2022) 第 093279 号

全面建成小康社会贵州大事记

QUANMIAN JIANCHENG XIAOKANG SHEHUI GUIZHOU DASHIJI

本书编写组

贵州人民出版社出版发行

（550081 贵州省贵阳市观山湖区会展东路 SOHO 办公区 A 座）

贵阳精彩数字印刷有限公司印刷　新华书店经销

2022 年 10 月第 1 版　2022 年 10 月贵阳第 1 次印刷

开本：710 毫米 ×1000 毫米 1/16　印张：20.5

字数：265 千字

ISBN 978 - 7 - 221 - 17090 - 3　定价：72.00 元

邮购地址 550081　贵州省贵阳市观山湖区会展东路 SOHO 办公区 A 座

贵州人民出版社图书销售对接中心　电话：（0851）86828517

总　序

为民族复兴修史　为伟大时代立传

　　小康，是中华民族孜孜以求的梦想和夙愿。千百年来，中国人民一直对小康怀有割舍不断的情愫，祖祖辈辈为过上幸福美好生活劳苦奋斗。"民亦劳止，汔可小康""久困于穷，冀以小康""安得广厦千万间，大庇天下寒士俱欢颜"……都寄托着中国人民对小康社会的恒久期盼。然而，这些朴素而美好的愿望在历史上却从来没有变成现实。中国共产党自成立那天起，就把为中国人民谋幸福、为中华民族谋复兴作为初心使命，团结带领亿万中国人民拼搏奋斗，为过上幸福生活胼手胝足、砥砺前行。夺取新民主主义革命伟大胜利，完成社会主义革命和推进社会主义建设，进行改革开放和社会主义现代化建设，开创中国特色社会主义新时代，经过百年不懈奋斗，无数中国人摆脱贫困，过上衣食无忧的好日子。

　　特别是党的十八大以来，以习近平同志为核心的党中央统揽中华民族伟大复兴战略全局和世界百年未有之大变局，团结带领全党全国各族人民统筹推进"五位一体"总体布局、协调推进"四个全面"战略布局，万众一心战贫困、促改革、抗疫情、谋发展，党和国家事业取得历史性成就、发生历史性变革。在庆祝中国共产党成立100周年大会上，习近平总书记庄严宣告："经过全党全国各族人民持续奋斗，我们实现了第一个百年奋斗目标，在中华大地上全面建成了小康社会，历史性地解决了绝对贫困问题，正在意气风发向着全面建成社会主义现代化强国的第二个百年奋斗目标迈进。"

这是中华民族、中国人民、中国共产党的伟大光荣！这是百姓的福祉、国家的进步、民族的骄傲！

全面小康，让梦想的阳光照进现实、照亮生活。从推翻"三座大山"到"人民当家作主"，从"小康之家"到"小康社会"，从"总体小康"到"全面小康"，从"全面建设"到"全面建成"，中国人民牢牢把命运掌握在自己手上，人民群众的生活越来越红火。"人民对美好生活的向往，就是我们的奋斗目标。"在习近平总书记坚强领导、亲自指挥下，我国脱贫攻坚取得重大历史性成就，现行标准下9899万农村贫困人口全部脱贫，建成世界上规模最大的社会保障体系，居民人均预期寿命提高到78.2岁，人民精神文化生活极大丰富，生态环境得到明显改善，公平正义的阳光普照大地。今天的中国人民，生活殷实、安居乐业，获得感、幸福感、安全感显著增强，道路自信、理论自信、制度自信、文化自信更加坚定，对创造更加美好的生活充满信心。

全面小康，让社会主义中国焕发出蓬勃生机活力。经过长期努力特别是党的十八大以来伟大实践，我国经济实力、科技实力、国防实力、综合国力跃上新的大台阶，成为世界第二大经济体、第一大工业国、第一大货物贸易国、第一大外汇储备国，国内生产总值从 1952 年的 679 亿元跃升至 2021 年的 114 万亿元，人均国内生产总值从 1952 年的几十美元跃升至 2021 年的超过 1.2 万美元。把握新发展阶段、贯彻新发展理念、构建新发展格局、推动高质量发展，全面建设社会主义现代化国家，我们的物质基础、制度基础更加坚实、更加牢靠。全面建成小康社会的伟大成就充分说明，在中华大地上生气勃勃的创造性的社会主义实践造福了人民、改变了中国、影响了时代，世界范围内社会主义和资本主义两种社会制度的历史演进及其较量发生了有利于社会主义的重大转变，社会主义制度优势得到极大彰显，中国特色社会主义道路越走越宽广。

全面小康，让中华民族自信自强屹立于世界民族之林。中华民族有五千多年的文明历史，创造了灿烂的中华文明，为人类文明进步作出了卓越贡献。近代以来，中华民族遭受的苦难之重、付出的牺牲之大，世所罕见。中国共产党带领中国人民从沉沦中觉醒、从灾难中奋起，前赴后继、百折不挠，战胜各种艰难险阻，取得一个个伟大胜利，创造一个个发展奇迹，用鲜血和汗水书写了中华民族几千年历史上最恢宏的史诗。全面建成小康社会，见证了中华民族强大的创造力、坚韧力、爆发力，见证了中华民族自信自强、守正创新精神气质的锻造与激扬，实现中华民族伟大复兴有了更为主动的精神力量，进入不可逆转的历史进程。今天，我们比历史上任何时期都更接近、更有信心和能力实现中华民族伟大复兴的目标，中国人民的志气、骨气、底气极大增强，奋进新征程、建功新时代有着前所未有的历史主动精神、历史创造精神。

全面小康，在人类社会发展史上写就了不可磨灭的光辉篇章。中华民族素有和合共生、兼济天下的价值追求，中国共产党立志于为人类谋进步、为世界谋大同。中国的发展，使世界五分之一的人口整体摆脱贫困，提前十年实现联合国 2030 年可持续发展议程确定的目标，谱写了彪炳世界发展史的减贫奇迹，创造了中国式现代化道路与人类文明新形态。这份光荣的胜利，属于中国，也属于世界。事实雄辩地证明，人类通往美好生活的道路不止一条，各国实现现代化的道路不止一条。全面建成小康社会的中国，始终站在历史正确的一边，站在人类进步的一边，国际影响力、感召力、塑造力显著提升，负责任大国形象充分彰显，以更加开放包容的姿态拥抱世界，必将为推动构建人类命运共同体、弘扬全人类共同价值、建设更加美好的世界作出新的更大贡献。

回望全面建成小康社会的历史，伟大历程何其艰苦卓绝，伟大胜利何其光辉炳耀，伟大精神何其气壮山河！

这是中华民族发展史上矗立起的又一座历史丰碑、精神丰碑！这座丰碑，凝结着中国共产党人矢志不渝的坚持坚守、博大深沉的情怀胸襟，辉映着科学理论的思想穿透力、时代引领力、实践推动力，镌刻着中国人民的奋发奋斗、牺牲奉献，彰显着中国特色社会主义制度的强大生命力、显著优越性。

因为感动，所以纪录；因为壮丽，所以丰厚。恢宏的历史伟业，必将留下深沉的历史印记，竖起闪耀的历史地标。

中央宣传部牵头，中央有关部门和宣传文化单位，省、市、县各级宣传部门共同参与组织实施"纪录小康工程"，以为民族复兴修史、为伟大时代立传为宗旨，以"存史资政、教化育人"为目的，形成了数据库、大事记、系列丛书和主题纪录片4方面主要成果。目前已建成内容全面、分类有序的4级数据库，编纂完成各级各类全面小康、脱贫攻坚大事记，出版"纪录小康工程"丛书，摄制完成纪录片《纪录小康》。

"纪录小康工程"丛书包括中央系列和地方系列。中央系列分为"擘画领航""经天纬地""航海梯山""踔厉奋发""彪炳史册"5个主题，由中央有关部门精选内容组织编撰；地方系列分为"全景录""大事记""变迁志""奋斗者""影像记"5个板块，由各省（区、市）和新疆生产建设兵团结合各地实际情况推出主题图书。丛书忠实纪录习近平总书记的小康情怀、扶贫足迹，反映党中央关于全面建成小康社会重大决策、重大部署的历史过程，展现通过不懈奋斗取得全面建成小康社会伟大胜利的光辉历程，讲述在决战脱贫攻坚、决胜全面小康进程中涌现的先进个人、先进集体和典型事迹，揭示辉煌成就和历史巨变背后的制度优势和经验启示。这是对全面建成小康社会伟大成就的历史巡礼，是对中国共产党和中国人民奋斗精神的深情礼赞。

历史昭示未来，明天更加美好。全面建成小康社会，带给中国人民的是温暖、是力量、是坚定、是信心。让我们时时回望小康历程，深入学习贯彻习近平新时代中国特色社会主义思想，深刻理解中国共产党为什么能、马克思主义为什么行、中国特色社会主义为什么好，深刻把握"两个确立"的决定性意义，增强"四个意识"、坚定"四个自信"、做到"两个维护"，以坚如磐石的定力、敢打必胜的信念，集中精力办好自己的事情，向着实现第二个百年奋斗目标、创造中国人民更加幸福美好生活勇毅前行。

目　　录

一九四九年

是年　中国人民解放军在贵州基本完成了接管建政工作。解放初期，因财政收支失衡，出现巨额赤字。工农业产品产量极低，广大城乡人民终年处于饥寒交迫之中。

一九五〇年

是年　贵州广泛、深入地开展了清匪、反霸、减租、退押的反封建斗争，迅速肃清了国民党反动派的残余势力和土匪，巩固了初建的人民政权。

一九五一年

1月　省委召开地委书记联席会议，明确实施土地改革的相关问题，决定在条件成熟的地区进行土地改革的典型试验。是年，在贵阳市及遵义、镇远、毕节、安顺4个专区的17个乡，各约20万人口地区进行了试点工作。各地区的试点工作，不仅对本地区的土改有指导作用，也为整个贵州的土改提供了经验借鉴。

4 月 中共贵州省第二届党代会召开，具体研究和部署贵州土地改革的问题，明确了贵州土地改革的方针、政策和步骤。

5 月 贵州通过了《贵州省实施土地改革补充办法》，就土地的没收和征收、土地的分配、少数民族中的土地改革等问题作出了具体规定。

一九五二年

下半年 贵州省开始着手编制发展国民经济的第一个五年计划（1953—1957 年）。"一五"计划成为当时贵州各族人民进行有计划的社会主义建设的纲领和蓝图。到 1956 年底，提前一年超额完成第一个五年计划规定的主要指标。

是年 拥有 400 多万人口的少数民族地区也顺利完成了土地改革，少数民族获得了政治和经济的解放，平等、互助、友爱的民族关系开始形成。

一九五三年

9 月 10 日—22 日 省委举行扩大会议，传达中央关于"增加生产、增加收入、厉行节约、紧缩开支、超额完成国家计划"的指示，总结了1953年全省财经工作的基本情况。

11月20日 贵州省第一个农业生产合作社——贵筑县白云区尖山农业生产合作社，在中共贵州省委工作组直接协助下正式成立。

11月 贵州省启动对农业、手工业和资本主义工商业的社会主义改造，至1957年初基本完成，初步建立了社会主义经济制度。

一九五四年

1月5日—15日 贵州省手工业合作总社专区办事处主任会议召开。

2月8日—14日 省委召开地（市）委书记联席会议。会议总结去年冬以来的农村工作；讨论深入贯彻总路线的宣传教育、春耕生产、互助合作，处理统购遗留问题和继续搞好粮食统销及解决边远少数民族地区土改与清匪的遗留问题等方面的工作。

一九五五年

11月23日 贵州省第一个高级农业生产合作社——铜仁县幸福桥高级农业生产合作社成立。

一九五六年

1月17日 省委出台《关于对私营工商业、手工业、小商贩、民间运输业进行社会主义改造工作的意见》，对改造工作作了具体部署，要求各级党委加强对改造工作全过程的领导。

5月10日—14日 省委召开省委扩大会议，着重研究巩固农业合作社问题。

一九五七年

7月24日—8月1日 中共贵州省委和省人民委员会召开全省粮食工作会议。会议研究了农业生产、粮食征购销工作、农业社收益分配、教育社员等问题。

12月 贵州开展"大跃进"和人民公社化运动，至1960年11月开始纠正以"共产风"为首的"五风"（共产风、浮夸风、命令风、干部特殊化风、对生产瞎指挥风）。1984年，人民公社制度彻底取消。

一九五八年

8月30日 贵州省第一个以城市居民为主体的人民公社——贵阳市南明区卫星人民公社成立。

10 月　黔桂铁路通车到贵定，结束了贵州省没有铁路的历史。

11 月 2 日—5 日　中央政治局常委、中央委员会总书记邓小平视察贵州，对贵州的工业、农业、林业作出了重要指示。

一九五九年

10 月 22 日—25 日　中华人民共和国副主席董必武到贵州视察工作，视察期间先后到花溪公社、省地质局等单位听取汇报，并作重要指示。

一九六〇年

4 月 30 日—5 月 7 日　中共中央副主席、国务院总理周恩来视察贵州，指出："贵州的社会主义建设必将后来居上，大有希望。"

10 月 11 日—15 日　省委召开地（州、市）委书记会议，研究粮食工作和生活安排问题。

一九六一年

6 月 18 日—21 日　省委举行常委扩大会议，传达中央工作会议精神，讨论粮食分配和解散农村公共食堂等问题。

一九六二年

4 月 15 日 省委决定撤销粮油调运指挥部，以后有关粮油调运任务由贵州省经济贸易委员会负责。

一九六三年

5 月 开始开展"四清"运动（前期是在农村"清工分、清账目、清仓库、清财物"，后期变为在城乡"清思想、清政治、清组织、清经济"）。"四清"造成了一批冤假错案，使贵州工作受到严重影响。这些问题在中共十一届三中全会后得以纠正。

一九六四年

10 月 贵州三线建设拉开序幕，至 1978 年 12 月，重点进行了铁路建设、煤炭基地建设、国防科技工业基地建设、重点工业部门建设，贵州成为全国三线建设的重点省份，有力推动了国民经济的发展。

一九六五年

11月21日—25日 中央政治局常委、中央委员会总书记邓小平到贵州视察工作，分别就培养提拔新生力量、农村建党和党员分布、农业生产、物资供应、工业建设等发表了重要谈话。

11月27日 省委支援三线建设领导小组成立。

一九六六年

1月13日 省委决定成立贵州省三线建设办公室。

一九六七年

5月6日 驻贵州的人民解放军奉命"支左"，不久又奉命进行"支农、支工和军管、军训"（与"支左"合并简称"三支两军"）。1973年5月，"三支两军"人员陆续撤回部队。

一九六八年

1月12日 贵州省革命委员会生产领导小组召开全省知识青年上

山下乡工作会议。会议决定 1968 年全省要动员历届初、高中毕业生和城镇社会知识青年 4800 人至 5800 人，以插队落户为主的形式上山下乡。

一九六九年

9 月 12 日—19 日 省革委会在贵阳召开全省知识青年上山下乡工作会议。会议总结了全省知识青年上山下乡的工作经验，肯定了成绩，找出了差距，明确了下一步的工作任务。

一九七〇年

4 月 中国在大陆岩溶地区修建的第一座高坝水电站——乌江渡水电站开工建设。1982 年 12 月全部建成投产。

8 月 4 日—13 日 全省农村工作会议在遵义召开。会议讨论苦战两年改变贵州落后面貌的措施，提出《深入开展"农业学大寨"运动的倡议书》。

一九七一年

11 月 16 日—12 月 1 日 省委召开全省农村工作会议。会议传达了中央北方地区农业会议和农机、粮食、林业、外贸会议精神，部署今冬明春农村工作任务，制订 1972 年全省农业生产、外贸计划以及农机、林业规划。

一九七二年

12 月 12 日—16 日 省委召开全省农村工作会议。会议在分析我省农村形势和总结经验的基础上，研究部署今冬明春的农村工作。

一九七三年

8 月 25 日 省委决定成立中共贵州省委知识青年上山下乡领导小组。同日，省革委会决定成立贵州省知识青年上山下乡办公室。

一九七四年

6 月 4 日—14 日 贵州省知识青年上山下乡工作会议在贵阳召开。会议提出要狠抓上山下乡知识青年的安置巩固工作，解决好下乡知识青年的实际困难，特别要解决下乡知识青年的住房问题，把口粮安排落实。

一九七五年

10月5日—12日 省委召开地委书记会议，专门学习和讨论毛主席、党中央关于大力发展养猪业的指示和通知。

一九七六年

是年 贵州关岭自治县顶云公社陶家寨生产队开始试行"定产到组"生产管理方式。

一九七七年

6月26日—7月5日 省委召开省、地、县、区4级干部会，传达中央对贵州大打农业翻身仗的指示和贯彻全国夏收、夏种和夏管生产会议精神，总结开展"农业学大寨"的经验，讨论以改土治水为中心的农田基本建设等工作。

一九七八年

3月 贵州关岭县顶云公社16个生产队试行"定产到组，超产奖励"农业生产责任制，尽管夏粮遭冰雹袭击，秋粮遭旱涝灾害，但粮食产量仍比上年增长3成，打破十年徘徊局面。11月11日，《贵州日报》头版头条加编者按以《定产到组姓"社"不姓"资"》为题刊登关岭县顶云公社部分干部座谈纪要，在全省引起强烈反响，广大农民称其为"11号红头文件"，作为"定产到组"姓"社"不姓"资"的依据。

是年 省委、省政府贯彻党的十一届三中全会一系列改革开放政策，逐渐把全省扶贫工作提上议事日程，在农村推行以"包干到户"为主要内容的家庭联产承包责任制，逐渐取消粮食生产等主要农产品统派统购制度，恢复农村市场，提高农产品收购价格，允许农民利用农闲季节和农闲时间自由择业，允许一部分人通过诚实劳动和合法经营先富并带动后富，达到共同致富。

一九七九年

4月12日 针对从中央到地方仍有干部对"包产到户"持不同意见的现象，省委印发《关于贯彻执行中共中央批转国家农委党组〈关于农村工作问题座谈会纪要〉的通知》，对中央明确指出的"深山、偏僻地区的孤门独户，实行包产到户，也应当允许"的规定，指示各地"目前暂缓执行"，要求维护农村社会主义公有制，对"包产到户"进行"纠偏"。12月，省委四届四次全会通过《关于搞好国民经济调整工作的决定（草案）》，明确对"包干到户""包产到户"进行"纠偏"，全省各地发生农民"顶牛"现象。

是年 省民政系统根据全国第七次民政会议精神，在纳雍、赫章、思南、德江、都匀、福泉、惠水、长顺、麻江等县开展民政"双扶"（扶持一般农户中的特困户、扶持军烈属优抚对象中的特困户）试点工作。

一九八〇年

1月7日 省委转发省农业委员会《贵州省农村人民公社经营管理座谈会纪要》，提出建立生产责任制，搞好"三定一奖惩"（定产、定工、定投资、奖惩制度），要求稳定生产队规模，不准分田单干和包产到户。

2月23日 省委、省政府将贵州省农业办公室更名为"贵州省农业委员会"，明确省农委是省政府指导农业生产的职能机构，同时也是省委的农业工作部门，对农村扶贫具有统筹协调指导职能。

3月17日 省委召开全省电话会议，要求各地对农村中推行的"包产到户""包干到户"等生产责任制立即停止"纠偏"。

4月—5月 省委9名常委分赴农村，就农业生产责任制问题开展调研。省委多次召开常委会讨论放宽农村政策问题，决定尊重群众意愿，在全省农村有步骤地推行农业承包经营责任制。5月12日—21日，省委召开9个半天常委会议，学习邓小平、姚依林等中央领导在全国规划会议上的讲话，讨论放宽农村政策问题，印发《贵州省委关于立即制止纠正包产到户、分田分土单干的错误做法的通知》，明确对生产队规模和各种经营管理形式，包括包产到户等，都要稳定下来。

7月15日 省委第一书记池必卿签发《贵州省委关于放宽农业政策的指示》，明确只要坚持生产资料公有制和按劳分配原则，什么政策、什么办法最适合现实生产力水平，最有利于调动广大群众的积极性，最有利于发展农业生产，最有利于提高农民生活水平，就是好政策、好办法，就应当执行；对"居住分散、生产落后、生活贫困的生产队，可以实行包产到户"；"对于少数经营管理水平极低、集体经济长期搞不好、实行包产到户也有困难的生产队，允许实行包干到户"。

9月 省委第一书记池必卿赴京参加中央召开的各省、市、自治区党委第一书记座谈会。针对会议讨论的《关于进一步加强和完善农业生产责任制的几个问题（讨论稿）》中"允许包产到户"、没有"允许包干到户"的提法，向负责文件起草的中央政策研究室主任杜润生反映。中央在正式印发的《中共中央印发〈关于进一步加强和完善农业生产责任制的几个问题〉的通知》中明确指出：在边远山区和贫困落后地区"可以包产到户，也可以包干到户，并在一个较长的时间内保持稳定"，正式确立"包干到户"生产责任制。

10月28日—30日 中共中央总书记胡耀邦在省委第一书记池必卿陪同下，赴六盘水、安顺、黔西南等地视察，要求认真贯彻执行中共十一届三中全会精神，进一步解放思想，加强和完善农业生产责任制，放宽农业政策，努力改变贵州农业和农村的落后面貌。

12月 省委在向中共中央呈报的《关于建立农业生产责任制情况的报告》中，将"包干到户"定性为"社会主义的一种生产责任制"。中共中央总书记胡耀邦在报告上批示："应当同意他们的看法和做法。"

至此，不仅贫困地区的社队实行"包干到户"，相对富裕地区的社队也纷纷效仿。

一九八一年

1月12日 省委召开工作会议，研究经济调整和继续放宽农业政策的问题，要求所有经济单位和主管部门在经济管理上下功夫，要稳定和完善农业生产责任制，搞好林业"三定"，整顿提高社队企业，发展多种经营的新联合体。

5月14日 省委向中央报告，强调贵州放宽农业政策，建立生产责任制，调动了农民积极性，收到明显效果，全省干部和农民对"包干到户"和"包产到户"的认识逐步统一。到1981年底，贵州98.2%的生产队实行"包干到户"生产责任制。

一九八二年

5月31日 省委召开地、州、市委书记会议，研究农村实行生产责任制后出现的新问题，省委第一书记池必卿在会上作《在新的起点上前进》的报告。省委在印发报告时指出："包干到户是一个新起点，下一步农村工作的基本任务是：加强党在农村的思想政治工作，全面完善生产责任制，保护和发展农业生产力。"

7月6日 《人民日报》发表《"阳关道"的新起点——访问贵

州农村的报告》，指出广大农民选择"包干到户"责任制，起因是急于摆脱"吃大锅饭"的困境，以解决温饱问题。当时有人担心农民从此走上"独木桥"。随着实践的发展，人们逐渐获得一个新的认识："包干到户"不仅是解决温饱问题的有效措施，而且是从本省实际出发，发展山区农业的新路子，是社会主义"阳关道"的新起点。

是年 全省民政系统"双扶"（扶持贫困户、扶持优抚对象）试点扩大到 276 个公社，扶持贫困户和优抚对象 4388 户。

一九八三年

1月10日—15日 中共中央总书记胡耀邦率中央春节慰问团在安顺听取省委、省政府工作汇报后，分赴贫困面较大的威宁、赫章、纳雍、毕节、大方等县的贫困乡村，看望慰问贫困群众。

8月20日 省人民政府印发国家经委、民政部等 9 个部门关于认真做好扶助农村贫困户工作的通知，决定成立贵州省扶贫工作领导小组。各地、州、市、县、特区（区）、乡（公社）成立相应的工作机构。

8月23日 省委第一书记池必卿在中共贵州省第五次代表大会上作的《为实现财政经济状况、社会风气和党风的根本好转而斗争》报告指出："（今后五年，要）帮助少数贫困地区和农户尽快脱贫致富。"

12月31日—翌年1月1日 中共中央总书记胡耀邦在中央政治局委员倪志福、中央书记处书记胡启立、中央办公厅主任杨德中、贵州省委第一书记池必卿等人陪同下，赴贵州毕节地区视察。在听取省、地两级工作汇报后，针对毕节交通极差的问题，胡耀邦指出要修公路、富民路，在地图上画出要修贵州大方至四川纳溪的高等级公路。胡耀邦在贵州省干部大会上对贵州的发展作出重要指示，指出"贵州省人均（收入）倒数第一，是全国最末一位。所以，贵州还没有最后摆脱'干人'的地位"，并提出"党的一切政策归根到底都是富民政策"的观点。

是年　全省民政系统"双扶"试点扩大到 20 个县（市）697 个乡（公社），共扶持贫困户和优抚对象 16213 户。

一九八四年

1月1日—8日　中共中央总书记胡耀邦在贵州视察工作。1月4日下午至5日上午，听取了中共贵州省委、省人民政府领导人的工作汇报，还召集四川、云南、重庆市领导人来贵阳汇报工作，并促成了"三省四方（四川、云南、贵州三省和重庆市）经济协调会议"。

1月6日　全国政协副主席、中共中央顾问委员会常委萧克赴毕节看望慰问革命老区干部群众，号召发扬革命传统，坚持自力更生，打好脱贫翻身仗。

1月20日　省委召开全省地（州、市）委书记、州长、市长、专员和省直有关部门主要负责人会议，省委第一书记池必卿在讲话中要求贵州进一步解放思想，继续放宽政策；坚决扫除障碍，放手发展商品生产；切实端正态度，认真贯彻党的富民政策；依靠人民群众，立足自力更生。

1月24日　省委印发《关于传达贯彻中央 1984 年 1 号文件几个问题的通知》，要求继续抓好农村改革中稳定家庭承包责任制、搞好粮食合同定购、调整农业结构、恢复农村市场、提高农产品收购价格、做好扶贫济困等 10 个方面的工作。

3 月 15 日 省民委党组在全省民族工作会议上提出要做到三个"转向"：从主要抓民族事务性工作转向抓民族地区的经济建设；从平均主义的扶贫转向有重点的帮扶；从被动配合工作转向主动参与工作。

7 月 30 日 省政府决定，从是年起，3 年内拨出专款和 1 亿公斤粮食，帮助山区人民退耕还林。

8 月 11 日—15 日 西南西北成人教育协作会在安顺召开首次会议，就如何加快边远地区和少数民族地区扫盲工作的问题进行探讨。

12 月 16 日—20 日 省民主党派召开智力支边工作经验交流会，总结近两年的智力支边工作，会议强调民主党派要认识到智力支边的重要性，其重点要放在发展经济上，尤其是要加强对边远少数民族地区的支持，并讲求实效。

是年 全省开展"双扶"工作的有 350 个区（镇）、1524 个乡，共帮扶贫困户和优抚对象 12.1 万户。

是年 全省安排专项资金共 384.3 万元，全年解决了 21.18 万人、13.52 万头牲畜的吃水困难问题，分别占年计划的 211% 和 193%。

一九八五年

1 月 4 日 省委办公厅、省政府办公厅转发省民政厅《关于当前扶贫扶优工作情况和今后意见的报告》，强调"双扶"工作是党的富民政策的重要组成部分，各部门、各单位应在财力、物力、人力、技术等方面积极给予支持；要帮助"双扶户"发展商品经济，有条件的区、乡（镇）可以创办集体所有制性质的"双扶"经济实体。

2月15日 省委、省政府发出《关于继续改革农村经济管理体制、保证农村经济翻番的意见》。

5月21日—24日 贵州省扶贫领导小组在遵义市召开全省首次"双扶"工作现场经验交流会。会议强调各级党、政部门要把扶持贫困户、扶持优抚对象的"双扶"工作列入重要议事日程，采取得力措施帮助"双扶"对象尽快脱贫致富，进一步发展农村大好形势，加快兴黔致富步伐。明确做好"双扶"工作是贯彻执行党的富民政策的一项重要内容。确定1985年"双扶"对象要扩大到30万户；各级干部要克服嫌贫疏贫倾向，全力搞好扶贫；凡是有条件的县、区、乡、村，都可因地制宜地兴办"双扶"企业，建立"双扶"经济实体。

6月2日 中央政治局委员、中央书记处书记习仲勋对《赫章县一万二千多户农民断粮，少数民族十分困难却无一人埋怨国家》（新华社记者刘子富采写）内部报道作出批示。省委书记朱厚泽连夜召开省委常委会议，传达学习习仲勋同志的批示精神，省委、省政府随即从省直机关抽调干部组成8个工作组，在省委书记朱厚泽、省长王朝文的统一安排和带领下，分赴除贵阳市以外的8个地（州、市），了解农民的生产生活情况，组织生产自救，妥善安排村民生活。

6月25日—8月15日 按照中共中央、国务院《关于帮助贫困地区尽快改变面貌的通知》精神和省政府《关于开展集中连片贫困乡经济调查的通知》要求，省委、省政府从省、地、县机关抽调400多名干部，对毕节、大方、织金、纳雍、赫章、威宁、水城、盘县、普定、紫云、普安、册亨、望谟、罗甸、三都、独山、荔波、丹寨、从江、雷山、台江、剑河、沿河、德江、印江、榕江等26个县的123个集中连片贫困乡进行比较系统的调查，了解贫困状况和造成穷困的原因，并同基层干部和群众研究加快脱贫致富的措施。调查显示：人均收入不到120元、口粮不足200公斤的贫困人口达526万人。根据调查结果，形成《贵州省委、省政府关于加快我省贫困地区经济开发的汇报提纲》，并成为贵州确定26个贫困县呈报中共中央和国务院的重要依据。

7月10日—14日　省委、省政府在贵阳召开地（州、市）委书记和专员、州长（市长）会议，提出下半年要继续推进城乡经济体制改革，多渠道解决农村剩余劳动力的出路问题。

10月30日　省委办公厅转发省委农村工作部《关于划分贫困户和极贫户标准的意见》的通知，明确以户按年计算，农民人均纯收入在120元以下、人均口粮水稻生产区在200公斤以下、苞谷主产区在150公斤以下、兼产区在175公斤以下的为贫困户；以户按年计算，人均纯收入在80元以下、人均口粮在120公斤以下的为极贫户。按此标准统计，1985年底，全省共有贫困人口1500多万人。

11月24日　《中共贵州省委关于制定贵州省国民经济和社会发展第七个五年计划的建议（修改稿）》明确指出："必须十分重视少数民族地区的经济和文化建设，积极扶持贫困地区改变落后面貌。要对这些地区继续给予财力、物力和技术力量的支持，进一步放宽政策，培植和增强这些地区内存的活力，使他们更好地在国家的扶持下，主要依靠自身的力量，加快经济和文化建设的发展。""（要）抓好扶贫工作，促进贫困地区尽快脱贫致富。应当明确，贫困地区的各级党委要把解决本地区农民的温饱问题，当作'七五'时期的首要任务。争取在五年内基本上解决农民的温饱问题,并有一部分农户先富起来。扶贫必须立足生产，扶志扶本，帮助他们克服悲观和依赖情绪，发扬自力更生、艰苦奋斗的精神，研究治贫致富措施，树立摆脱贫困、搞好生产的信心。"

11 月 25 日—26 日　省委召开全省贫困地区工作座谈会，省委、省顾委、省政府负责人，各地（州、市）委书记和 26 个县（涉及 1238 个贫困乡）的县委书记，省直有关部门负责人参加会议，研究部署扶贫工作。强调党的十一届三中全会以来，贵州农村经济发生了历史性转变，原来占农户总数 2/3 的贫困面逐步缩小到 1/3 左右。要看到这几年贫困面缩小的成绩，更要重视贫困面仍然较大的现实。各级党委和政府必须加强贫困地区的工作，充分认识贫困地区工作的重要性、紧迫性，把这项工作纳入"七五"计划和平常的重要议事日程。会议决定对 26 个贫困县内集中连片的 1238 个贫困乡采取特殊政策，强调各地各级要坚持不懈地抓落实，首先解决温饱，逐步走向富裕。会议要求其他县对境内的贫困乡、村、户也要采取类似政策措施，帮助尽快脱贫致富。是年，省里拿出 2500 万元投放到威宁、赫章、织金、从江等 26 个县的集中连片贫困乡，帮助发展生产力，增强"造血"功能。

11 月 26 日　贵州省和广东省结成对口支援省，广东省顾委主任一行赴贵阳商谈有关事宜。

12 月 15 日　省委、省政府向中共中央、国务院呈报《关于加快贵州贫困地区经济开发的报告》，报告贵州贫困现状和面临的困难以及采取的扶贫措施，提出请求中央帮助解决的问题。

是年　减免贫困户的农业税和 1976 年以来基建用地、因灾不能恢复的耕地、退耕地的农业税 3000 万元（折稻谷 12988.5 万公斤）。

是年　贵州利用国家下拨的粮、棉、布，开展以工代赈修公路，既解决了农民的生活困难，又修通了 2000 多公里公路，接通 100 多个乡、村间的断头公路，为这些地区的文化交流和商品交换创造了有利条件。

一九八六年

1月6日 省委出台《关于从省、地、县三级党政机关和部分事业单位中抽调干部到贫困地区加强基层工作的决定》，明确从1986年起，由省、地、州党政机关和部分事业单位抽调干部轮流到贫困、边远县加强基层工作；各县（市、特区、区）机关也要相应抽调一批干部轮流到本县（市、特区、区）的贫困、边远乡（镇）加强工作，一年轮换。2月24日，全省共抽3452名干部（其中从省直机关抽调干部536名），组建26支扶贫工作队分赴26个贫困县开展帮扶工作。省直扶贫工作队出发前，在省政府礼堂前举行欢送仪式，省委书记胡锦涛发表讲话，表示对扶贫工作队寄予殷切希望。

1月25日 省委书记胡锦涛在省顾委副主任金风《关于帮助麻山地区发展经济、尽快脱贫致富的建议》上作出批示。3月10日，省委农村工作部、省农村经济委员会在贵阳召开麻山地区经济和社会发展问题座谈会，参加会议的有黔南州、黔西南州、安顺地区和望谟、罗甸、紫云、长顺、惠水5个县的负责人及省直有关单位的负责人。会议就帮助麻山地区尽快脱贫致富需要采取的特殊政策进行了讨论。

1月28日—2月2日 省委召开全省农村工作会议，传达贯彻全国农村工作会议精神和《中共中央、国务院关于1986年农村工作部署》。2月18日，省委、省政府印发《关于贯彻落实中发1986年1号文件的意见》，指出全省1986年农村工作总的要求是：继续深入农村改革，以推动农村经济持续协调的发展为基本指导思想，进一步落实各项农村政策，大力推广农村应用技术，努力改善农业生产条件，积极组织产前产后服务，坚持导富和扶贫一起抓，使农村社会总产值、农业总产值、人均纯收入都有一个较大的增长。

2月1日　团省委、省农业厅在丹寨县金钟农场举行贵阳市青年志愿垦荒队扎根山区艰苦创业30周年回忆联欢活动，省、州、县各界代表500余人参加联欢活动。省委相关领导代表省委、省政府向坚守农垦战线的40名青垦队员颁发荣誉证书，给金钟农场颁发奖旗。团中央发来贺电。江西"共青城"代表到会发言。贵阳市青年志愿垦荒队扎根山区艰苦创业是20世纪50年代贵阳市青年响应共青团中央的一项重要活动。垦荒队于1955年10月组建，成立之初有200人。1956年春节前，垦荒队到达丹寨县金钟农场开始垦荒生活。这一活动激励青年面对困难、克服困难，走艰苦创业道路，为当代青年树立了光辉的榜样，具有历史性的功绩。

2月4日—10日　中共中央总书记胡耀邦率领由中央27个部门、37人组成的考察访问组抵黔，先后考察贫困面较大的镇宁、关岭、晴隆、普安、水城和盘县等县，在听取省委和有关地、州、市、县负责人的汇报后强调，农业和扶贫方面的"增百致富"大讨论要连续搞几年，经济建设要搞多种模式。搞农业责任制，贵州是好的，但后来搞乡镇企业、开矿、对外开放没有跟上。耕地要搞集约经营。土地加工，要鼓励农民搞小块耕地整治。

2月22日　省财政厅、省计委、省经委、省农工部联合拟定帮助26个县改变面貌特殊优惠措施：决定从1986年起，由省财政厅连续5年从省级财政预备费中每年拿出2000万元来建立省级扶贫开发基金，采用有偿（无息）周转使用方式，直接用于26个贫困县。

2月27日　省委、省政府发出《关于在农村开展"增百致富"大讨论的指示》提出，开展"增百致富"大讨论，是农民自己教育自己、自己带动自己、走共同富裕道路的生动活泼的好方法；要求大讨论要同宣传贯彻中央1986年1号文件精神结合起来，在反复筹划、算账、讨论的基础上，逐户逐村逐乡地制订增收致富或脱贫致富的计划和措施；增收的指标要因户制宜、因地制宜，不搞硬性规定；干部要下去，不仅要帮助理清发展思路，制订计划，更要帮助解决具体困难和问题；大讨论要作为一项制度固定下来、坚持下去等 5 条指示。

2 月 28 日　省政府印发《关于成立贵州省科技扶贫服务团的通知》，决定成立贵州省科技扶贫服务团，成员由省科协、省科委、省农经委、省民委、省教委、省农业厅、省民政厅、省劳动局、省农科院、贵州科学院、省社科院、省智力支边办公室 12 个单位组成。各地县随后亦相继成立科技扶贫服务团。

3 月 1 日　省委、省政府印发《关于加强贫困地区工作的指示》指出，党的十一届三中全会以来，全省农村经济发生历史性变化，基本上解决大多数农村居民的温饱问题。但是全省农村经济水平仍然很低，约有 300 万农村居民人均纯收入在 80 元、口粮在 250 斤以下，处于极端贫困状况。扶持贫困地区的指导思想是：提高贫困地区自力更生的能力，增强贫困地区自身"造血"功能。要因地制宜地选准脱贫致富的突破口，调整农村产业结构，首先抓住种植业这个基础产业，逐步形成种植、养殖、加工一条龙；搞好智力开发，不断提高山区开发队伍的素质；认真落实和进一步放宽政策；适当集中国家对贫困地区资金的投入；切实加强领导，使贫困地区尽快出现一个新局面。要求各级党委和政府下决心、下大力把扶贫工作作为一件大事来抓，经过 5 年左右的努力，使贫困地区农村居民人均纯收入达到 200 元以上，基本解决温饱问题，并使一部分农户先富裕起来。

3 月 20 日　省政府决定成立贵州科技扶贫团，组织 1 万名科技人员下乡，开展科技扶贫活动。

是月　国务院扶贫领导小组印发文件，明确贵州省的国家级贫困县 19 个：毕节（今七星关区）、威宁、大方、纳雍、织金、水城、六枝、普安、兴仁、望谟、关岭、紫云、罗甸、三都、从江、剑河、黄平、沿河、务川；省级贫困县 12 个：赫章、盘县（今盘州市）、普定、册亨、独山、荔波、榕江、雷山、台江、丹寨、德江、印江。省政府划拨 8100 万元生产建设资金给这 31 个县，助推全省开展对贫困县的扶贫工作。

是月　林业部确定"七五"期间先期拨款 1000 万元在贵州省从江、榕江、天柱、剑河、三都 5 县（自治县）营造 80 万亩速生丰产用材林基地。

5 月 23 日　中共中央书记处书记王兆国赴毕节地区考察，要求贫困地区各级党委政府要把扶贫工作作为重要政治任务来抓，通过发展粮食生产首先解决温饱，进而发挥资源优势，调整经济结构，积极发展二、三产业，努力改变贫困面貌。

是月　省支援经济不发达地区发展资金领导小组、省财政厅和省教育委员会从 1986 年发展资金总数中拨出 30% 即 1530 万元，用于发展少数民族地区和贫困地区教育事业。

6 月 26 日　国家农牧渔业部、林业部同意从接受的世界粮食计划署粮援项目中安排贵州省纳雍、织金两个贫困县营造水土保持林 3.4 万公顷。贵州省成立纳雍织金林业粮援项目领导小组。1986 年 9 月至 1987 年 1 月，联合国粮农组织官员和技术专家多次深入纳雍、织金两县山区，进行现场勘测设计，编制实施规划，拟定实施方案。1988 年 11 月，联合国粮农组织正式批准该项目。12 月 1 日项目启动。至 1994 年 11 月，超额完成任务并顺利通过联合国专家组验收。共完成育苗 920.6 公顷；造林 4.44 万公顷；修筑石埂梯田梯土 2040.4 公顷；人工种植牧草 2019 公顷；修建乡村道路 203.7 公里；培训工员 2967 人；培训农民 85977 人；开挖土石方 84.27 万立方米，修筑石埂 7041

条总长 329.31 万米；新增耕地面积 85.4 公顷；累计接收国际援粮 9.84 万吨，国内省、地、县配套资金 2542.86 万元。项目覆盖纳雍、织金 2 个县、64 个乡（原行政区划）、413 个村、51 万人。这是贵州省规模相对较大的一个国际援助项目，项目名称为"WFP-3356 工程"。

是月 为贯彻国务院办公厅转发的《国务院贫困地区经济开发领导小组第一次全体会议纪要》精神，省扶贫领导小组召开会议，省长兼省扶贫领导小组组长王朝文主持会议，指出扶贫工作是一件大事，要争取在"七五"期间解决大多数贫困地区人民的温饱问题，要集中力量，上下共同努力，切实把这件事办好。

7 月 10 日 省政府办公厅印发《关于省扶贫领导小组更名和调整领导小组成员的通知》，决定将贵州省扶贫领导小组更名为"贵州省贫困地区经济开发领导小组"。领导小组下设办公室，工作人员从省农村经济委员会、省财政厅、省民族事务委员会、省民政厅、省科学技术委员会等单位抽调，与省委农村工作部（省农村经济委员会）下属的少数民族和贫困地区经济开发处合署办公。

7 月 14 日 中国农工民主党决定将威宁自治县列为全国智力支边地区之一。首批智力支边小组一行 6 人赴威宁，进行为期 20 天的讲学、咨询服务。

7 月 17 日 省委召开全省第一次扶贫工作队长会议，省委书记胡锦涛到会讲话。

10 月 20 日—23 日 团省委与省民委联合在安龙县召开全省少数民族地区、山区、穷困地区青年工作会议，参加会议的有团中央的代表以及四川、广西、云南团省（区）委负责人，各自治州、自治县、贫困县团委和民委的 130 名代表。会议进一步明确贵州省"少、山、穷"地区青年工作要以脱贫致富为中心，并开展好扶贫先扶志、脱贫靠斗智、致富办实事 3 个层次的工作。

11 月 11 日 从省直机关中抽调 290 余名刚离开大学的年轻知识分子组成首届讲师团，分赴紫云、赫章、沿河、从江等 11 个边远贫困县支教扶贫，帮助发展教育事业。

11 月 26 日 川滇黔桂湘渝五省六方的政协、民主党派、工商联在贵阳举行智力支边联席会议。会上签订 171 项协议书和意见书，涉及金额 3829 万元。

12 月 8 日 省委副书记、省长王朝文在省委五届六次全委扩大会议上作题为《"七五"第一仗的简要回顾和 1987 年经济工作的初步意见》的讲话中指出："按照扶贫和导富相结合的原则，今年，省、地、县抽调了 3000 多名干部到贫困地区任职，加强领导工作；组织万人科技扶贫团，为贫困县和商品粮基地提供科技服务，培训各种农村急需的技术人员和乡土人才 36 万余人次；及时安排扶贫资金和物资，在帮助解决温饱问题的同时，积极帮助发展商品生产。通过这一系列工作，贫困地区的经济面貌开始有了一些变化。全省集中连片贫困乡涉及的 26 个县，预计农业总产值比去年增长 12.13%，高于全省增长水平，年内可脱贫 89 个乡、63 万人，分别占贫困乡总数的 7.2% 和总人口的 9%。""贫困地区的经济开发是我省'七五'时期的一项重要任务，今年虽然取得了一定成绩，但决不可有任何满足和松懈情绪，要进一步抓紧抓好，务求按期实现脱贫目标。"

是年 省科技扶贫服务团和各地、县科技扶贫服务团共组织 1.19 万余名科技工作者进山下乡，举办种植、养殖、农副产品加工、采矿业和乡镇企业管理等方面的培训班近万期，106.2 万人受到培训，全年共编印发放各类科普资料、教材 140 多万册（份）。

一九八七年

1月19日—21日　省政府召开全省贫困地区经济开发工作会议，提出 1987 年扶贫的目标：实现 200 个乡、150 万贫困人口的脱贫；要求扶贫工作要实现从单纯救济向经济开发的转变，要抓好改革扶贫资金使用管理；正确处理富县与富民的关系；开展科技扶贫，实行技术和资金配套输入；发展龙头企业使脱贫致富建立在稳定可靠的基础上，动员社会力量，帮助农民脱贫致富等 5 项措施。力争年末解决贫困地区 114 万人温饱问题，使脱贫人口比 1986 年增加 36 万人。

是月　为贯彻全国农村发展研究工作座谈会精神，省委、省政府决定成立由中共贵州省委农村工作部牵头，由省计划委员会、省社会科学院、省农业区划委员会办公室等部门参加的专门机构，着手编制《贵州省农村经济远景发展研究》，提出在贵州选择生态恶化、农民贫困的典型地区，进行扶贫开发和生态建设试点，给予特殊的优惠政策和必要的财政支持，提供较为宽松的政策环境，探索一种自我发展的机制。

2月25日　正安县 300 名女青年赴广东省番禺县（今番禺区）务工。这是贵州首次有组织地向经济发达地区输送大批富余劳动力。

3月19日　中央书记处书记郝建秀赴毕节地区视察，要求高度重视扶贫工作，努力把粮食生产搞上去，首先解决农民群众的吃饭问题。

8月26日　贵州首个农村互助储金会在遵义县（今播州区）团泽乡成立。

9月　湄潭县成为全国 10 个省区 14 个农村改革试验区之一。湄潭试验区"增人不增地、减人不减地"等改革经验得到中央肯定，并在全国推广。

10月5日—8日　中央统战部、国家民委联合主持在贵阳召开八省（区）智力支边工作座谈会。经过协商，各民主党派中央同意把贵州作为他们开发智力支边的重点。

10月6日—14日　联合国世界粮食计划署驻华代表处执行主任佩奇在贵州省实地考察该署援助的安顺地区改造低产田项目。

11月11日—24日　世界粮食计划署评估考察团戴布里齐斯一行5人对纳雍、织金两县向该署申请粮援营造水土保持林项目工程进行考察。

11月20日—21日　国家计委、国务院贫困地区开发领导小组在贵阳召开西南片区川滇黔桂4省（自治区）贫困地区经济发展规划工作座谈会。

11月21日　遵照省委指示，省科协、省科委组织科技界与经济界恳谈对话座谈会，40多人出席。与会者从全省实际出发，就促使科技与经济的密切结合、推动科技成果商品化、增强企业应用科技成果的动力和压力以及人才培养与使用等问题发表意见和建议。省领导胡锦涛等到会并讲话。

11月25日—29日　省政府在贵阳召开全省贫困地区经济开发工作会议。参加会议的有各地、州（市）、贫困县的负责人和省直有关部门的负责人共136人。会议认真传达学习国务院国发〔1987〕95号文件，进一步提高对扶贫工作重要意义的认识，明确指导思想，总结交流两年来扶贫开发工作的经验。

12月8日—19日　国务院农村发展研究中心特邀研究员李学智、张忠法等到贵州调查生态问题。18日，省委书记胡锦涛、省长王朝文与李学智、张忠法一行座谈时明确提出在贵州毕节地区建立一个开发扶贫、生态建设试验区，李学智、张忠法认为这个思路可行，表示愿意帮助呼吁。胡锦涛、王朝文随即批示由省委常委、省委农村工作部部长主持、农村工作部秘书长草拟建立毕节试验区方案。1988 年 1 月 7 日，胡锦涛召集省农村工作部和省农业区划委员会等部门，正式提出关于建立"毕节地区开发扶贫、生态建设试验区"的工作思路。胡锦涛强调要用更加灵活、更加优惠的梯度政策，解决这些年出现的梯度效应；从实际出发，提出更加符合区情的政策，并争取中央支持；把中央的政策用好用活，对行之有效的现有政策要狠抓落实。

12 月 13 日 省委副书记、省长王朝文在省委五届九次全委扩大会议上讲到扶贫工作时表示："按照中央关于到 1990 年必须解决贫困地区大多数群众温饱问题的要求，今后 3 年，我省扶贫工作任务十分艰巨，每年要完成 150 万人以上的脱贫任务。要以发展商品经济为主题，打开思路，因地制宜，发展生产，加快贫困地区的经济开发。扶贫工作要着眼于富民，立足于帮富，广开脱贫门路，使贫困户的经济收入稳定增长；要试办扶贫经济实体，带动千家万户；要强化扶贫资金管理，争取赢得最好效益；要鼓励科技人员到贫困地区领办、承包、租赁扶贫项目。总之，扶贫工作要从各方面采取措施，千方百计完成明年的脱贫任务。"

是年 全省民政系统开展扶持贫困户和优抚对象乡镇有 3081 个，占全省乡镇总数的 78%。新增"双扶"对象 7.07 万户，其中贫困户 5.89 万户，优抚对象 1.18 万户，投入扶贫资金 694.5 万元。

是年 全省新上 878 个扶贫项目，55% 的项目年内建成投产，使 68 万户、340 万人受益，比 1986 年多上 342 个项目，受扶持的农户为上年的 2.7 倍。

是年 全省除从党政机关和部分事业单位中抽调 3116 人组成扶贫工作队，还组织 261 人的讲师团帮助贫困地区发展教育事业；省军区组织指战员 4741 人（次），深入贫困区（乡）帮助工作。

是年　省科协、省科技扶贫服务团组建有关院校和省学会科技人员参加的 18 支科技扶贫服务专业工作队，开展科技扶贫服务工作。省科技扶贫服务团和各地、县科技扶贫服务团共组织 1.71 万名科技工作者进山下乡，举办各种层次的农村实用技术培训班 1.45 万期，全年培训 132 万人。

　　是年　贵阳市遭遇特大枯水年，水库干涸，阿哈水库抽死库容，全年全市大缺水，供水量下降，一直延续到 1988 年春夏。贵阳东郊水厂就此开始建设。

一九八八年

　　1 月 6 日—7 日　省科技扶贫服务团召开全省科技扶贫工作会议，同时举办贵州省科技扶贫服务成绩展览。各市（州、地）汇报、交流 1987 年科技扶贫工作经验，讨论 1988 年扶贫工作，参观科技扶贫服务成绩展览。

　　3 月 4 日　省委、省政府召开欢迎、欢送、表彰省扶贫工作队员大会。省委书记胡锦涛对扶贫工作提出新要求，强调指出扶贫队员可承包、领办乡镇企业。

　　3 月 9 日　省委召开常委会讨论《关于建立毕节地区开发扶贫、生态建设试验区的意见（讨论稿）》，决定建立毕节地区开发扶贫、生态建设试验区，从根本上解决毕节地区贫困、生态恶化和人口膨胀三大难题，为贵州西部特别是岩溶地区解决贫困和生态恶化问题探索一条路子。4 月 9 日，省委书记胡锦涛、省长王朝文和毕节地区行署负责人赴京向中央政治局委员、国务院副总理田纪云汇报贵州工作及毕节试验区筹建情况。田纪云赞成在毕节地区建立开发扶贫、生态建设试验区的思路，随即召集国家计划委员会、国务院贫困地区经济开发领导小组办公室、国务院特区办公室、国家农业部、国家林业部、国家财政部等17个部办委的负责人开会，研究建立毕节试验区问题。4月中旬，省委书记胡锦涛在北京贵州饭店邀请全国8个民主党派中央和全国工商联负责人座谈，介绍毕节地区经济社会发展情况及在毕节建立试验区的紧迫性和可行性，希望得到各民主党派中央、全国工商联的支持与合作，并代表省委、省政府邀请中共中央统战部、国家民委、各民主党派中央、全国工商联、全国智力支边协调小组到贵州毕节地区开展智力支边，各有关方面表示大力支持。4月20日，省委、省政府印发《关于建立毕节地区开发扶贫、生态建设试验区的决定》。5月26日，省政府向国务院呈报《关于建立毕节地区开发扶贫、生态建设试验区的请示》。6月9日，国务院办公厅以国办通〔1988〕第38号文件形式正式通知贵州省人民政府：原则同意建立"贵州省毕节地区开发扶贫、生态建设试验区"。试验区围绕该地区加速开发脱贫，实现生态良性循环和人口控制，逐步建立与之相适应的商品经济新体制，按照因地制宜、打好基础、确立优势的原则，相继制定12项试验区政策，进一步调整经济结构，合理开发资源，到年底，已经收到较好的效果。1988年全区预算内工业企业盈利增长一倍以上，财政收入增长60%，集体、乡镇企业发展加快，个体、私营经济已成为地区经济发展的重要力量。

4月8日 省政府批准安顺市（今西秀区）为"深化改革，促进多种经济成分共生繁荣，加快发展"试验区，安顺市以多种经济成分共生繁荣为主题，选择发展城镇集体经济为突破口，取得明显效果。到年末，多种经济成分共生繁荣格局初步形成，经济成分开始发生变化，新增集体企业107户、私营企业96个、个体商户1045户。1988

年集体工业总产值达 6286.7 万元，比 1987 年增长 39.3%，实现了财政、税收、国民生产总值、国民收入同步增长。

4 月 22 日　省政府办公厅转发《〈贵州省贫困地区经济开发领导小组会议纪要〉的通知》，明确扶贫项目审批权、扶贫到户、干部培训、农民技术培训、发展资金分配、机构及人员设置、成立扶贫开发服务公司等问题。

6 月 1 日　"中国 3146"（农、林、水、牧、路综合改造）项目——世界粮食计划署援助安顺、紫云、镇宁、关岭、普定 5 县低产田改造工程正式开工，林业建设工程总任务为造林 11.2 万亩，截至 1989 年末，完成造林 6.3 万亩。

6 月 3 日—8 日　省委、省政府在毕节召开毕节地区开发扶贫、生态建设试验区工作会议。省委书记胡锦涛等省党政领导和毕节地委、行署及省、地有关部门的负责人出席会议。会议对试验区的总体设想、建设思路等问题进行讨论，对配套政策进行审议，对加快试验区建设步伐提出意见。胡锦涛发表讲话强调牢牢把握开发扶贫、生态建设这个主题；以改革总揽全局，加快改革步伐；注意智力开发和培养引进人才；全方位扩大开放和艰苦奋斗、扎实苦干等 5 项要求。号召毕节地区广大干部群众团结一致、齐心协力、开拓创新、艰苦奋斗，尽快打开试验区工作的局面。

7 月 30 日　贵州最大的农电扶贫项目——110 千伏凯里至台江输变电工程竣工投运。

8 月 20 日　省委书记胡锦涛在中共贵州省第六次代表大会上作《进一步解放思想，加快改革开放步伐，迎接贵州 90 年代的新发展》的报告中指出："凡是有利于贫困地区经济社会发展的政策和措施，都应当允许采用和试验。要改进扶贫工作，把重点放在支持和帮助贫困地区办好一批能够带动千家万户的项目上，在开发和发展商品经济中逐步摆脱贫困。继续加强对贫困地区的技术支持，鼓励各类科研单位和科技人员到贫困地区开展技术培训和咨询。提倡和鼓励先进地区及企业到贫困地区建项目、办企业、搞开发，贫困地区应当欢迎并提供优惠，主动发展对外联合和协作。重视贫困地区的交通、能源、市场等建设，为进一步的发展打下良好基础。"

9月12日—20日 省政府组成毕节试验区赴京汇报团，向国务院及有关部门汇报试验区工作。同时，请求国家智力支边协调小组帮助指导制订毕节试验区发展规划。国家智力支边协调小组经研究决定，由全国政协副主席、民盟中央副主席、著名科学家钱伟长率领专家工作组赴毕节帮助制订试验区发展规划。

10月27日 国际红十字基金无偿投资贵州3600万元，援助清镇等8个县改水工程。

10月 全国政协副主席、民盟中央副主席、著名科学家钱伟长率专家工作组赴毕节地区考察，提出毕节试验区需要制订一个全面的发展规划，规划内容要涵盖开发扶贫、生态建设和人口控制三大主题，以经济开发促生态建设，寓生态建设于经济开发之中，人口、资源、环境协调发展。近期要发展"两烟"、铅锌、乡镇企业，变资源优势为商品优势，形成支柱产业，增强发展后劲。毕节地委、行署在听取专家组意见建议的基础上，编制《毕节地区开发扶贫、生态建设试验区建设规划（初稿）》，交国家智力支边协调小组审议。12月7日—10日，钱伟长再率中央统战部、国家民委、各民主党派中央、全国工商联专家组对毕节试验区的开发扶贫生态建设情况进行考察，并同省委、省政府领导举行"毕节试验区发展规划论证"座谈会。

12月3日 省委常委会决定今冬明春组织5000名干部深入农村，开展形势教育；改进选派扶贫工作队的形式，即改各部门抽人综合组队为由一两个厅、局负责一个贫困县的包干责任制，其总要求是提高素质，对口承包；认真考核，加强监督；不经验收，不得脱钩。

是月 花溪污水站建成投入运行，成为贵州省第一个建成的污水处理工程，有效保护了贵阳市重要饮用水源地和风景名胜区——花溪的水体环境。

是年 铜仁、毕节、安顺地区和黔东南自治州、六盘水市，以及部分贫困县，相继建立常设的扶贫工作机构。

是年 铜仁地区与苏州市吴县丝绸公司联合利用贫困地区县办企业专项贷款，筹办乌江第一缫丝厂，促进10万亩桑蚕基地建设。

是年 国家水利部补助贵州5个水利扶贫工程中的4个（毕节利民、威宁杨湾桥、织金红阳及紫云格坝水库）共650万元，省水利基建97万元。工程进行全面施工，进度较快，做到边施工边受益，完成新增灌溉面积8500亩，改善灌面1000亩，解决4.4万人的饮水困难。

是年 省科协扶贫服务团在长顺县威远区长寨乡建立300亩直干桉科技扶贫示范基地，在晴隆县建立320亩规范化桑园示范基地。

是年 省科技扶贫服务团设立科技扶贫专项经费，专项经费由省财政拨给省科技扶贫服务团管理，用于农村实用技术示范开发。至2002年，省科技扶贫服务团共在全省各地县建立扶贫型、开发型、服务型、示范型科技扶贫示范点（科普培训基地）207个，投放科技扶贫资金597.5万元。

是年 全省开展扶贫扶优的乡镇（含民族乡）发展到2802个，占全省乡镇总数的71.6%。新增"双扶"对象7.57万户（其中贫困户4.85万户，优抚对象2.71万户），投入"双扶"资金366.5万元。全省共举办"双扶"经济联合体705个，其中年内新增42个。在"双扶"经济联合体从业的"双扶"对象共6432户，全省共3.76万户脱贫，102万贫困人口解决温饱。积累的扶贫周转金4428.8万元，比上年增加491.5万元。全省扶贫工作实现由救济扶贫转变为开发扶贫的根本变革，进入以解决贫困温饱为目标，以提高经济效益为中心，按项目择优分配扶贫资金和物资，依靠全社会帮助贫困地区开展经济建设的新阶段。

一九八九年

1月1日　省委、省政府发出《关于大力发展农业生产夺取1989年农业好收成的意见》，强调要正确认识农业形势，充分重视农业的基础地位，在稳定的基础上，完善、充实、发展家庭联产承包责任制，健全和完善农业科技推广服务体系，进一步采取措施，争取"七五"期间解决贫困地区大多数群众的温饱问题。

1月5日　省委、省政府印发《关于批转中共贵州省委组织部、贵州省农村经济委员会、贵州省贫困地区经济开发领导小组〈关于改进选派扶贫工作队方式的报告〉的通知》，决定实行厅局包干负责的办法，即提高素质，对口承包；认真考核，加强监督；不经验收，不得脱钩。

1月29日　省委、省政府召开会议，明确毕节试验区的试验主题为"开发扶贫、生态建设和人口控制"。

2月4日　省委召开常委会议，集体讨论修改《贵州省毕节开发扶贫生态建设试验区发展规划》。

3月25日　全国武陵山区扶贫开发工作会议在贵州铜仁地区召开。国家农业部等有关部委、解放军总参谋部动员部、湖南、湖北、四川和贵州有关负责人参加会议。

4月5日　省贫困地区经济开发领导小组、中国人民银行贵州省分行、中国工商银行贵州省分行联合印发《关于转发〈东西部联合开发贫困地区试行办法的通知〉的通知》。

4 月 5 日—7 日 "中国 3356"（联合国世界粮食计划署援助贵州省织金、纳雍两县开发治理山区项目）工程分别在织金、纳雍两县举行开工典礼。

4 月 14 日 中国、新西兰合作建设的贵州省牧草种子繁殖场在独山县通过验收。

4 月 25 日—29 日 省贫困地区经济开发工作会议在贵阳召开，传达全国贫困地区经济开发经验交流会南方片区会议精神，总结开展扶贫工作 3 年的经济和成绩，确定 1989、1990 年全省扶贫工作的中心任务是集中力量解决温饱。要求 31 个贫困县把解决温饱作为工作的中心，切实抓紧抓好。要把解决温饱与经济开发结合起来，逐步走出脱贫致富的路子。明确从 1989 年起，各地必须把 60% 以上的扶贫资金用在解决温饱的项目上。对没有担保能力的极贫乡，可由业务部门或能人牵头，承贷承还。改变扶贫工作队派遣方式，实行厅、局承包责任制，做到不脱贫，不脱钩。

4 月 28 日 贵州省毕节试验区规划论证会在北京召开，中共中央书记处书记兼中央统战部部长阎明复出席会议并讲话。指出毕节地区少数民族占四分之一，不是一般地区脱贫的问题，要根据中央的方针、政策，保证民族地区经济发展速度和中原、沿海地区适度、同步。因此，它不仅仅是一个经济问题，而且是一个政治问题。毕节试验区的开发在全国具有示范作用。

5 月 5 日 省委召开常委会，讨论《中共中央关于教育发展和改革若干问题的决定（草案）》，强调对省内贫困地区普及义务教育给予重点扶持。

5 月 10 日—20 日 全国政协副主席钱正英到贵州毕节地区和六盘水市农村视察，在听取贵州省委、省政府工作汇报后指出，贵州要发展，必须做到控制人口；解决陡坡退耕后的粮食问题；要有一定数量的基本农田，土地要统筹规划、合理利用；农、林、牧要互相配套，要形成一个整体的生产能力；发挥资源优势，发展乡镇企业，以及智力开发要同步进行等问题。建议全省要以解决温饱和扭转生态恶化为中心，统一认识，分地、县制定规划和目标，分类指导，逐步实现。

5 月 17 日 民政部、中国科协和国家民委决定将贵州德江、印江、榕江、普定、荔波、台江等 6 县列为国家科技扶贫重点县。

是月 国家长江上游水土保持委员会批准毕节、大方、威宁、赫章等 4 县的第一期水土保持实施规划。12 月 1 日，该工程全面动工。

8 月 9 日 省贫困地区经济开发领导小组办公室在贵阳召开地、州、市扶贫办主任座谈会，汇报交流各地区上半年来的扶贫工作情况，安排 1989—1990 年的扶贫工作，布置 1990 年的扶贫"温饱工程"计划，并就如何落实好各项扶贫措施提出具体要求。

8 月 12 日 省贫困地区经济开发领导小组办公室在贵阳召开贫困地区扶贫"温饱工程"审批会，同意在 31 个贫困县实施扶贫"温饱工程"面积 400 万亩（其中地膜杂交玉米 200 万亩、杂交水稻 200 万亩）。9 月 15 日，省政府办公厅批转省扶贫办《关于 1990 年在我省贫困地区实施温饱工作的意见》，要求各地认真组织实施。

9 月 2 日—6 日 省委、省政府召开全省农业工作会议，总结交流农业生产情况，部署今冬和下一年农业生产任务，研究进一步发展农业特别是粮食生产的对策和措施，强调要确立科技兴农的战略思想。

9 月 20 日 全国智力支边协调小组为加大对贵州毕节"开发扶贫、生态建设试验区"的智力支边力度，设立由 14 名高级专家组成的毕节试验区专家顾问组。

10 月 25 日—27 日 省贫困地区经济开发领导小组召开全省贫困地区经济开发工作会议，传达国务院召开的全国少数民族扶贫工作会议精神，研究提出全省少数民族地区扶贫工作的政策建议。

11月24日—12月1日 中共贵州省第六届三次全委扩大会议提出把经济工作的重点放到治理整顿和深化改革上来，强调集中力量办好农业，支援贫困地区和少数民族地区的经济发展。

11月27日—12月7日 省政府在贵阳举办"贫困县经济开发项目规划研习班"，有关专家讲授"总体规划编制""4年扶贫情况、经验、问题及措施"等规划理论，还特邀财政、人民银行、农业银行等投资部门的领导为学员们解答释疑。全省31个贫困县分管扶贫工作的副县长，扶贫办、农业区划办负责同志，9个地（州、市）农业区划办及部分县的计委和理论研究部门的干部共150余人参训。

12月28日 在京召开的国家农业综合开发领导小组全体成员会议上，贵州被列为1990年第一批安排的农业综合开发重点地区之一。

是年 省委、省政府确定，从1989年起，在二至三年时间内，全省扶贫工作的主攻方向是解决贫困地区大多数贫困户的温饱问题，拟定"温饱工程"实施计划下达31个贫困县，建立"温饱工程"领导机构和承包责任制，全省共完成"温饱工程"面积246.4万亩，31个贫困县共增产粮食1.2亿公斤，有98万人解决温饱问题。

是年 全省有各项扶贫资金2.2亿元，其中专项贴息贷款14650万元（含上年结转5000万元），"老少边穷"贷款3000万元，小跨度县办企业贷款3710万元（人民银行省分行2500万元、工商银行省分行750万元、建设银行省分行460万元），发展资金1620万元。

是年 根据国务院《关于加强和整顿扶贫资金、物资管理工作的通知》精神，省审计局对全省26个贫困县、5个重点扶持县1985—1988年扶贫资金、物资的发放、使用、管理和效果等方面进行审计和调查。

是年 贵州首次从国务院贫困地区经济开发领导小组办公室服务

中心争取到东西部联合开发贫困地区大跨度项目扶贫资金1000万元。

是年 全省开展扶贫扶优的乡镇2696个，扶持灾民生产299.8万元，比上年增长64.8%，共扶持11.93万户，投入扶贫资金490.1万元，比上年增长33.7%；新增贫困户和优抚对象4.18万户，年末在扶户共计21.99万户。经过扶持，有4.02万户基本脱贫。全省共扶持"双扶"经济联合体355个，其中年内新增25个。在经济联合体从业的"双扶"对象4327户；积累扶贫周转基金4851.5万元，比上年增加422.7万元。其中，收回存入银行734万元，占周转基金总数的15.1%。

一九九〇年

1月15日—17日 省政府在贵阳召开全省农业综合开发座谈会，提出把搞好农业综合开发作为振兴贵州农业的一项战略性措施来抓。经国家农业综合开发办批准，贵州遵义、湄潭、绥阳、凤冈、余庆、金沙、独山、平塘、惠水、长顺、石阡、黄平、黔西、仁怀、平坝等15个县立项进行农业综合开发，下半年与省里立项的六枝、兴义两个农业综合开发试点县、市同时启动。

年初 中央统战部、国家科委、国家民委、国务院扶贫办、各民主党派中央、全国工商联等为贯彻落实中央有关文件精神，决定利用民主党派的人力、智力优势，联合推动我国西南地区的"星火计划、科技扶贫"工作，经过考察，选定黔西南州作为"星火计划、科技扶贫"试验区。各民主党派中央、全国工商联成立了黔西南"星火计划、科技扶贫"试验区联合推动组，具体负责试验区的联合推动工作。1月31日，决定联合推动"星火计划"和"科技扶贫"工作，把工作的重点放在贵州、云南、广西、四川4省（区）并成立联络组。4月20日，省科委向省政府呈报《关于国家科委、有关民主党派中央及有关部委选择黔西南州作为"星火计划、科技扶贫"试点问题的报告》。为加强对"星火计划、科技扶贫"试验区工作的领导，黔西南州人民政府成立黔西南"星火计划、科技扶贫"试验区领导小组及其办公室。5月，国家科委和民主党派组成的"星火计划和科技扶贫"试验区考察组一行20人，到贵州黔西南布依族苗族自治州进行实地考察，初步确定12个项目作为黔西南试验区"八五"期间启动实施的科技扶贫项目。6月7日，黔西南州人民政府召开黔西南"星火计划、科技扶贫"试验区领导小组会议，安排部署黔西南试验区工作。下半年，国家科委、有关民主党派和贵州省科委分别组织有关专家和单位召开黔西南"星火计划、科技扶贫"试验区项目论证会，共有11个项目通过专家鉴定和省级论证。黔西南州专门召开全州三级干部会议，制发《关于搞好"星火计划、科技扶贫"的决定》，制定黔西南试验区工作方案，成立黔西南试验区工作领导小组和项目开发办公室，正式启动黔西南试验区工作。

3月8日—17日　由中央统战部、各民主党派中央、全国工商联组织的专家组一行19人赴毕节试验区，对现行政策进行考察调研，选定帮扶项目。

4月11日—15日　农工党中央主席卢嘉锡等一行12人赴毕节围绕"开发扶贫、生态建设、人口控制"三大主题开展调研并考察织金县"中国3356工程"项目实施情况。

4月17日—23日　省贫困地区经济开发领导小组办公室召开31个贫困县省级扶贫项目审批会，共审批1990年省级扶贫项目94个，总投资8200万元。

4月21日　省政府印发《关于依靠科技进步振兴农业、加强农业科技成果推广工作的决定》，提出当前全省科技兴农的主要任务是把科技兴农作为农村科技工作的首要任务，大力抓好农业科技成果和农业适用新技术的推广应用，尽快形成规模效益，针对农业生产中的关键技术问题进行科技攻关，把农业科技成果转化为生产力，增强农业生产发展后劲，推动农村商品经济的发展。要求深化农村科技体制改革，建立健全农业科技推广服务体系；加强农民技术培训，提高农村劳动者素质；多渠道筹措资金，增强农业科技投入；稳定和发展科技队伍；加强对科技兴农工作的领导。

4 月 21 日—24 日 省政府召开的毕节地区开发扶贫、生态建设试验区第二次工作会议指出，毕节试验区的成败对全省岩溶贫困地区的改革与开发具有重要意义，各有关部门要加强领导，扎扎实实推进该地区的各项工作。

8 月 6 日 省委、省政府印发《关于进一步搞好扶贫开发工作的决定》，明确稳定、完善扶贫政策，保证现有扶贫资金、物资继续投放；进一步完善脱贫致富规划，积极发展以种养业为基础的支柱产业；管好用好扶贫资金，充分发挥经济效益；依靠科技进步，健全服务体系，抓好"温饱工程"；进一步动员各行各业开展扶贫济困活动，继续坚持部门扶贫包干责任制以及加强对扶贫开发工作的领导，充实扶贫机构等方面的原则。

8 月 13 日 在北京召开的世界银行贷款会上，中国贫困地区经济开发服务中心初步决定，向贵州省黔西南州的 4 个贫困县投放世界银行贷款 2000 万美元，用于开发甘蔗、桑蚕、油桐等项目。9 月 7 日，省计划委员会、省贫困地区经济开发领导小组办公室牵头，组织省级有关部门在黔西南州召开世界银行贷款扶贫项目评审会议，总投资 2.5 亿元人民币。

是年 全省 31 个贫困县在已有 392 万贫困人口解决温饱问题的

基础上，是年又有 100 万人口的温饱问题得到解决，占原有贫困人口总数的 80.13%，基本实现国务院提出的在"七五"期间解决大多数贫困群众温饱问题的奋斗目标。

是年 世界粮食计划署援助贵州安顺（今西秀区）、紫云、镇宁、关岭、普定 5 县（市）低中产田土的"3146"项目，开工两年完成的工程符合质量标准。

是年 贵州首次利用世界银行贷款造林项目在黔东南、黔南、黔西南 3 个自治州的榕江、从江、黎平、锦屏、天柱、三穗、黄平、三都和册亨 9 个县，营造速生丰产用材林 60 万亩。

一九九一年

1 月 25 日 中共贵州省六届五次全体会议通过的《中共贵州省委关于制定贵州省国民经济和社会发展十年规划和"八五"计划的建议（修改草案）》对贵州省的扶贫开发工作进行了总结："十年来，针对全省少数民族人口多、贫困面比较大的实际情况，我们始终坚持把加快少数民族地区经济社会发展和贫困地区脱贫致富作为一项重要的战略任务，采取了一系列扶持政策和措施，帮助这些地区人民发展，改善生活条件和生产条件，增强自我发展能力，取得了良好效果，也促进了全省经济和社会的发展。今后，要继续把促进少数民族地区和贫困地区的经济社会发展摆在重要的位置上，坚持走共同富裕的道路。"对今后的扶贫工作作了安排："要继续抓好贫困地区以脱贫致富为主要目标的扶贫开发工作，稳定、完善扶贫政策，搞好'温饱工程'建设，搞好以优势产品为龙头的产品基地建设。使用好各种扶贫资金，搞好以工代赈，帮助贫困地区进行综合开发，继续解决人畜饮水困难，到 20 世纪末，稳定地解决全省贫困地区群众的温饱问题，使全省贫困地区尽快走上共同富裕的道路。"

2 月 5 日—10 日 中共中央政治局常委、国务院总理李鹏深入贵州农村、工厂调查研究，在听取省委、省政府工作汇报和贵州"七五"扶贫工作进展情况后，强调国家对经济落后的地区要给予支持，但主要是靠本地区的各级党组织、政府和广大群众坚持不懈的努力，靠自力更生、艰苦奋斗和坚持改革开放。要求贵州在发展经济方面要十分重视农业问题，解决吃饭问题。要根据贵州的特点搞坡改梯，大力发展梯田、梯土，发展水利，推广良种，大幅度增加粮食产量，逐步做到不吃或少吃调入粮。贵州要把林业发展放在重要的地位，使林业有一个较大的发展。

4 月 20 日 省扶贫领导小组批准省扶贫办编制了《全省贫困县"八五"支柱产业发展计划》。该计划明确"八五"期间在全省 46 个贫困县发展 5 个大类、46 个品种的支柱产业，322 个项目，总投资12.11 亿元。这些支柱产业全部建成投产后，预计年可创产值 24 亿元，税利 4 亿元，直接扶持 130 万农户，安排 3 万户贫困户劳动力就业。

4 月 省委副书记、省长王朝文赴毕节地区检查"温饱工程"实施情况，要求扩大杂交水稻、杂交玉米、良种小麦和地膜覆盖等栽培技术的推广应用面积，搞好坡耕地治理。

5 月 9 日—13 日 全省省级扶贫项目审批会在贵阳召开，共审批19 个国家重点扶持贫困县的 78 个扶贫项目，审批资金 9306 万元。

6 月 5 日 国务院贫困地区经济开发领导小组、中国农业银行、中国人民银行、财政部联合发出《关于新增 5 亿元扶贫专项贷款有关事项的通知》，明确 1989 年全县农民人均纯收入低于 300 元的县为省级扶持贫困县。据此标准,贵州有 27 个县被列入扶持名单,其中贞丰、安龙、晴隆、镇宁、平塘、长顺、麻江、施秉、岑巩、三穗、黎平、松桃、石阡、凤冈、正安等 15 个县为新增加的享受国家级贫困县待遇的县。至此,加上原已确定的 31 个贫困县,贵州全省贫困县总数达到 46 个。《通知》决定从 1991 年起,把国家每年分给贵州的 1.5 亿公斤以工代赈粮食集中用于以坡改梯为主要内容的基本农田建设,在贫困地区每年建成 50 万亩基本农田,到 20 世纪末使人均拥有半亩以上稳产高产田土,达到稳定解决温饱问题的目标。《通知》还对实施坡改梯的指导原则、办法等作了详细规定。6 月 26 日,省委、省政府正式下发《关于我省贫困地区实行以工代赈建设基本农田的决定》。

7 月 10 日—12 日 省政府在安顺市召开全省以工代赈基本农田建设前期工作会议。各自治州(市)政府、各地区行署和省直有关部门负责人参加会议,研究坡改梯的规划编制、技术操作规程、检查验收标准、岗位职责;粮食、物资的分配和管理办法及监督措施,并组织参观普定县的坡改梯工程现场。

7 月 15 日 省委、省政府发出通知,决定成立贵州省以工代赈建设基本农田指挥部。

9 月 2 日 省计划委员会、省农村经济委员会、省林业厅、省水电厅、省财政厅、省粮食局、省物资局等部门联合发出通知,安排 1991 年全省以工代赈建设基本农田工作,计划全年完成坡改梯 50 万亩,发展水浇地 50 万亩,营造水土保持林 19 万亩,建设乡村公路 200 公里,解决 17.5 万人、13 万头大牲畜饮水困难。

11 月 2 日 省军区党委作出《关于进一步组织发动民兵预备役人员为兴黔富民作贡献的决定》,以实际行动贯彻党的十三届八中全会精神。在冬季农田水利和坡改梯工程建设中,全区共计投入部队、民兵、预备役人员 60 万人，完成坡改梯工程 2.6 万亩，土改田 9000 亩，承修公路 300 公里，疏通水渠 1.72 万余公里，筑坝 43 座，修建水库 14 座。

12 月 16 日—26 日　中共中央总书记、国家主席江泽民在贵州视察。21 日，江泽民在遵义宾馆接见全国劳动模范——遵义县龙坑镇村党支部书记杨炳友、兴义市则戎乡党委副书记刁大富、罗甸县大关村党支部书记何元亮时说："像罗甸县大关村这样连续搞坡改梯二十年，我们国家吃饭就没有问题了。"接着，他到遵义县石板乡坡改梯工地视察并参加劳动，对贵州坡改梯工作给予高度评价："坡改梯是愚公移山大无畏精神同实事求是科学态度相结合的产物。"期间，国务院副总理邹家华考察遵义县石板乡、息烽县盘脚营镇、安顺市龙宫镇、镇宁县黄果树镇等地的坡改梯工程。

是年　贵州省扶贫开发工作围绕"八五"期间加强基本农田建设，提高粮食产量，狠抓"温饱工程"、支柱产业、科技扶贫、资金管理使用等，全省有 100 万贫困人口越过了温饱线。

是年　加拿大民间组织援助贵州清镇县簸罗乡挖泥村农民发展网箱鱼项目，第 1 期援助资金 12.5 万元人民币，在红枫湖建立 8 个网箱养殖，1 户农民管理 1 个网箱，当年为实施期，8 户农民户均增加收入 3800 元。

是年　全省有 15 个农垦农场人均收入不足 360 元，属于贫困农场。根据国发〔1991〕42、43 号文件精神，贵州省农业厅农场管理局制定对贫困农场的"八五"扶贫开发计划，力争早日解决 15 个农场脱贫问题。

是年　贵州开始在黄平、天柱、黎平、德江、印江、沿河 6 个县的 30 个乡实施日本政府"粮食增产援助项目"（援助 2.5 亿日元，用于购买化肥、农药、农膜等农用物资，推广农业先进技术，提高粮食产量），覆盖 7.9212 万农户，40.06 万人受益。该项目于 1995 年结束。

一九九二年

1月4日　省政府批转省贫困地区经济开发领导小组《关于"八五"期间扶贫开发工作意见的报告》，指出此后 5 年的扶贫开发工作要以稳定解决温饱问题为重点，与区域经济开发相结合，从更大范围、更深层次缓解贫困状况。明确"八五"期间全省扶贫开发工作任务稳定、完善扶贫优惠政策；继续增加对贫困地区的投入；积极发展以种养业为基础的区域性支柱产业；继续抓好"温饱工程"的实施；加强项目的规划、组织、管理和项目区的试点工作；建立健全扶贫开发服务体系；加强扶贫资金的管理和使用；抓好实用技术的引进推广和干部培训工作；继续动员国家机关和社会各界帮助、支持贫困地区的扶贫开发以及进一步加强对扶贫开发工作的领导，认真贯彻分级负责的原则等 10 个方面的内容。

1月21日　省委常委会议原则通过的《中共贵州省委关于贯彻落实〈中共中央关于进一步加强农业和农村工作的决定〉的决议（草案）》，对贵州省的扶贫工作作了总结和部署："扶贫工作从单纯生活救济向经济开发转变，取得了很大成绩，大部分贫困人口基本上解决了温饱问题，全省农民人均纯收入明显增长。""把扶贫开发的重点逐步转向区域性经济开发，与抓好民族地区的发展紧密结合，打好扶贫攻坚战。进一步稳定、完善扶贫政策，为贫困地区创造有利于经济和社会发展的环境。加强贫困地区的基础设施和生态建设，增强其发展后劲，降低返贫率。贫困县要落实规划，把脱贫致富作为全县工作的主要任务，加强项目管理，使用好扶贫资金和物资，搞好以工代赈，抓好'温饱工程'，推动贫困乡村改进生产技术，提高粮食产量；帮助贫困群众转变观念，发展商品经济，走开发脱贫、自力致富之路，尤其要优先扶助实行计划生育贫困户脱贫致富。""继续组织全社会各方面力量挂钩扶贫、参与扶贫，多渠道支持贫困地区发展教育事业，建立支柱产业，着重帮助贫困程度很深的少数民族地区和高寒山区的群众提高生产和生活水平。通过开发扶贫、科技扶贫，在'八五'期间稳定地解决大多数贫困群众的温饱问题，并使贫困户有稳定的收入来源；20 世纪末使贫困地区多数农户过上比较富裕的生活，走上共同富裕的道路。"

2 月 14 日 民政部与国际世界宣明会关于"中国贵州省灾后重建项目"和"中国贵州省发展项目"两个合作协议在北京举行签约仪式。协议商定，由国际世界宣明会援助贵州省人民币 594 万元，贵州省自筹资金 547 万元，共 1141 万元，在 1991 年遭受严重水灾的遵义市（今红花岗区）、六枝特区、水城县和普定县开展 24 个灾后重建和发展项目，包括修建 550 户倒塌住房；兴建 3 个社会福利院供养 204 名孤寡老人；兴建 2 所小学，解决 610 名儿童入学问题；兴建 2 个水利工程和人畜饮水工程，解决 1.76 万人的农业灌溉和饮水困难；兴建 1 所儿童福利院和 1 所农业技术学校；在遵义市巷口乡扶持发展杜仲种植。截至年底，灾后重建项目基本完工。

3 月 26 日 省扶贫办在贵阳召开全省（地、州）市扶贫办主任会议，传达学习邓小平南方谈话精神。省扶贫开发办负责人对全省扶贫工作如何贯彻邓小平南方谈话精神提出具体要求。

5 月 15 日—17 日 省委、省政府在贵阳召开全省以工代赈坡改梯工作会议，总结 1991 年度坡改梯工作，安排部署 1992 年度坡改梯工作。

10月13日—25日　省以工代赈建设基本农田建设指挥部在兴义市召开全省坡改梯工程验收试点现场会，会议通过对则戎乡坡改梯工程的现场检查验收，统一工程质量标准，统一验收步骤和考评办法，并组成3个小组对黔南、安顺、毕节等部分县的坡改梯工程进行省级抽样验收。

12月22日—28日　省贫困地区经济开发领导小组办公室、中国人民银行贵州省分行、中国农业银行贵州省分行在贵阳联合召开1993年度省级扶贫项目初审会，听取各贫困县对1992年度扶贫项目的执行、扶贫资金的到位及使用、扶贫"温饱工程"的实施等情况汇报，对1993年度总投资16600万元的153个省级扶贫项目进行初审。

是年　省政府办公厅转发省贫困地区经济开发领导小组办公室制定的《贵州省贫困地区"八五"区域性支柱产业发展计划》，拟在5年内投资12.11亿元，发展贫困地区种植、养殖、加工、采矿、能源5大类、46个品种、322个项目的支柱产业。年末，全省贫困地区新发展桑园22万亩、茶园7.5万亩、油桐79万亩，养牛14.5万头，养羊52.6万只，加上原有的基础，以种养业为主的区域性支柱产业初具规模。

是年　由新西兰政府无偿援助贵州104万新西兰元，贵州地方财政配套资金人民币330万元的贵州省土地综合利用系统项目，从1992年7月起在独山、龙里、清镇、花溪4县（市、区）实施，执行期为5年。

是年　全省完成坡改梯55.8万亩，超计划11.6%，加上上年完成的56万亩，共完成111.8万亩，超过"农业学大寨"时期10年的改土面积。

一九九三年

1月15日 省贫困地区经济开发领导小组办公室、省以工代赈建设基本农田指挥部办公室、中国农业银行贵州省分行、省财政厅联合印发《关于转发国开发〔1992〕11号文件的通知》，就1992年国家分配给贵州的3000万元基本农田建设扶贫专项贴息贷款和2000万元恢复水毁扶贫项目贴息贷款的分配、管理和使用问题作出安排。

2月13日 省农村经济委员会、省财政厅、省农业厅、省供销合作社联合社印发《关于实施两个百万亩粮食高产示范工程的通知》，明确根据省政府工作安排，1993年继续在贫困地区实施600万亩扶贫"温饱工程"的同时，在遵义等29个县实施100万亩水稻高产示范工程，在瓮安等23个县实施100万亩玉米高产示范工程。

4月21日—26日 全国扶贫办主任会议在贵阳花溪区召开。国务院扶贫工作领导小组副组长兼扶贫开发办主任杨钟，国家民委、水电部等有关部门负责人，以及来自全国25个省、自治区的扶贫办主任参观了贵州的部分坡改梯工程现场。

5月7日 国际世界宣明会与贵州省民政厅暨纳雍县政府在香港签订《关于纳雍县龙场镇"滑竹箐综合发展项目"合作协议书》。协议商定，由国际世界宣明会援助人民币56.93万元，纳雍县政府及龙场镇人民群众自筹配套资金10.21万元，用于纳雍县龙场镇开展为期3年的社会综合项目，受惠者包括龙场镇滑竹箐及邻近的何家箐、肖家冲、大营、小营、磨石沟、朱家营6个村寨、578户、2500人。项目内容为：发展肉牛羊养殖与杜仲种植，修建小学校，建设卫生室，配备医疗器械及药品，为滑竹箐及何家箐培训妇幼保健员及村医；修建 2 处人畜饮水工程；举办畜牧、造林、农业技术、用水、卫生防疫、男女扫盲等 25 期培训班。协议书有效期至 1996 年 9 月 30 日。

7 月 12 日 省计划委员会、省基本农田建设指挥部、省财政厅、中国农业银行贵州省分行联合发出《关于下达 1993 年粮食以工代赈坡改梯计划的通知》，明确全省 1993 年度的坡改梯任务是：毕节 13 万亩、六盘水 7 万亩、黔东南 4.5 万亩、贵阳 0.5 万亩，其余地、州、市各 5 万亩。每亩补助以工代赈粮食折款 100 元，地、县配套补助 30 元，省财政补助每亩调粮补贴和钢钎炸药补助 40 元。

7 月 16 日—19 日 中共中央政治局常委、国务院副总理朱镕基视察贵州。他指出，要保持贵州经济发展的良好势头，必须从三个方面通过深化改革来解决前进中的问题。一是要进一步发挥贵州资源优势，必须大修公路，特别是修水泥路；二是要进一步发挥贵州军工企业知识密集、技术密集、人才密集的优势，善于就地取"才"；三是要进一步发挥贵州的劳力资源优势，设法把劳动力的使用跟大工业的发展协调配套，争取获得更好的经济效益。

8 月 10 日 联合国援助我国的大型农业综合项目——贵州"3146"（山、水、田、林、路）工程全部建成。

9 月 6 日—9 日 在贵阳举行的川滇黔桂湘藏渝六省（区）七方智力支边扶贫联席会第八次会议强调智力支边扶贫工作已进入更为艰巨的攻坚阶段，必须调动各方面的积极性，从缩小东西部差距的总体战略高度出发，抓好这项工作。

9 月 11 日—13 日 毕节开发扶贫、生态建设试验区 5 年工作总结会在毕节召开。会议认为，毕节试验区建立 5 年来，根据中共中央、国务院和省委、省政府的指示精神，在中央、省有关部门和各民主党派、工商联及社会各界的大力支持下，坚持从试验区的实际出发，紧紧围绕"开发扶贫、生态建设、人口控制"三大主题大胆探索，各方面工作都取得长足的进展。

11月3日—8日　中共贵州省第七次代表大会在贵阳召开。省委主要负责人代表省委向大会作题为《抓住机遇，加快发展，为实现贵州第二步战略目标而努力奋斗》的报告，指出要高度重视扶贫开发工作，加大扶贫力度，继续从政策、资金、技术、智力等方面给以支持，重点搞好贫困地区的农业基本建设，改善交通运输状况，为加快经济发展创造条件。加强较发达地区与贫困地区的经济技术协作，增强群众市场经济意识，实施"温饱工程"，帮助贫困农户解决温饱，稳定脱贫，奔向小康。

11月16日—18日　在遵义召开的全省农村单项改革试点工作会议提出以加强农业基础、富裕广大农民、加快农村经济发展作为根本出发点，搞好探索试验，深化农村改革。

11月22日—25日　省农村经济委员会、省计划委员会在长顺、惠水、贵定、福泉、瓮安等5个县召开1992年度全省以工代赈坡改梯工程检查验收会议，对5个县1992年度完成的部分坡改梯工程进行省级现场检查验收，对全省开展大面积的省级检查验收工作进行安排布置。

是年　全省当年新增扶持的贫困户和优抚对象6.38万户，年末在扶16.88万户，当年脱贫4.34万户。全省"双扶"周转基金（含救灾基金）回收存入银行1218.8万元。从1991年起，陆续收回的"双扶"周转金全部转为救济基金。

是年　全省有70万贫困人口超过人均纯收入为400元的温饱线。

是年　贵州省得到世界银行6000万美元限额贷款的支持，决定望谟、关岭、紫云、罗甸、六枝、大方、织金7个国家扶持贫困县和册亨、晴隆、贞丰、普定、长顺、盘县6个省扶持贫困县作为世行项目区。

是年　国家重点支持中西部地区和加快农村基础设施建设，加快脱贫致富步伐的第 6 批以工代赈计划开始实施，用于贵州省 1993 年水利建设方面的共 3241 万元。

是年 省科协为落实中国科协提出的实施"金桥工程"总体方案，提出贵州架设学术和决策论证的金桥；架设人才资源开发和科技人才市场之间的金桥；架设科技扶贫、促进先进技术通向广大农村之间的金桥；架设促进大、中型企业科技进步的金桥，建立厂矿科协协作中心；架设先进技术和管理方法通向小型企业和乡镇企业之间的金桥，建立贵州省乡镇企业科技扶贫服务团；架设国际民间合作的金桥，以及架设科技工作者继续教育的金桥 7 项"金桥工程"目标。

一九九四年

1 月 13 日—21 日 世界银行贷款扶贫中国西南扶贫项目第二次准备团一行 9 人赴贵州关岭、普定、长顺 3 县考察，并与省直有关部门座谈，认可贵州拟定项目的初步内容和范围。26 日—28 日，该准备团在广西南宁召开由云南、贵州、广西 3 省（区）相关负责人参加的世界银行贷款中国西南扶贫项目总结座谈会，会议原则认可贵州省确定的 13 个项目覆盖县。

1 月 24 日 贵阳市城市管道煤气开通，让广大市民告别了煤炉做饭、煤棚储煤的生活方式。

2 月 26 日—3 月 4 日 省委召开农村工作会议，总结交流农村改革和发展经验，研究在建立社会主义市场经济体制中如何深化改革，加强农业和农村工作，加快农村脱贫奔小康步伐。会议指出，促进农业和农村经济发展要高度重视农业、农村和农民问题；稳定解决温饱，加快奔小康步伐，到 20 世纪末，力争全省三分之一的村实现小康，三分之一的村接近小康，三分之一的村解决温饱；建立农村市场经济运行机制和管理机制；稳定农村政策以及加强和改善党对农村工作的领导。4 月 5 日，省委再次召开农村工作会议，研究部署 1994 年全省农业和农村工作。

2 月 27 日　省委、省政府、省政协召开麻山、瑶山（以下简称"两山"）社会发展及贫困状况调查汇报会。要求各级党委、政府的领导干部，对"两山"这样极贫地区的扶贫，要"动感情、动脑筋、动真格"，动员全社会的力量，开展向"两山"送温暖、献爱心活动。要求对"两山"这类地区要采取特殊政策、特殊措施。根据省委要求，3 月 10 日，团省委、省总工会、省妇联、省民委、省民政厅联合倡议，发起"向麻山、瑶山群众送温暖、献爱心"捐赠活动，到 5 月 23 日止，共募集捐赠物资折款 157 万多元，获得捐款 55 万多元，并陆续将物资、捐款送到"两山"等贫困地区。8 月 5 日，省委办公厅、省政府办公厅发出《关于加快麻山、瑶山地区扶贫开发步伐的通知》，要求统一认识，打好"两山"地区扶贫攻坚战；明确思路和目标，走开发扶贫之路；采取特殊政策和措施，加快"两山"地区扶贫开发步伐以及加强领导，精心组织实施。

4 月 27 日—29 日　省委、省政府召开全省扶贫开发工作会议，传达贯彻全国扶贫开发工作会议精神，研究部署全省扶贫开发工作，讨论修改《贵州省扶贫攻坚计划（初稿）》。会议确定全省扶贫攻坚的总目标是：到 2000 年基本解决全省农村绝对贫困问题。会议要求，贫困县要把扶贫开发、解决温饱作为中心任务，切实抓好。会议提出，在扶贫工作中，要抓好基本农田、生态经济、商品经济和基础设施四项建设；做到扶贫开发与区域经济开发、科技开发、智力开发、计划生育相结合，重点突破与整体推进相结合；搞好劳务输出，鼓励异地就业，实行异地开发；试行移民搬迁异地安置。

5月10日　省政府印发《关于我省列入"国家八七扶贫攻坚计划"贫困县名单的通知》，全省列入国家"八七扶贫攻坚计划"的有威宁、纳雍、赫章、大方、织金、水城、盘县（今盘州市）、六枝、晴隆、普安、兴仁、望谟、册亨、贞丰、安龙、关岭、镇宁、紫云、普定、罗甸、长顺、三都、独山、荔波、平塘、黎平、从江、榕江、剑河、黄平、雷山、台江、丹寨、麻江、施秉、岑巩、三穗、天柱、沿河、松桃、德江、印江、石阡、务川、凤冈、正安、习水、息烽48个县（毕节县因建制改为毕节市，被国家取消贫困县待遇；习水、息烽、天柱3个县为新增加的扶贫攻坚县）。

7月2日　省政府制定《贵州省扶贫攻坚计划（1994—2000年）》，明确扶贫攻坚的任务、目标、要求和基本方针，并从资金投入、减免农业税粮食定购任务，以及放宽建设项目立项规定与其他优惠办法等方面制定配套政策措施，要求在2000年末解决全省1000万贫困人口的温饱问题。年末，全省发放扶贫贷款4亿多元，比1993年增加60%，有91万贫困人口越过温饱线，完成"温饱工程"604万亩，新增种植支柱产业基地面积11.2万亩。

7月4日　省民政厅暨纳雍县政府与国际世界宣明会在贵阳签订《关于坡戛及海雍综合发展项目协议书》。根据协议，在纳雍县鬃岭镇坡戛村及海雍村维修和兴建人畜饮水工程各1个，维修和兴建小学各1所，举办农业畜牧技术、卫生防疫及扫盲等培训班。通过改善饮水系统、教育及卫生设施、生产条件及技术，帮助两个村的苗族村民提高生活水平。项目总投资人民币105万余元，其中宣明会援助人民币87万元，当地政府自筹资金17万余元。全部项目定于1997年5月投入使用。

7月27日—29日 全国政协副主席萧克赴毕节考察扶贫工作，要求革命老区要发扬革命传统，苦干实干，发展经济，力争早日脱贫致富。

8月3日 根据省委、省政府关于加快麻山、瑶山地区扶贫开发步伐的指示精神，省农村经济委员会和省计划委员会先后联合制发《关于下达麻山、瑶山地区以工代赈坡改梯计划的通知》和《关于联办以工代赈坡改梯工程示范点的通知》，分别决定从1994年度以工代赈坡改梯资金中专项安排300万元，用于"两山"地区的25个极贫乡镇建设以坡改梯为主内容的基本农田，以及在遵义、安顺、黔南3个地州的部分县举办省、地、县三级联办坡改梯示范点0.8万亩。

10月13日—20日 中共中央政治局常委、全国政协主席李瑞环到贵州视察，在谈到扶贫时指出，贵州扶贫是一个突出问题，必须把开发性扶贫作为重点，通过开发带动群众脱贫，在不具备生存条件的地方可以有计划地安排搬迁。

10月17日—25日 中央统战部、全国工商联组织以为"'老少边穷'地区培训人才、开办扶贫项目、开发资源、为缩小贫富差距、实现共同富裕"为主题的光彩事业赴贵州考察团一行22人抵筑，先后考察贵阳、安顺（今西秀区）、毕节等地的5个县和2个开发区，达成43项扶贫项目协议。

10月21日 国务院增加贵州、西藏等6个"老少边穷"地区救灾救济经费。

11月7日—20日 国务院组织专家组深入纳雍、织金两县对联合国世界粮食计划署无偿援助的"3356"（山、水、林、田、路）综合治理工程进行检查，认为该项目已发挥良好的经济、社会效益，验收合格。12月，纳雍、织金两县组织实施的联合国粮食计划署援助的水土保持项目"中国3356工程"全面完成。

是年　为动员社会各界都来关心和支持扶贫工作，全省上下广泛掀起向贫困地区"送温暖、献爱心"活动，省地县党政机关和有关单位在开展定点挂钩扶贫、选派科技副县长、组织科技扶贫团、进行智力支边的同时，先后有 500 多个单位、50 多万人共捐赠衣被 157.5 万件、现金 55.5 万元。

是年　贵州实施"贫困地区义务教育工程"，新建成农村小学450 所。

是年　全省扶贫工作转向"三山"（石山区、深山区和少数民族边远山区）推进，成效显著，全省有 91 万贫困人口人均纯收入超过400 元的温饱线。

是年　国家对贵州新增扶贫贷款 1.4 亿元，以工代赈资金 8000 万元，选派 12 个中直机关及有关单位赴贵州 41 个贫困县定点扶贫。农业部、林业部连续 8 年定点扶持武陵山、九万大山贫困地区，年均分别投入 400 万元、500 万元资金，为贵州扶贫攻坚做出贡献。

是年　北京市 9 县（区）、中直机关、部队共捐赠衣被 391.5 万件、现金 2.1 万元，使贵州省 1282 个乡镇、96.6 万户、309.6 万贫困人口得到扶持。

一九九五年

1 月 1 日　世界银行投资（包括国内配套资金）10.78 亿元在贵州实施综合性扶贫工程，在晴隆、贞丰、望谟、册亨、罗甸、长顺、普定、关岭、紫云、织金、大方、六枝、盘县（今盘州市）13 个贫困县（特区）的 117 个乡（镇）启动，项目区直接受益农户 82.6 万人。项目包括大农业，乡镇二、三产业，教育，卫生，基础设施，劳务输出6大类325个子项目，先期投资7400万元。整个扶贫项目工程于1995年7月1日正式实施，建成期为6年。

1月6日—8日　贵州省经济工作会议在贵阳召开，传达贯彻中央经济工作会议精神，总结全省改革和发展工作，明确1995年全省经济工作的主要任务是坚持把加强农业放在经济工作的首位，全面发展农村经济，加快稳定脱贫奔小康的步伐；努力加强和改善宏观管理，坚决抑制通货膨胀；以深化国有企业改革为重点，着力搞好国有大中型企业；加快非国有经济的发展，大力培植新的经济增长点；实施开放带动战略，打一场扩大开放总体战；加大经济结构调整力度，强化管理和推动技术进步，提高经济的整体质量和效益，实现国民经济持续、快速、健康发展。

1月15日　省扶贫开发领导小组办公室印发《关于1995年贫困人口越过温饱线计划任务指标的通知》和《"八七"扶贫攻坚期间攻坚区域的通知》，一是要求以贫困人口计算，1994年和1995年分别要有80万和120万贫困人口越过温饱线，1996年至1998年平均每年要有200万贫困人口越过温饱线，1999年至2000年平均每年要有100万贫困人口越过温饱线；二是要求"以贫困县为单位考核计算，1993年农民人均纯收入为400元以上的18个县，300～400元的14个县和300元以下的16个县，要在1996年、1998年和2000年分别达到人均收入500元以上"。

2月8日—10日　为进一步落实中共十四届四中全会精神，贯彻《中共中央关于加强农村基层组织建设的通知》和中组部《关于进一步整顿农村软弱涣散和瘫痪状态党支部的意见》，省委决定全面加强农村基层组织建设，从省直单位选派201名干部组成省直机关第一批农村基层组织建设工作队，集中培训后分赴48个贫困县驻村帮助工作。工作队的任务主要是建设好党支部领导班子，特别是选好支部书记，找好一条符合本地实际的发展路子，建好一套行之有效的制度，抓好村级组织的配套建设；帮助农村基层干部加深对党的方针政策的理解，提高政治思想素质和工作水平，增强自我解决问题的能力。

3月7日—8日 省委、省政府在贵阳召开全省农村工作会议，传达中央农村工作会议精神，分析研究贵州农业和农村经济的状况，明确1995年农业工作具体目标是农业总产值289.4亿元，粮食总产量910万吨，油菜籽产量45万吨，烤烟产量40万吨，肉类总产量95万吨，乡镇企业产值有更大增长，农民人均纯收入增加100元以上（贫困县人均增加80元），力争实现100万以上贫困人口解决温饱。

4月16日—27日 全国政协"人口与经济协调发展问题"调查组一行11人，在安顺地区和贵阳市深入农村，调查了解计划生育和教育事业等方面的现状，肯定贵州把计划生育、教育和扶贫工作与经济发展结合起来的做法，并建议进一步增加教育特别是贫困地区村级小学教育的投入，加强科技扶贫力度，健全和完善三级医疗网和搞好信息疏通渠道。

4月 省科协、省科技扶贫服务团组织农业专家赴望谟、罗甸、平塘、荔波4县进行扶贫开发考察，确定在麻山地区的望谟县、罗甸县建立黑山羊科技扶贫示范培训基地，在瑶山乡建立甜桃科技扶贫示范培训基地。

6月8日—10日 全国人大常委会副委员长、民盟中央主席费孝通视察毕节试验区，建议试验区打开通道，洞开山门，走向山外，开阔视野；加强民族团结，共同发展经济，走共同富裕道路。

6月13日—16日 国家统计局农村调查总队和国家世界银行扶贫项目管理办公室在贵阳召开西南3省区（广西、云南、贵州）世行扶贫项目贫困监测调查暨全国贫困研讨会，通报世界银行为中国西南提供包括教育、卫生、劳务输出、基础设施、大农业、乡镇企业和贫困监测在内的综合性农村开发扶贫贷款项目，讨论确定中国西南地区农村贫困监测的目标、内容、范围和方法，部署贫困监测调查工作，并对扶贫工作进行研讨。

7月4日—5日 省政府在贵阳召开全省地、州、市扶贫办主任会议。会议就如何加快扶贫项目实施进度和提高扶贫效益需要采取的办法措施进行认真研究，为即将在年底召开的全省"八五"扶贫开发工作总结暨表彰会议做前期准备。

8月25日—27日 省扶贫办在遵义市召开"贵州省五倍子生产及加工座谈会"，商讨利用大中型企业的龙头作用，带动贫困地区发展五倍子生产，形成"贸工农一体化"新格局的具体办法。

11月10日 中共贵州省第七届委员会第四次全体会议通过的《中共贵州省委关于制定贵州省国民经济和社会发展"九五"计划和2010年远景目标的建议》对扶贫开发工作目标和措施作了明确规定："对贫困地区经济发展，要认真贯彻执行扶助贫困地区经济发展的政策，实施好扶贫攻坚计划。围绕发展'两高一优'（指高产、优质、高效）农业和相关的加工业，建市场，办基地，大力发展资源开发型和劳动密集型的种养业支柱产业和乡镇企业。坚持自力更生、艰苦奋斗精神，实行开发式扶贫和开放式扶贫。到20世纪末，全省基本解决贫困地区的绝对贫困问题。极贫户基本解决温饱，按1990年不变价格计算人均纯收入达到或接近400元，生活有明显改善；贫困户人均纯收入达到500元以上，稳定解决温饱。主要措施是：对贫困地区继续实行信贷、财税优惠政策；进一步管好扶贫项目，用好扶贫资金，提高扶贫项目的审批效率和资金使用效率；继续实施'温饱工程'，突出解决好粮食生产问题，为贫困户稳定解决温饱创造条件；加强资源开发和基础设施建设，基本解决人畜饮水困难；积极办好教育事业，抓好智力开发和科技扶贫，积极帮助贫困户应用农业适用技术；对极少数生存和发展条件特别困难的村寨和农户实施易地搬迁；抓好世界银行中国西南扶贫贷款项目的实施；有组织地开展贫困地区的劳务输出；继续实施对口支援，坚持以省为主、责任到县的扶贫责任制，广泛动员和组织社会各界参与扶贫工作。建立扶贫激励机制，鼓励有条件的县尽早摘掉贫困'帽子'。"

12月14日 省扶贫开发办公室分4批对1995年度的扶贫项目进行审查立项。新立项133个，立项资金24655万元。同时对1994年立项而资金未到位的项目进行重新认定，重新认定有效项目46个，立项资金9198万元。两项合计，1995年共立项项目179个，立项资金33853万元，其中新增25982万元，收回再贷7871万元。

12月14日—16日 省委、省政府在贵阳召开全省扶贫开发工作会议，贯彻落实党的十四届五中全会、全国扶贫开发工作会议和省委七届四次会议精神，总结检查全省扶贫攻坚计划执行情况，部署1996年全省扶贫开发工作。

是年 全省新增民政"双扶"7.22万户，脱贫4.28万户，年末在扶19.64万户。

是年 各级党委、政府加大扶贫开发工作力度，组织和实施扶贫攻坚计划，全省实现120万贫困人口越过温饱线，超额完成省政府下达的100万贫困人口越过温饱线的年度目标。

是年 世行贷款"森林资源发展和保护项目"正式启动，黔东南的黎平、锦屏、榕江、天柱、黄平、凯里、台江、剑河8县（市）共完成世行贷款造林8.84万亩，其中杉木6.65万亩、马尾松2.19万亩。

是年 全省各级气象部门共组织87人（次）深入贫困山区，建立44个扶贫基地和示范点，实施气象科技扶贫兴农项目25个。

一九九六年

2月8日—16日　联合国儿童基金会驻中国及蒙古区域办事处高级项目计划官阿兰·布罗迪到黔东南州实地考察，宣布将对贵州黄平、施秉、丹寨3个贫困县提供30万美元循环信贷资金，帮助贫困县文盲妇女脱贫致富。

2月2日—5日　中共中央政治局候补委员、中央书记处书记温家宝赴黔，深入黔西、大方、毕节、赫章4县（市）考察扶贫工作，全面了解毕节地区实施国家"八七扶贫攻坚计划"和贯彻落实全国农村工作会议精神的情况，并在大方县参加坡改梯劳动。在与中共毕节地委、地区行署负责人和地直有关部门负责人座谈时，发表对毕节试验区建设的指导意见。

4月11日—24日　全国人大常委会副委员长李锡铭到贵阳、遵义、安顺、毕节等地（市）的国有企业、军工企业、乡镇企业和农村进行调查研究，强调贵州摆脱贫困依赖于资源优势向经济优势转化，要把民主法治建设提高到与物质文明建设、精神文明建设同等重要的高度来认识。

4月17日—26日　全国政协副主席钱正英就扶贫开发和农业生产赴黔考察，指出加大扶贫投资力度，加快水利等资源开发是贵州脱贫致富、振兴经济的希望所在。考察组成员、全国政协经济委员会主任谢华专程检查镇宁县坡改梯工程建设。省政府向钱正英递交请求转呈的《贵州省人民政府关于请求国务院对我省加大以工代赈扶持力度的报告》。

4月25日—29日　中共中央政治局常委、国务院副总理朱镕基到贵州考察，在听取汇报后指出：加大扶贫力度，打好扶贫攻坚战；

切实整顿流通领域，抓好化肥、种子供应，切实减轻农民负担。考察期间，朱镕基赴长顺县长寨镇王寨村走访慰问贫困户，现场考察坡改梯工程，强调坡改梯是扶贫的好办法，是利国利民的好事，要扶持推广。省长陈士能陪同考察。

4月25日—5月3日　中共深圳市直属机关工作委员会书记、市经济协作发展基金会副主席杨传耕一行14人，赴贵州进行合作项目考察，初步确定7个对口扶贫项目，落实经济协作发展基金2000万元。

5月10日—18日　中共中央政治局常委、中央书记处书记胡锦涛在贵州考察，强调要实事求是对待发展中的差距，坚持从贵州实际出发，努力实现经济又快又好地发展；要把扶贫工作作为一件大事来抓，努力做到"九五"期间基本解决贫困人口脱贫问题。

6月15日—20日　中央政治局常委、全国人大常委会副委员长田纪云到贵州考察，在听取省委、省政府工作汇报后，强调对贵州与发达地区之间的差距，既要看到自然条件、地理位置、经济基础和政策上的差异是造成差距拉大的客观原因，更应清醒地认识到贵州与发达地区之间的差距在很大程度上是思想观念上的差距。

7月6日　国务院决定大连、青岛、深圳、宁波4个计划单列市对口帮扶贵州省贫困地区。7月27日，省政府印发《关于大连、青岛、深圳、宁波四个计划单列市对口帮扶我省贫困地区的通知》，要求各地（州、市）和贫困县认真做好对接服务、项目开发等工作。

8月14日　贵州获世行贷款的9个地（州、市）1529个乡（镇）的卫生Ⅶ项目（计划免疫和健康促进项目）正式启动，总投资9526万元。

9月18日—20日　全国人大常委会副委员长卢嘉锡到贵州考察智力支边扶贫情况。

9月29日　省委召开常委（扩大）会议，听取关于中央扶贫开发工作会议精神的传达和贵州贯彻意见的汇报,强调要结合贵州实际认真学习、深刻领会,贯彻落实好会议精神,把全省思想统一到中央的精神上来,既要正视困难,更要看到希望大于困难,树立必胜的信心,打好扶贫攻坚战;进一步总结经验,走好开发扶贫的路子。把有限的资金用在扶贫攻坚的"刀刃"上,扎扎实实地为贫困群众脱贫办几件实事;广泛动员全社会力量参与扶贫,切实做好对口扶贫工作。进一步发扬自力更生、艰苦奋斗的精神,依靠苦干实干摆脱贫困;进一步明确扶贫攻坚目标,实行严格的责任制。加强督促检查,千方百计完成全年的扶贫工作和其他各项任务。

10月25日—29日 中共中央总书记、国家主席、中央军委主席江泽民来贵州视察,他在对贵州工作给予充分肯定并寄予厚望的同时,就扶贫攻坚、加强农业、贯彻落实六中全会精神作了重要指示,强调贵州扶贫工作任务艰巨,各级干部都要增强群众信念,加倍努力工作,如期实现扶贫攻坚目标。要求贵州干部、群众振奋精神,狠抓落实,打好扶贫攻坚战,提出国家对贵州要重点扶持。11月4日,省委召开全省领导干部会议,传达江泽民视察贵州时的重要讲话,强调要坚持开发式扶贫的方针,举全省之力打好扶贫攻坚战,把扶贫工作搞得更好。

10月28日—11月3日 国务委员陈俊生考察花溪、镇宁、罗甸等地的乡镇企业和农户,听取省政府关于农村经济、扶贫攻坚、农业综合开发等工作的汇报,充分肯定贵州省扶贫工作取得的成绩,强调贵州扶贫工作要大力发展生产,严格控制人口,生产要上去,人口要下来;要大搞农田基本建设,切实抓好"两造两改一建",这是解决温饱的关键;扶贫工作在全面推进的过程中要重点突破,集中力量打好歼灭战,将有限资金集中使用,先解决吃饭问题和温饱问题;扶贫开发要和党的基层组织建设紧密结合,抓好班子,选好路子;贵州的发展要靠自力更生、艰苦奋斗，要走东西合作、互惠互利的路子。陈俊生还在贵阳召开了国家有关部委负责人会议，落实江泽民总书记在贵州视察时对贵州扶贫工作的重要指示精神。

10月29日—31日　全国扶贫开发与计划生育相结合工作经验交流会在贵阳召开。国务委员兼国务院扶贫开发领导小组组长陈俊生、国务委员彭珮云出席会议并讲话。陈俊生强调加快扶贫攻坚进程，尽快解决贫困地区人民的温饱问题，实行计划生育，有效地控制贫困地区人口的过快增长，是扶贫开发部门和计划生育系统的共同目标、共同责任和共同任务。无论是帮助支持贫困地区开发，还是实行计划生育、优生优育，在很大程度都是一种政府行为，能不能搞好这两件大事，取决于各级党委和政府的努力，关键在于计划生育和扶贫开发这两项工作能否有效地结合。各级党委和政府要建立扶贫开发和计划生育相结合的利益驱动机制，对实行计划生育的贫困户实行优惠政策，进行重点扶持。彭珮云在讲话中肯定了贵州省控制人口增长与发展粮食生产、做好扶贫工作、保护生态环境紧密结合、促进人口与社会经济协调发展的成功经验。11月1日—4日，陈俊生赴黔南自治州罗甸县和安顺市镇宁自治县视察扶贫工作，他在视察罗甸县大关村坡改梯工程现场后欣然题词：向大关村学习，苦干实干致富。

11月15日—22日　大连市政府考察团一行16人赴遵义地区、六盘水市作对口帮扶考察。考察团向六盘水市贫困地区捐赠衣被70万件，就贵州资源的开发等方面的经济技术合作签订80多项协议。

12月10日　省委在贵阳召开麻山、瑶山地区县委书记座谈会。听取各县关于如何开展学习大关活动的计划安排，号召全省特别是地处麻山、瑶山地区的各贫困县，要深入学习大关人自力更生、艰苦奋斗、坚韧不拔、苦干实干的创业精神，广泛开展"学大关，争志气，靠苦干，求发展"活动，坚决如期完成扶贫攻坚任务。

12月21日—23日 省委、省政府召开全省扶贫开发工作会议。传达中央扶贫开发会议精神，提出近年全省扶贫攻坚总的要求是坚持开发式扶贫的基本方针，以解决贫困群众温饱为中心，以改善生产生活条件为重点，以提高贫困人口素质为根本，以增强自我发展能力为落脚点，大力弘扬"自力更生、艰苦奋斗、坚韧不拔、苦干实干"的"大关精神"，加快脱贫致富奔小康的步伐，坚决如期完成扶贫攻坚计划。

12月23日 省委、省政府印发《关于广泛开展学大关活动的决定》，指出自力更生、艰苦奋斗、坚韧不拔、苦干实干是"大关精神"的根本，领导带头是关键。"大关精神"具有典型示范作用，为贵州极贫乡村脱贫致富探索了一条成功的路子，号召全省深入开展学习大关村先进典型。罗甸县大关村位于麻山腹地，地处海拔900多米的高山上，境内乱石林立、水源奇缺、耕地破碎、生存条件恶劣，属极贫地区。1984年开始，大关村群众在党支部书记何元亮的带领下，用双手劈开千古石，抠出万年土，在嶙峋山石中砌出近千亩稻田，实现人均基本农田0.8亩，人均收入从40元增加到850元，人均口粮从130斤增加到410斤，在贵州极贫"两山"（麻山、瑶山）地区中率先摆脱贫困。1997年2月16日，《人民日报》头版头条以《劈开千古顽石，造出千亩良田——大关村苦干十二年挖掉穷根》为题发表文章并加编者按，介绍贵州罗甸县大关村农民群众在村党支部书记何元亮带领下连续苦干12年、大搞坡改梯、挖掉穷根的先进事迹。国务委员、国务院扶贫领导小组组长陈俊生读报后，致信贵州省委，鼓励贵州贫困地区干部群众要努力学习"大关精神"，早日摆脱贫困。

同日 省委、省政府表彰基本越过温饱线的凤冈、息烽、独山、荔波、镇宁、岑巩 6 个贫困县。

是年 全省有 160 万贫困人口越过温饱线。

一九九七年

1 月 2 日 省政府印发《关于大连、青岛、深圳、宁波四个计划单列市在我省兴办扶贫协作企业的若干规定》，要求各地在遵守国家产业政策的前提下，帮助做好项目筛选、评估论证、生态环境保护，落实相关税收优惠政策，注意搞好对接服务，实现双赢。

2 月 24 日—26 日 贵州和深圳、青岛、宁波、大连对口帮扶政策咨询研究商讨会在贵阳召开。会议围绕进一步加强"一省四市"对口帮扶政策咨询研究这一主题进行广泛深入的讨论。通报去年来对口帮扶工作情况，分析对口帮扶工作中亟待研究解决的问题。在加强对口帮扶政策咨询研究合作的意义、内容、方式、方法等方面取得共识。对进一步搞好对口帮扶政策咨询研究合作提出意见和建议。

是月 省科协召开全省地、县科协工作会议，部署实施中国科协科技扶贫行动"8111 工程"（中国科协和所属全国性学会重点抓好山西吕梁地区的 8 个贫困县；每个县、市、区科协和所属学会重点抓好 1 个贫困县；每个省会城市科协和所属学会及每个地区科协重点抓好 1 个贫困乡；每个县科协重点抓好 1 个贫困村）。

5 月 18 日—24 日 西南地区第四次人口科学研究会在贵阳召开，研讨人口与经济、教育、资源环境以及人口迁移过程的城市化问题，贫困山区人口特征与扶贫政策问题。

5 月 19 日—26 日 全国政协副主席、民盟中央名誉主席钱伟长一行 15 人到毕节试验区考察，指出试验区要走科学发展的路子，培育发展多元化的支柱产业。

7月18日—20日 中共中央政治局常委、国务院总理李鹏在贵州考察。考察期间，他参观了坡改梯（坡土改梯土、梯田）现场，充分肯定以工代赈坡改梯工程和以推广农业实用技术为主要内容的扶贫"温饱工程"，专程走进新华社定点帮扶整体搬迁扶贫的苗族聚居新村永靖镇河坎村上寨村民组，了解苗族贫困农户的生产生活情况，指导开发扶贫工作，对新华社的扶贫工作给予充分肯定，明确要求将新华社对息烽的帮扶写进新闻报道。针对贵州的工作，他指出，贵州要坚持不懈地把农业放在经济工作的首位，要从贵州的具体情况出发开展扶贫工作，大力开展教育扶贫和科技扶贫，希望贵州各族人民增强信心，振奋精神，从省情出发，依靠自己的努力改变贫困面貌。

8月10日—16日 深圳市经济合作考察团一行35人抵筑，举行深黔对口扶贫扶持捐款暨经济合作签约仪式，在贵阳市、黔南自治州、安顺地区、遵义地区考察，深入对口帮扶点毕节地区调研。

8月25日—26日 《深圳、青岛、宁波、大连、贵州等"四市一省"对口帮扶与经济协作纲要和规划》讨论会在贵阳召开。会议对"四市一省"对口帮扶与经济协作纲要（征求意见稿）进行讨论，确定"四市一省"对口帮扶与经济协作的规划应以"四市一省"对口帮扶与经济协作纲要为指导，与贵州省各市、州、地"九五"计划和长远规划以及扶贫攻坚计划相衔接。

11月14日 贵州省—中国农科院科技兴农交流会在筑举行，双方认为应进一步密切长期合作关系，在更大范围扩大各方面的经济合作与交流，把科技兴农、科技扶贫活动引向深入。会后，中国农科院70人分10个组，深入全省各地开展科技合作项目及科技咨询与服务活动。

12 月 1 日 省扶贫办向国务院扶贫办呈报"1997 年扶贫资金配套情况统计表",1997 年贵州从省到县共计匹配资金 42004.36 万元,占当年全省扶贫资金总额 13.43 亿元的 31.27%。

12 月 27 日—31 日 中共中央政治局委员、中央书记处书记温家宝一行 4 人赴贵州麻江、雷山、贵定 3 县的 10 多个贫困乡村和少数民族山寨调研,走访慰问公路沿线部分贫困户,并与省、州、县党政领导进行座谈。在听取省委、省政府工作汇报后,温家宝对贵州的经济发展和开发扶贫工作取得的成绩予以充分肯定,并就做好稳定脱贫、避免返贫、解决未脱贫群众的温饱问题,坚持开发式扶贫的方针,抓好农业生产,增加农民收入等问题作了重要指示。

12 月 30 日 省扶贫办向省委、省政府呈报《关于 1997 年全省扶贫开发进展情况的报告》,按省政府确定的贵州温饱线标准,大方、六枝、兴仁、罗甸、普定、德江、平塘、天柱、务川、安龙、施秉、三穗、正安 13 个贫困县(特区)达到或越过温饱标准(以县为单位,农民人均纯收入 1100 元,农民人均占有粮食 325 千克,70% 以上的贫困人口解决温饱),全省有 174 万贫困人口解决温饱,12 个贫困县基本解决温饱。

是年 中国科协部署在全国开展"千厂千会协作行动",省科协与省经贸委联合实施贵州"厂会协作行动"。至 1998 年底,全省厂矿和学会共结成协作对子 39 个,协作项目共投入资金 1675 万元,实现产值 2615 万元,产生经济效益 520 万元。

是年 全省共派出 3.26 万名干部下到贫困乡、村开展帮扶工作,各部门向对口帮扶的贫困县提供扶贫资金 1.17 亿余元。

是年 深圳、宁波、青岛、大连 4 个计划单列市向贵州捐赠扶贫基金、救灾款 1.43 亿元;捐赠希望工程及助学款近 8000 万元,建希望学校 194 所;捐赠衣被 740 万件及其他物资一批,折款 7600 多万元。

还与贵州正式签订经济协作项目66个，协议投资4.86亿元，到位资金超过2亿元。

是年 中国西南世界银行扶贫项目贵州项目区项目实施取得初步扶贫效果，到12月30日止，共完成投资项目17846万元，为总项目基本费的21.52%。

一九九八年

1月26日 省政府印发《关于批转省监察厅、省审计厅、省扶贫办〈关于对在使用扶贫资金中存在问题迅速进行纠正和处理的意见〉的通知》。《意见》就反映比较突出的占用财政扶贫资金、改变扶贫资金用途、将扶贫资金借给企业经营、层层提取各种费用，加大农民负担，部分扶贫贴息贷款不能足额到位，农民没有真正得到优惠，以新贷抵旧贷，以贷扣息，部分县财政管理体制不健全等问题进行了纠正和处理。

2月20日 省委、省政府印发《关于表彰解决温饱先进县的决定》，授予安龙、大方、六枝、兴仁、罗甸、普定、德江、平塘、天柱、务川、施秉、三穗、正安13个县（特区）"解决温饱先进县"称号。

4月1日 宁波市对贵州1998年帮扶协作项目签字仪式在筑举行，共签协议项目76个，协议资金960.9万元。

5月7日 按党中央、国务院"科技兴国"战略，国家教育部、财政部组织的"国家贫困地区义务教育工程"项目责任书签字仪式在北京举行。贵州等9个省、区政府的负责人在项目责任书上签字。

5月10日—15日 全国人大常委会副委员长、民革中央主席何鲁丽赴毕节考察医疗卫生扶贫工作,充分肯定毕节试验区在扶贫攻坚、生态建设、计划生育等方面所取得的成绩,希望试验区增强扶贫攻坚的信心,继续努力贯彻开发扶贫、生态建设、人口控制的可持续发展战略,增加贫困地区医疗卫生投入,尽快改变医疗卫生落后的状况,以坚韧不拔的毅力打好扶贫攻坚战。

7月22日—24日 世界银行副行长兼首席经济学家斯蒂格利茨先生率世界银行官员,深入贵州普定县农村,对世界银行资助的教育,卫生,劳务输出,基础设施建设,土地开发,乡镇二、三产业等扶贫项目的实施情况及社会经济效果进行考察。

7月30日 省扶贫领导小组下发《关于印发〈贵州省切块到县扶贫贷款项目审查立项办法〉和〈贵州省扶贫工业项目审查立项办法〉的通知》,目的是进一步加强扶贫贷款项目审查立项管理,发挥带动贫困地区经济发展和贫困农户解决温饱的作用,做到规范化、制度化,提高扶贫项目的扶贫作用,实现扶贫攻坚目标。

8月7日 省扶贫领导小组印发《关于下达1998年中央新增扶贫资金分配计划的通知》。

8月18日 中国共产党贵州省第八次代表大会召开,会议对贵州的扶贫开发工作进行了回顾和展望:"实施'八七'扶贫攻坚计划以来,全省贫困人口从1993年的1000万下降到1997年的455万,四年基本解决了545万农村贫困人口的温饱问题,共有19个国定贫困县越过了温饱线。""要进一步发扬动感情、动脑筋、动真格的'三动'精神,坚持开发式扶贫的方针,以解决温饱为中心,狠抓扶贫到户,如期完成我省扶贫攻坚计划。2000年后,要继续坚持一手抓扶贫,一手抓导富,以改善生产生活条件为重点,以提高人口素质为根本,以增强自我发展能力为落脚点,建立有效抑制返贫的机制;已经稳定解决温饱的地方,要及时把工作重点转移到奔小康建设上来,以户为基础,以村为单元,认真制定并实施小康建设计划。经济基础和条件好的地方发展速度要快于全省的平均水平，加快县域经济发展，集中力量扶持发展一批经济强县和明星乡镇。进一步放活周边县经济发展自主权，支持基础条件差的县实行更加灵活的政策。"

9月1日 省扶贫开发办公室、省监察厅向省委、省政府呈报《关于全省使用扶贫资金中存在问题处理情况的报告》，明确指出相关单位发生改变扶贫资金用途现象的重要原因是：一些地区和部门未能严格执行项目审批程序、扶贫资金管理部门与扶贫办尚未建立起紧密的工作联系。并提出整改意见，一是严格执行项目申报、审批制度；二是严格执行黔府发〔1998〕2号文件，今后凡违规使用的扶贫资金，要在下一年度的扶贫资金安排计划中相应扣减。

11月15日 中共贵州省委八届二次全体会议召开。会议强调，"要继续发扬动感情、动脑筋、动真格的'三动'精神，坚持开发式扶贫的方针，以解决农村贫困人口温饱为中心，重点抓好扶贫到户。要总结推广小额信贷到户、干部党员帮扶到户、项目覆盖到户等经验，帮助贫困农户特别是极贫户解决生产和生活困难问题。要坚持和完善扶贫工作目标责任制，不脱贫，不脱钩。要以改善生产生活条件为重点，抓好'坡改梯'和'渴望工程'，动员农民群众投工投劳兴修乡村公路。努力实现到2002年乡乡通电、通公路、通电话的目标。要以提高农村贫困人口素质为根本，抓好'贫困地区义务教育工程'，加快实用技术培训，提高农民劳动技能。要积极主动配合中央有关单位和深圳、青岛、宁波、大连四城市做好对口帮扶工作，认真实施好合作项目。要进一步动员全社会参与扶贫，努力完成我省扶贫攻坚计划。到2000年所有贫困县都要奋力越过温饱线。对于生存条件恶劣的地方和鳏寡孤独、失去劳动能力者，要坚持实事求是的原则，不要提脱离实际的过高要求，更不能弄虚作假。已经基本解决温饱的地方，在切实做好抑制返贫工作的同时，要适时地把工作重点转移到小康建设上来，引导农民通过发展生产，使生活资料更加丰富、居住环境逐步改善、健康水平和受教育程度进一步提高，朝着小康目标迈进。"

同日　在中共贵州省委八届二次全体会议上通过的《中共贵州省委关于进一步加强农业和农村工作的决定（草案）》针对扶贫工作指出："我省尚未解决温饱的贫困人口，大多生活在生存条件恶劣的大山区、石山区和高寒山区，扶贫攻坚难度很大。解决这部分人的温饱问题，是一项十分艰巨的任务。要坚持扶贫工作领导责任制，继续发扬动感情、动脑筋、动真格的'三动'精神，坚持开发式扶贫的方针，通过干部、党员帮扶到户，小额信贷到户，项目覆盖到户等有效做法，狠抓扶贫到户，努力完成我省扶贫攻坚计划。多渠道增加扶贫投入，严格管理扶贫资金，搞好以工代赈，重点改善生产生活条件，发展种养业及相应的加工业、运销业，使贫困农户有较稳定的收入来源，切实抓好抑制返贫工作。在工作指导、项目安排、资金投入等方面要向'老少边穷'地区倾斜。扶贫要与扶智相结合，大力开展智力扶贫、科教扶贫、文化扶贫等活动。动员社会各方面力量参与扶贫，进一步配合中央各有关单位和深圳、青岛、宁波、大连四个市做好对口帮扶我省贫困地区的工作。深入开展学大关活动，继续弘扬'大关精神'，主要依靠自己的力量摆脱贫困，巩固扶贫成果。扶贫攻坚要坚持实事求是，既不能脱离实际提出过高要求，也不能为了赶进度而降低标准，更不能搞形式主义，弄虚作假。"

是年　按省政府确定的关于越过温饱线的标准，盘县、习水、石阡、印江、松桃、普安、贞丰、织金、关岭、黄平、黎平、榕江、从江、麻江、长顺、三都、剑河、丹寨18个贫困县181万贫困人口越过温饱线。

是年　省委、省政府确定办好10件实事中的"国家贫困地区义务教育工程"全面启动。

是年　对口帮扶贵州的深圳、宁波、青岛、大连4城市共向全省贫困地区捐款6233万元，资助兴建乡村医院37所、希望学校52所；兴修基本农田660公顷，解决1.3万人、0.6万头大牲畜的饮水困难；

兴修公路 92 千米；向贵州捐赠物资折款 154 万元；与贵州建立经济技术协作项目 50 多项，协议资金 1.2 亿元，其中已启动项目 20 多项，到位资金 2800 万元。

是年 全省、地、县共抽调 7700 多名干部到贫困乡、村帮扶，加上乡（镇）抽调的干部，全省共有 3.075 万名干部帮扶到村。

是年 全省完成坡改梯约 7.26 万公顷，超计划 8.8%，配套新建小水窖、小水池、小山塘 4.6 万余个，实现扶贫"温饱工程"44.6 万公顷。

是年 开展小额信贷扶贫到户试点，全省发放小额信贷款 2.11 亿元，覆盖 19.1 万贫困农户、76.5 万贫困人口。

是年 世界银行扶贫贵州项目区全年计划投资 2.97 亿元，实际完成 1.987 亿元，占计划的 66.3%。

一九九九年

1 月 15 日—16 日 省委、省政府在贵阳召开全省农村工作会议，强调全面贯彻党的十五届三中全会、中央经济工作会议和中央农村工作会议精神，落实省委八届二次全会、全省经济工作会议和全省农村工作会议提出的任务，以"三增两降一稳奔小康"总揽农村工作全局，稳定党在农村的政策，深入农村改革；确保粮食稳定增长，积极调整优化农业和农村经济结构，推进农业产业化经营，大力发展乡镇企业；拓宽农民增收门路；加强以水利为重点的农业基础建设，逐步改善农业生态环境；加大扶贫攻坚力度，推进农村小康建设；加强农村基层民主法治建设。

1月29日 省政府办公厅发出《关于印发〈贵州省扶贫资金管理办法〉的通知》。《办法》是根据《国务院办公厅关于印发〈国家扶贫资金管理办法〉的通知》（国办发〔1997〕24号）精神制定的，目的是切实加强对我省扶贫资金的管理，提高扶贫效益。经省人民政府批准于1999年2月1日起施行。

2月1日 省扶贫办向国务院扶贫办呈报《贵州省省直机关定点扶贫工作情况报告》。《报告》总结了我省1998年定点帮扶概况、定点帮扶的主要做法和措施，以及定点帮扶取得的成绩，同时提出了1999年我省定点扶贫工作的初步设想：一是突出三个重点，明确整建帮扶攻坚对象；二是进一步坚持两手抓，强化"四个结合"；三是加强领导，认真落实五项保障措施；四是真抓实干，努力实现六个新的目标。

2月9日 国家投资的水库总库容4710万立方米，设计灌溉面积1760.67公顷，供水1000万立方米的贵州重点水利扶贫工程——兴义木浪河水库通过蓄水验收下闸蓄水。

2月11日 省政府办公厅印发《关于转发〈省审计厅关于1997年度扶贫资金审计综合报告〉的通知》。《报告》主要是针对普定、施秉等20个贫困县（区）1997年度的扶贫资金进行了审计，提出了资金管理使用中存在的主要问题，并针对问题提出了审计建议。

3月31日 国家投资的、防洪保护面积0.12万公顷、保护人口4.02万人、灌溉面积0.22万公顷、坝后电站装机2000千瓦的贵州重点水利扶贫工程——黄平两岔河水库通过蓄水验收下闸蓄水。

4月6日—11日 中共中央政治局委员、书记处书记、国务院副总理、国务院扶贫开发领导小组组长温家宝在贵州省委副书记、省长钱运录等陪同下，考察关岭、贞丰、镇宁、平坝等贫困县和贵阳乌当区。温家宝出席国务院扶贫开发领导小组在筑召开全国东西部扶贫协作经验交流会，强调东西部扶贫协作要认真贯彻党的十五大和十五届三中全会精神，以改变贫困地区生产条件和生态环境、解决贫困地区群众温饱问题为重点，遵循社会主义市场经济规律，广泛动员社会各界力量，在努力扩大对口帮扶的同时，开展多种形式的经济合作，把东西部扶贫协作推向一个新阶段。要求贵州加强党对农村工作的领导，充分发挥基层组织的领导核心作用，是推动农村经济发展和社会进步、实现农村改革和发展目标的政治保证。要切实加强以党支部为核心的农村基层组织和干部队伍建设，促进农村经济和社会全面进步。

4月21日 卫生部—联合国儿童基金会1999—2000年度综合试点项目在贵州启动。该项目旨在探索贫困地区有限卫生资源的管理及利用机制，全面实施初级卫生保健的途径，综合性开展试点，将有限资源用于最需要的人群和最基本的服务，使贫困人口，尤其是妇女儿童真正享有基本的卫生服务。

5月15日—20日 全国人大常委会副委员长许嘉璐、蒋正华视察毕节地区。蒋正华专程至大方县听取大方县委、县政府关于大方经济发展和扶贫工作的情况汇报，并向几所学校捐资助学。

5月17日—18日 省委、省政府在毕节市召开贵州毕节开发扶贫、生态建设试验区10周年总结暨研讨会。全国政协副主席、民盟中央名誉主席、毕节试验区专家顾问组组长钱伟长，民主党派领导许嘉璐、蒋正华、经叔平、周铁农等出席会议并讲话。会议在总结10年成绩和基本经验的基础上，重点对试验区改革进行探讨。会议强调试验区未来的发展要紧紧抓住国家扩大内需、加快开发中西部地区的机遇，抓住全国产业结构调整的机遇，依靠科技创新发展特色经济，依托资源优势发展外向型经济。

5月20日 贵州省人民政府办公厅印发《关于贯彻落实全国东西部扶贫协作经验交流会议精神的通知》。《通知》指出，这次会议在我省召开，既是对三年来我省与深圳、青岛、大连、宁波开展扶贫协作工作的充分肯定，也是对我省扶贫攻坚的极大鞭策和鼓励。《通知》要求，一要认真学习领会温家宝副总理讲话精神，进一步坚定打好扶贫攻坚战的信心和决心；二要认真总结经验，搞好扶贫协作规划；三要继续把解决温饱和巩固扶贫成果作为扶贫协作的重点；四要努力扩大协作领域。

5月21日—25日 全国人大常委会副委员长丁石孙视察黔西南布依族苗族自治州，出席 22 日—24 日在兴义市召开的黔西南州"星火计划、科技扶贫"试验区工作研讨会并做报告。

6月11日 总投资 2.87 亿元（国家林业局拨专项贷款 1900 万美元，省配套 1.3 亿元人民币）的省内最大林业扶贫项目——贫困地区林业发展项目在长顺等 15 个县启动。

6月17日—19日 全国文化扶贫工作座谈会在贵阳召开。中宣部、文化部有关负责人，各省、区、市党委宣传部和文化扶贫委员会的代表共计 50 余人参加会议。香港亚洲农业研究发展基金会负责同志应邀参会。河北、河南、吉林、贵州等省、市代表分别在大会上作交流发言。与会代表参观考察镇宁县文化扶贫工作和贵阳市花溪区农村精神文明活动中心建设情况。

8月30日 省委、省政府在贵阳召开电视电话会议，贯彻落实中共中央总书记江泽民关于加快西部地区大开发的重要讲话和中发〔1999〕12 号文件精神，部署全省乡镇企业工作，强调全省各地要进一步深化认识，抓住机遇，推动乡镇企业实现二次创业，为加快全省经济建设步伐做出新的贡献。

9月6日—7日 省委、省政府召开全省扶贫开发工作会议，省委、省政府印发《关于进一步动员起来努力实现扶贫攻坚目标的决定》及《关于表彰解决温饱先进县的决定》、《关于表彰 1998 年度省直机关定点扶贫工作先进单位的决定》。会议强调全省上下要按照中央的要求，以邓小平理论和党的基本路线为指导，认真贯彻党的十五大和十五届三中全会精神，进一步落实党的农村政策，坚持扶贫开发的成功经验，以解决温饱为中心，以贫困村为主战场，以贫困户为对象，以改善基本生产生活条件和发展种养业为重点，力争两年解决 170 万左右贫困人口的温饱问题。

9 月 10 日 省扶贫领导小组下达《关于贫困县"村村通广播电视工程"配套资金的通知》。《通知》指出，由省按中央要求安排"村村通广播电视工程"省级配套资金。1999 年全省 48 个贫困县拟建村级广播电视站 2673 个，需安排配套资金 347.49 万元。根据省长办公会议精神，从切块到县的中央新增财政扶贫资金中予以安排。鉴于今年中央追加的新增财政扶贫资金已经下达各地、州、市，请各地、州、市在切块下达到贫困县的新增财政扶贫资金中，安排落实已通电的行政村"村村通广播电视工程"专项配套资金。

10 月 22 日 省扶贫开发领导小组下达《关于印发〈贵州省非国定贫困县小额扶贫资金管理办法（试行）〉的通知》。《办法》共 8 条，主要是为做好小额扶贫资金到户工作，规范其运作程序。小额扶贫资金坚持以解决贫困群众温饱为中心，坚持以贫困村、贫困户为扶持对象，以小额扶贫到户方式投放到贫困农户，收回后在县内滚动用于扶贫。该项资金主要用于与解决贫困群众温饱密切相关的种植业、养殖业，可兼顾适合家庭经营的其他副业。到户资金额度一般每户1000 ~ 2000 元，采取小额到户、联保借款、整借零还或整借整还的方式运作。

同日 贵州省扶贫开发领导小组印发《关于下达 1999 年省财政扶贫专项资金分配方案的通知》。该项资金全部用于非国定贫困县，列入本次资金分配范围的有：开阳县、修文县、遵义县（今播州区）、桐梓县、绥阳县、道真县、铜仁市（今碧江区）、江口县、兴义市、毕节市（今七星关区）、黔西县、凯里市、镇远县、都匀市、福泉市等31个非国定贫困县（市、特区）。本次分配的省财政扶贫专项资金共3000万元，其中列入扶贫范围的31个非国定贫困县每县平均分配48万元，共1488万元，另外的1512万元按1998年各县贫困人口数量分配。

11月12日—13日 省扶贫领导小组在贵阳召开承担1999年基本解决温饱任务的7个贫困县座谈会，分析任务完成的形势、存在的主要问题和下一步需要采取的对策措施。2000年1月21日，省委、省政府印发《关于表彰1999年度基本解决温饱贫困县的决定》，威宁、纳雍、紫云、台江、雷山、册亨、望谟7个贫困县受到表彰。

12月8日 贵州迎接西部大开发对策研究全面启动。省委、省政府强调加快基础设施建设步伐是实施大开发的基础，加强生态环境保护和建设是大开发的根本和切入点，调整产业结构是大开发的关键，大力发展科技教育是大开发的重要保证。还提出全省迎接西部大开发有关建议研究的15个专题。2000年1月6日—7日，贵州迎接西部大开发决策研究领导小组召开论证会，对15个专题报告进行论证。

是年 贵州与深圳、宁波、青岛、大连4城市对口帮扶、经济协作，全年引进资金1.03亿元，启动实施经济协作项目40余项。向贫困乡村捐资达到5600万元，兴建一批希望小学，办起一批扶贫项目。

是年 中央下达贵州扶贫资金20.73亿元，比上年增加5.53亿元；省级财政安排3000万元用于非国定贫困县贫困乡（村）的扶贫开发。全年完成100万贫困人口解决温饱、7个国定贫困县越过温饱线的任务。

是年 实行党政机关定点帮扶贫困村、贫困户制度，省、地、县、乡4级抽调1.8万名机关干部和科技人员组成4602个工作组，定点帮扶 1.1388 万个村。

是年 实施直接扶持贫困户解决温饱的"坡改梯"工程、"三小"工程和扶贫"温饱工程"，48 个国定贫困县完成坡改梯 5.55 万公顷，占全省完成数的 75.3%。在 48 个国定贫困县中计划实施"双杂"扶贫"温饱工程"40 万公顷，实际完成 49.1333 万公顷，覆盖 785 个乡、1 万多个村和 130 多万农户。

是年 中国西南世界银行扶贫项目贵州项目区计划投资 3.55 亿元，实际完成 1.39 亿元，占年计划的 39.37%。

二〇〇〇年

1 月 27 日—28 日 全省农村工作会议在贵阳召开。会议强调要调整结构、提高素质、狠抓效益，始终把增加农民收入放在突出位置，保证农村社会稳定和经济发展。

1 月 30 日 省委、省政府在贵阳召开全省技术创新大会，总结交流近年全省科技工作经验，讨论省委、省政府《关于贯彻实施〈中共中央、国务院关于加强技术创新、发展高科技、实现产业化的决定〉的意见》，研究大力推进全省技术创新工作，进一步推动科教兴黔战略的实施。

2 月 3 日 贵州省扶贫开发办公室向国务院扶贫办呈报《关于中央国家机关 1999 年定点帮扶贵州的情况报告》。《报告》指出，中央国家机关、企事业单位、民主党派、人民团体、全国工商联 1999 年度在帮助贵州扶贫开发中，坚持把帮扶工作作为政治任务，对贫困地区动真情、动脑筋、动真格，做了大量卓有成效的工作，为我省完成《国家八七扶贫攻坚计划》做出了重大贡献。中直机关共有58名干部深入到我省的乌蒙山区、武陵山区、九万大山山区等贫困地区挂职扶贫。中直机关共帮助贵州修建希望学校12所，资助学生2252人。

2月4日—5日 中共中央政治局常委、国务院总理朱镕基到贵州考察慰问，深入农村、工厂、街道慰问，给人民群众拜年。在听取省委、省政府工作汇报后，朱镕基强调贵州在实施西部大开发中，要加强以公路为重点的基础设施建设，发挥贵州的优势，发展特色经济，抓好耕地退耕还林还草工作，改善生态环境，多为老百姓办实事、办好事，继续抓好"渴望工程"。

2月18日 省委召开农业和农村工作座谈会，就如何抢抓实施西部大开发战略的机遇，切实加强农业和农村工作，特别是怎样搞好贵州省农业生态建设和农村经济结构调整进行专题座谈，着重征求熟悉农村工作的老同志的意见。

2月20日—22日 全国政协副主席钱正英就迎接西部大开发和实施可持续发展战略到贵州考察，强调保护和改善生态环境是西部大开发战略的重要内容，在大开发中要坚持可持续发展战略，积极推行退耕还林还草，实现经济开发与生态建设和环境保护的统一协调推进。

2月21日 省委召开常委会议，传达贯彻国务院召开的西部地区开发会议精神，讨论贵州实施西部大开发战略的有关问题，对贵州实施西部大开发战略的若干重要问题提出意见和建议。

2月28日 省委办公厅、省政府办公厅印发《关于进一步做好省直机关定点扶贫工作的通知》。《通知》要求，要进一步提高对定点扶贫工作重要性的认识。各部门和单位要充分认识定点扶贫工作对于加快解决贫困群众温饱问题、带动全社会参与扶贫工作的重要作用，进一步增强责任感和使命感。要为贫困地区多办实事，要选派好工作队，要搞好定点扶贫考核工作，要加强对定点扶贫工作的领导。有定点扶贫任务的部门和单位，要有领导成员分管此项工作。省直机关定点扶贫的日常工作联系，由省扶贫办负责。

3月6日 省财政厅印发《贵州省财政扶贫资金专户管理暂行办法》。《办法》明确，在地（州、市）、县（市、区、特区）、乡（镇）财政部门设立财政扶贫资金专户，对财政扶贫资金实行专户管理、专户下达、封闭运行。财政扶贫资金包括：支援不发达地区发展资金、新增财政扶贫资金、以工代赈资金、"渴望工程"资金以及其他财政方面的扶贫资金。本办法共12条，从2000年1月1日起执行。

4月3日 省政府办公厅印发《关于转发省扶贫办、省计委、省财政厅、农行省分行〈关于违纪违规扶贫资金纠正处理意见的通知〉的通知》。《通知》提出了对违纪违规问题的纠正和处理意见，明确了加强扶贫资金管理、检查和监督力度。要严格执行国家和我省扶贫资金管理办法，加强扶贫资金实行专户管理，严禁擅自改变扶贫资金投向；建立健全扶贫资金管理和项目管理责任制，严格扶贫资金的财务管理制度和统计报表制度；加强小额信贷扶贫资金的投放和管理，加大对扶贫资金的跟踪、监测和监督力度。

4月12日 贵州省扶贫开发领导小组下达关于《2000年省财政扶贫专项资金分配方案的通知》，该项资金全部用于开阳县、修文县等31个非国定贫困县。本次分配的3000万元省财政扶贫专项资金，其中60%按县平均分配，40%按1999年各县贫困人口数分配。

同日 中共贵州省委办公厅、贵州省人民政府办公厅转发关于《贵州省扶贫领导小组关于全省2000年扶贫攻坚工作的安排意见》的通知，2000年是完成国家和我省扶贫攻坚计划的最后一年，扶贫攻坚的目标任务是：20万农村贫困人口和赫章、晴隆、水城、沿河四个贫困县越过温饱线。

5月18日 省委、省政府印发《关于实施西部大开发战略的初步意见》，提出实施西部大开发6项基本任务、构建5大政策体系、遵循5条指导原则，明确加强领导狠抓落实是重要保证。

5月26日—6月1日　全国政协副主席毛致用就实施西部大开发战略的工作，深入贵阳、遵义、安顺等地考察，强调要抢抓机遇、真抓实干、艰苦创业、开拓进取，谱写贵州跨世纪发展的新篇章。省领导钱运录等陪同考察，并向毛致用详细介绍省情和经济社会发展情况。

6月15日　省委副书记、省长钱运录一行在龙里县国有林场调研时强调，在实施西部大开发战略中，全省国有林场要坚定不移地把生态效益放在首位，充分利用自身的优势，在全省生态保护和建设中发挥示范作用。

6月20日　浙江省宁波市对黔东南自治州2000年对口帮扶，投入561万元扶持该州49个项目，协议书在凯里签订。

7月12日　中共贵州省委八届五次全会召开。会议强调，今年是国家实施"八七扶贫攻坚计划"的最后一年，我们一定要坚持开发式扶贫的方针，以解决农村贫困群众的温饱为中心，以特贫村、极贫户为重点，大力改善贫困群众基本生产生活条件，认真抓好扶贫工作，大力防止返贫现象，如期完成我省今年的扶贫攻坚计划。

7月25日　为落实中共中央总书记江泽民对提高贵州马铃薯品质和产量的重要指示，省扶贫办在贵阳召开全省"推广脱毒马铃薯种薯温饱工程项目"工作会议。

8月　中共中央政治局委员、中央统战部部长王兆国视察毕节试验区，要求全国统一战线进一步加大对毕节试验区的扶贫力度，争取多出成绩，多出经验，让贫困群众尽快脱贫致富，为全国扶贫工作提供借鉴。

10月16日　中共贵州省八届六次全会通过的《中共贵州省委关于制定贵州省国民经济和社会发展第十个五年计划的建议（草案）》

指出："扶贫开发是一项长期而艰巨的任务。贫困地区各级党委、政府要继续把扶贫开发作为中心工作，进一步加强领导。坚持开发式扶贫的方针，以增强贫困农户收入为中心，以发展种养业为重点，以极贫村、特困户为重点对象，增加扶贫投入，狠抓落实到户，着重帮助贫困地区和贫困农户改善基本生产和生活条件。继续动员和组织全社会以对口帮扶等形式参与扶贫开发。进一步搞好科技扶贫、教育扶贫、文化扶贫和旅游扶贫。对缺乏基本生产生活条件的农村极贫人口，要采取移民搬迁等有效措施，逐步解决其贫困问题。在基本解决温饱的地方，要落实抑制返贫措施，巩固扶贫成果；已经稳定解决温饱的地方，要加快小康建设步伐，鼓励发展更多的小康户、小康村、小康乡镇，为全省农村实现小康起示范带头作用。"

10月17日—18日 全省地（州、市）扶贫办主任座谈会在贵阳召开，检查承担"越过温饱线"任务的赫章、水城、晴隆、沿河等4个贫困县的工作进展情况，布置全省重点贫困村村级规划试点工作。会议明确：到年末，全省贫困人口由1994年的1000万人减少到313.46万人，48个贫困县全部越过温饱线。

12月18日—19日 省委、省政府在贵阳召开全省经济工作会议。会议提出2001年经济工作指导思想、总体要求、主要任务和着重把握的重要问题，以及对全省的经济工作进行全面部署。强调强化农业的基础地位，继续搞好扶贫开发，千方百计增加农民收入，抓好各项事业发展，促进社会全面进步。

是月 由科技部、中国科学院、中国科协联合在北京召开全国科技扶贫总结表彰大会，表彰1986—2000年在科技扶贫工作中做出显著成绩的先进集体和先进个人。贵州省科协、贵州大学农学系被评为全国科技扶贫先进集体，省油料科学研究所侯国佐等17人被评为先进个人。

是年 与贵州省开展扶贫协作的深圳、宁波、青岛、大连4个计划单列市，把对贵州的帮扶向纵深推进。4个市的领导和专家、企业家先后有165批、998人次到贵州开展调研和帮扶工作，探索在国家实施西部大开发战略中扶贫协作的新形式、新内容、新途径，共捐款4229万元，帮助贫困地区新建（或改扩建）希望学校89所，兴修基本农田3005亩，解决9970人、1.35万头牲畜的饮水困难，兴修乡村公路37千米，帮助解决一批贫困人口的温饱问题。

是年 中央统战部、新华社、农业部、国家林业局、国家旅游局、中国科学院、航空工业总公司、国家建材局、民革中央、农工民主党中央、全国工商联、华夏银行、国家开发投资总公司等13个中直单位和民主党派，定点对贵州32个国定贫困县开展各具特色的帮扶活动。派出到贫困地区考察调研的干部198人，其中部级领导干部14人；共派出蹲点挂职的35人；向贫困地区直接投入资金1956.4万元；资助修建希望学校13所，资助2588名贫困学生入学就读。

是年 中国西南世界银行扶贫项目贵州项目区累计完成投资81521万元，为调整后总目标的78.36%。

二〇〇一年

2月23日—25日 省委农村工作会议在贵阳召开。会议传达贯彻党中央、国务院召开的关于农业和农村工作的几个重要会议精神，结合贵州实际安排部署2001年农业和农村工作，表彰奖励1999年度贵州省发展乡镇企业先进单位、1999年越过温饱线的7个贫困县，还命名表彰1998年度和1999年度小康乡镇。确定2001年全省农民人均纯收入增长 4%左右，新解决 50 万贫困人口的温饱问题。

3 月 2 日　省委、省政府下发《关于做好 2001 年农业和农村工作的意见》，要求各级党委和政府一定要高度重视农民收入问题，把稳定粮食增长、千方百计增加农民收入作为做好今年农业和农村工作、推进农业和农村经济结构调整的基本目标。要加大扶贫工作力度，推进农村小康进程；深入开展"三个代表"重要思想的学习教育，促进农村社会全面进步。

5 月 31 日　省委召开常委扩大会议，传达学习江泽民总书记、朱镕基总理和温家宝副总理在中央扶贫开发工作会议上的重要讲话以及《中国农村扶贫开发纲要（2001—2010 年）》，结合实际研究部署贯彻落实精神。

6 月 29 日　省委召开省级各民主党派、工商联在筑负责人和无党派代表人士座谈会，征求对省委、省政府《关于切实做好新阶段扶贫开发工作的决定（征求意见稿）》的意见和建议，共商贵州扶贫开发大计。

7 月 11 日　省扶贫开发领导小组会议决定：2001 年在全省推广脱毒马铃薯 200 万亩。

7 月 16 日—18 日　省委八届七次全体扩大会议在贵阳举行。会议的主要任务是深入学习贯彻江泽民总书记在庆贺中国共产党成立 80 周年大会上的重要讲话，以"三个代表"重要思想为指导，认真贯彻落实中央扶贫开发工作会议精神；总结上半年工作，进一步安排部署下半年工作；讨论省委、省政府《关于切实做好新阶段扶贫工作的决定》。

7 月 19 日　省委下发《关于加大新阶段扶贫开发工作力度的决定》，明确要对全省贫困人口的扶持实行分类指导，即对基本生产生活条件差、自我发展能力弱、经过帮扶可以解决温饱的贫困人口，着重实施开发式扶贫；对缺乏基本生存条件地区的贫困人口，实施易地搬迁扶贫；对丧失劳动能力的特殊贫困人口，通过实施特困群众救助制度的办法给予长期社会救助。要突出重点，全面推进，在搞好100个一类重点扶贫乡镇扶贫开发工作的基础上，力争到2005年解决全省贫困人口的温饱问题。

7月20日 省委、省政府印发《关于切实做好新阶段扶贫开发工作的决定》，提出新阶段扶贫开发的奋斗目标和指导方针，强调新阶段扶贫开发的工作重点是：因地制宜发展种养业，积极推进农业产业化经营，进一步加强基础设施和生态环境建设，加大推广先进农业适用技术力度，促进多种所有制经济共同发展，积极稳妥地推进劳务输出，大力发展教育事业，积极改善农村医疗卫生条件，严格控制人口过快增长，稳步推进移民搬迁扶贫，进一步扩大对内对外开放。

8月13日—17日 中共中央政治局常委、国务院总理朱镕基在贵州考察工作时指出，要继续巩固和发展国有企业改革与脱困成果，加快完善社会保障体系，促进国民经济持续快速健康发展。

8月17日—19日 国家林业局到贵州对退耕还林（草）进行专题调研，确定贵州为第一个林业工作省级联系点，每年投入林业资金3.5亿元以上，用于退耕还林（草）和石漠化地区封山育林200万亩（13.33万公顷）建设工作。

9月25日 省扶贫办决定无偿支援惠水县摆榜乡种植1000亩脱毒马铃薯种子，并提供技术指导。

11月14日—31日 省扶贫办组织力量在全省范围内开展调研，经过对86个县（市、区）、乡（镇）、村的调查测算，确定新阶段扶贫开发工作重点乡（镇）934个，占全省乡（镇）总数的62.68%；重点村1.3973万个，占全省总村数的54.46%。

11月16日 横贯毕节"开发扶贫、生态建设试验区"的贵（阳）毕（节）高等级公路全线贯通，对帮助贫困人口最集中、贫困程度最深、交通最闭塞的毕节地区加快脱贫致富步伐产生巨大的推动作用。

是年 省扶贫办向国务院扶贫办呈报《关于把晴隆县列为种草养羊科技扶贫试点县的报告》。国务院扶贫办批准晴隆县为重点县，全省被国家确定为新阶段扶贫开发工作重点县升至 50 个。

是年 全省 50 万贫困人口越过温饱线。

是年 深圳、青岛、大连、宁波 4 市领导先后率团来贵州考察访问，共商新世纪对口帮扶大计。其有关的部门、县（区）领导和专家、企业家共 173 批、1090 人次到贵州具体开展帮扶工作，取得新的成效。4 市共捐款 7679.59 万元，贫困地区用这些资金新建（或改扩建）希望学校 48 所，兴修基本农田 523.3 公顷，解决 5.124 万人、9836 头牲畜的饮水困难，帮助解决 1896 万贫困人口的温饱问题。

是年 中央统战部、新华社、国家农业部、林业局、旅游局、建材局、中国科学院、航空工业总公司、民革中央、农工民主党中央、全国工商联、华夏银行及国家开发投资总公司 13 个单位继续在贵州 32 个国定贫困县开展定点扶贫工作：派出到贫困地区考察调研的干部达 125 人次；共向贫困地区直接投入资金 1054.1 万元；资助修建希望学校 3 所，资助 516 名贫困学生入学就读；举办各类培训班 16 期，培训 882 人次；帮助引进资金 635 万元，共上扶贫项目 22 个；引进各类技术人才 5 人，引进技术 2 项。

是年 省直机关和事业单位 133 个部门抽调 188 名干部组成农村党建扶贫工作队，分赴 48 个贫困县的贫困乡、村开展党建扶贫工作。向贫困地区投入现金 959.93 万元，物资折款 218.77 万元；资助修建希望学校 33 所，资助 2275 名贫困学生入学就读；举办各类培训班 125 期，培训 3.9835 万人次；帮助引进资金 959.2 万元，共上扶贫项目 125 个；引进各类技术人才 10 人，引进技术 34 项。

是年 全省共举办各类贫困地区干部、农民培训班 9416 期，

799.76 万人次，其中干部 14.94 万人次，农民 784.82 万人次。其中，农民绿色证书培训 10.36 万人，经考试有 7.4 万人获得绿色证书。

是年 作为全省第二期"渴望工程"实施的第一年，全年累计完成解决 135 万人（30 万户）饮水困难问题，安装管道 10276 千米，建水池 5067 个，建水窖 1.3247 万个，建泵站 177 站；完成土方 238 万立方米、石方 120 万立方米；完成各类资金 26437 万元。

是年 "国家贫困地区义务教育"第一期工程收尾。全省 150 所项目学校的建设任务，共计完成投资 11876 万元。竣工项目学校 199 所，超额 49 所（超任务 32.7%），完成省委、省政府确定的目标任务。

二〇〇二年

1 月 12 日 由长江技术经济学会、贵州省经济学会和省水利厅联合主办的"抓住西部大开发机遇，加快贵州省经济发展"研究会在贵阳召开。全国政协副主席钱正英致信祝贺，省委书记钱运录，省委副书记、省长石秀诗出席开幕式。

1 月 14 日 省扶贫办向国务院扶贫办呈报《关于深圳、青岛、大连、宁波四市 2001 年对口帮扶贵州情况的报告》，2001 年 4 个市共向贵州捐款 7679.59 万元，捐物合计折款 2677.8 万元，对口帮扶全省的 8 个地、州、市中，共安排协作项目 19 项，协议资金 4054 万元。

1 月 15 日—20 日 中共中央政治局常委、国务院副总理吴邦国一行，在贵州省委书记钱运录，省委副书记、省长石秀诗的陪同下，先后到毕节地区、黔南州、贵阳市等地考察工作，走访特困企业，看望特困职工家庭，代表党中央、国务院对特困职工及其家属表示亲切慰问。19日听取省委、省政府工作汇报，吴邦国与随同考察的国家有关部委领导对贵州省委、省政府请求帮助解决的问题做出答复。

1月16日 省扶贫开发领导小组向国务院扶贫开发办呈报《关于上报扶贫开发工作重点县的报告》。

1月30日 省委书记钱运录一行到黔西南自治州普定县贫困村慰问和调研。钱运录强调，各级领导干部必须按照中央的要求，巩固和扩大"学教"成果，不断密切党同人民群众的血肉联系，时刻把人民群众冷暖疾苦挂在心上。

同日 省委副书记、省长石秀诗在黔东南自治州丹寨县慰问军属和贫困农户时强调，要把帮助贫困农户解决生产生活中的实际困难作为村级"三个代表"重要思想学教活动整改阶段的一项重要工作来抓。

2月6日—7日 省委农村工作会议在贵阳召开，提出以"三个代表"重要思想统揽全局，加强党对农村工作的领导，坚定信心推动农业和农村经济结构的战略性调整，促进农民收入持续稳定增长和农村经济的发展。

2月10日 国务院扶贫办印发《关于审核确定扶贫开发工作重点县的通知》，明确贵州原有48个贫困县中，凤冈、息烽两县提前脱贫，新增道真、思南、锦屏、江口4个贫困县，全省贫困县总数达到50个。3月19日，省扶贫领导小组颁发《关于印发国务院扶贫开发领导小组〈国家扶贫开发工作重点县管理办法〉和国务院扶贫办〈关于审核确定扶贫开发工作重点县的通知〉的通知》，明确50个贫困县是：威宁、纳雍、赫章、大方、织金、水城、盘县、六枝、晴隆、普安、兴仁、望谟、册亨、贞丰、安龙、关岭、镇宁、紫云、普定、罗甸、长顺、三都、独山、荔波、平塘、黎平、从江、榕江、剑河、黄平、雷山、台江、丹寨、麻江、施秉、岑巩、三穗、天柱、锦屏、沿河、松桃、德江、印江、石阡、江口、思南、务川、正安、道真、习水。

2月14日　省委书记钱运录到黔东南自治州榕江县车江乡五村考察慰问，研究解决交通、用水、教育等问题的具体措施，强调要抓住机遇，大力发展特色经济和旅游产业，加快少数民族地区的发展。

3月4日　省委书记钱运录，省委副书记、省长石秀诗专程前往国家计委，汇报贵州实施西部大开发战略重大项目的情况。国家计委主任曾培炎、副主任张国宝表示，国家计委将进一步加大对贵州的扶持力度，支持贵州交通、"西电东送"等方面的重大项目建设，推动贵州经济社会发展。

3月5日　省扶贫办下发《关于继续开展扶贫与计划生育"三结合"工作的通知》和《关于下达2002年推广脱毒马铃薯种薯温饱工程项目的通知》。

3月14日　经省委、省政府批准，省扶贫办印发《关于下达贵州省扶贫开发工作重点乡（镇）、村名单的通知》，明确全省扶贫工作重点乡（镇）934个，其中一类乡（镇）100个（人均收入700元及以下），二类乡（镇）545个（人均收入701～1100元），三类乡（镇）289个（人均收入1101～1300元），占全省乡镇总数的62.68%；共有扶贫工作重点村13973个，其中一类村5486个（人均收入700元及以下），二类村7638个（人均收入701～1000元），三类村849个（人均收入1001～1100元）。

3月27日—4月1日　中共中央政治局常委、国务院副总理李岚清在省委书记钱运录，省委副书记、省长石秀诗陪同下，先后到毕节地区、安顺市和贵阳市的乡镇学校、农村卫生院、高等院校、科研院所、国有企业、高新技术企业、"西电东送"工程工地考察，并召开座谈会。李岚清强调，西部地区要按照"三个代表"重要思想的要求，抓住西部大开发的历史机遇，进一步解放思想、开拓创新，坚定不移地实施科教兴国战略和可持续发展战略。

4月9日 省委组织部、省扶贫办印发的《关于参加国家扶贫开发工作重点县党政干部培训班的通知》明确：分 2 批组织全省 50 个国家扶贫开发重点县县委书记或县长、扶贫办主任，部分重点贫困地区分管扶贫工作的副书记（副市长、副专员）、扶贫办主任，省扶贫办负责人参加培训。

4月14日 省委书记钱运录在惠水县摆榜乡调研时强调，各地党委、政府要学习实践"三个代表"重要思想，贯彻落实党的十五届六中全会精神，必须大力推进新阶段扶贫开发，要以极贫村和特困户为重点，切实加强领导，狠抓落实，务求取得实效。

4月22日 省委书记钱运录在中共贵州省第九次代表大会上作题为《全面贯彻"三个代表"重要思想，抢抓机遇，加快发展，开创富民兴黔新局面》的报告中指出："大力推进新阶段扶贫开发，把解决温饱放在第一位，以极贫村和特困户为重点，认真落实扶贫到村到户的政策措施,用五年左右时间使尚未解决温饱的贫困人口越过温饱线。高度重视返贫问题，巩固解决温饱的成果。坚持开发式扶贫方针，引导贫困地区找准发展路子，开发优势资源，增强自我发展的能力。因地制宜发展种养业，拓宽贫困群众增收渠道。加强贫困地区道路、水利、基本农田、电力、通信、沼气等基础设施建设，切实改善贫困地区生产生活条件和生态环境。对居住在不具备基本生存条件地方的贫困群众，逐步实行自愿移民搬迁。坚持整体推进与重点突破相结合，继续抓好麻山、瑶山地区的扶贫开展，切实推进雷公山、月亮山等极贫地区的扶贫攻坚，高度重视乌蒙山、武陵山等地区的脱贫问题。以提高贫困人口素质为根本,大力发展贫困地区教育科技文化卫生事业。积极配合中央有关部门、各民主党派中央和全国工商联在我省开展帮扶工作，进一步做好我省党政机关定点扶贫工作。按照优势互补、互惠互利的原则，推进开放式扶贫，搞好与深圳、宁波、青岛、大连的对口扶贫协作。动员全社会力量参与扶贫，广泛开展'智力支边''光彩事业''送温暖、献爱心'等扶贫济困活动。进一步发扬'自力更生、艰苦奋斗、坚韧不拔、苦干实干'的'大关精神'，充分调动干部群众改变贫困面貌的积极性和创造性。引导稳定解决温饱的群众向小康迈进，支持有条件的地方加快小康建设步伐。"

5月27日 省委召开常委扩大会议，学习贯彻六省（区、市）西部大开发工作座谈会精神，强调以江泽民总书记在六省（区、市）西部大开发工作座谈会上的重要讲话精神统一思想，指导工作，全面贯彻"三个代表"重要思想，与时俱进，艰苦奋斗，切实推进西部大开发取得新进展。省委书记钱运录主持会议。省委副书记、省长石秀诗传达国家发展计划委员会主任、国务院西部开发办公室主任曾培炎关于西部大开发总体情况的发言。省直综合职能部门及有关部门主要负责人出席会议。

6月13日 省扶贫办、省财政厅联合印发《关于下达2002年省直机关农村党建扶贫工作队财政扶贫项目资金的通知》。同意50个工作队119个项目，下达财政扶贫资金530万元。印发了《关于下达2002年度脱毒马铃薯种薯温饱工程项目基地县财政扶贫资金的通知》。

6月20日 贵阳西郊水厂正式投入运行，缓解了贵阳市大面积出现严重缺水，自来水变"夜来水"的局面。

6月20日—26日 省委副书记、省长石秀诗率贵州省党政代表团到青岛、大连两市考察访问，共商在新时期做好帮扶工作大计，通过《贵州省与青岛市2002年合作备忘录》。辽宁省委副书记、大连市委书记孙春兰代表大连市委、市政府请贵州代表团代表该市向六盘水、遵义两市转赠帮扶资金800万元。

7 月 贵州利用世界银行贷款扶贫项目全部完成并通过世界银行专家组验收。实际完成投资 10.22 亿元（世界银行贷款 5.11 亿元，国内配套 5.11 亿元）。

10 月 2 日—7 日 省委书记钱运录等到铜仁地区德江、印江、江口、石阡等县，重点调查研究农村经济结构和增加农民收入等问题。钱运录强调，各级领导干部要带头实践"三个代表"，时刻牢记立党为公、执政为民，把增加农民收入、帮助农民脱贫致富作为农村一切工作的出发点和落脚点。

11 月 21 日—24 日 中共中央政治局常委、国务院副总理温家宝率国家发展计划委员会副主任刘江、农业部部长杜青林等一行在省委书记钱运录，省委副书记、省长石秀诗的陪同下到铜仁地区江口县、印江县、思南县、石阡县等贫困地区走访农户，与乡村干部群众座谈，就发展农村经济、增加农民收入、扶贫开发等问题进行调查研究。听取当地党政领导的工作汇报，并作出重要指示。

11 月 25 日 省财政厅、省农业厅、省扶贫办主要领导到省扶贫技术中心指导脱毒马铃薯原种永乐快繁基地现场办公，听取省扶贫办关于"省脱毒马铃薯种薯温饱工程项目"实施、基地建设、生产情况的汇报后，同意解决永乐快繁基地连跨智能温室大棚等子项目投资 80 万元。

11 月 27 日 经宁波市对口扶贫开发办联系，香港"陈廷骅基金会"向贵州捐赠人民币 900 万元，对黔东南和黔西南两州的 15 个县极贫户进行现金资助。要求极贫户将资金用于解决子女入学就读、改善生产生活条件和发展生产方面。

11 月 30 日 省委书记、省人大常委会主任钱运录在中共贵州省委九届二次全体（扩大）会议上作了题为《沿着十六大指引的方向加快推进富民兴黔事业》的讲话，讲话指出："加大力度推进新阶段扶贫开发，稳定解决贫困人口温饱，切实帮助越过温饱线的贫困人口逐步过上小康生活。现在，我省仍然处于绝对贫困状态下的农村人口，多数居住在生存条件艰苦的地方。要抓紧落实规划，既要有从根本上改善生产生活条件、逐步消除绝对贫困的长远措施，又要有帮助贫困群众及时找到生活门路、解决实际问题的切实办法，到2005年二分之一以上农户实现小康，其余农户稳定解决温饱。要突出重点、整体推进，继续抓好麻山、瑶山地区的扶贫开发，切实推进雷公山、月亮山等极贫地区的扶贫攻坚，高度重视乌蒙山、武陵山等地区的脱贫问题。省委常委分别重点联系13个贫困乡，地、县两级党政领导都要以极贫乡、村和特困户为重点，认真落实扶贫进村到户的政策措施。坚持开发式扶贫方针，加强贫困地区道路、水利、基本农田、电力、通信、沼气等基础设施建设，因地制宜发展种养业，拓宽贫困群众增收渠道，增强贫困地区自我发展的能力。稳妥实施自愿移民搬迁。要高度重视和逐步解决返贫问题，巩固解决温饱的成果。要以提高贫困人口素质为根本，大力发展贫困地区教育科技文化卫生事业。扩大开放式扶贫的途径，加强与深圳、宁波、青岛、大连的对口扶贫协作，动员全社会力量开展扶贫济困活动。"

12月4日 省委书记、省人大常委会主任钱运录在惠水县摆榜乡调研时强调，各级党委、政府贯彻落实十六大精神，学习实践"三个代表"重要思想，必须坚持执政为民这个本质，把扶贫开发作为农业和农村工作的重中之重，稳定解决贫困群众温饱，为加快脱贫致富奔小康步伐打好基础。

12月13日—14日 省委副书记、省长石秀诗就如何进一步加强农村卫生工作，到黔南州三都县和黔东南州丹寨县进行调研时强调，搞好农村卫生工作意义重大，要把它当作农村经济发展、提高民族素质的大事来抓，加快全省农村脱贫致富奔小康步伐。

12月16日 省委书记、省人大常委会主任钱运录，省委副书记、省长石秀诗等人在贵阳会见来黔参加会议并考察扶贫开发工作的新华社社长田聪明一行，双方就扶贫开发广泛交流意见。

12月31日 为期5年、投入信贷资金1700万美元的贵州省世界银行贷款第四个贫困地区基础教育发展项目（20个项目县和10所中等师范学校）全面完成。

是年 省级安排财政扶贫资金1280万元，帮助受灾群众购买脱毒马铃薯种、小麦种、化肥、农膜等农业生产资料。

是年 加大科技扶贫力度，全年培训贫困地区干部15.14万人次，培训农民实用技术706.4万人次。

是年 中央统战部、新华社、民革中央、农工民主党中央、全国工商联等21个单位，定点对贵州37个扶贫开发重点县进行扶贫，共派出干部236人次到各地调查研究，派出19人到点上挂职；向贫困地区直接投入资金5690.75万元。

是年 省直机关和事业单位共抽调189名干部（其中厅级干部42名），组成50个农村党建扶贫工作队，分赴全省50个扶贫开发重点县的贫困乡村，开展党建扶贫工作。

是年 深圳、宁波、青岛、大连4个市向贵州提供无偿帮扶资金5183.94万元，新建（或改扩建）希望学校42所、卫生院（室）35所，兴修基本农田7600亩，解决16151人、9295头牲畜饮水困难，兴修乡村公路62千米，帮助解决6.95万贫困人口温饱问题。

二〇〇三年

1月23日 省委召开副省级以上领导干部会议，传达学习中共中央总书记胡锦涛、国务院副总理温家宝在中央农村工作会议上的重要讲话，强调要把思想认识统一到中央的要求上来，紧密结合贵州实际，把解决农业、农村和农民问题作为重中之重，努力开创农业和农村工作的新局面。省委书记、省人大常委会主任钱运录主持会议，并对贯彻落实中央农村工作会议精神提出要求。省委副书记、省长石秀诗等出席会议。

2月20日—21日 省委农村工作会议在贵阳召开。省委书记、省人大常委会主任钱运录出席会议并讲话，明确提出新世纪新阶段进一步做好农业、农村、农民工作的总体要求和主要任务。省委副书记、省长石秀诗对全省的农业和农村工作进行安排部署。期间，省委、省政府命名表彰乌当区水田村、花溪区小碧乡等7个"2002年度全省农村小康乡镇"。省政府表彰贵阳市、兴义市等35个"2001年度全省农业'三增'先进单位"。

3月27日 省委书记、省人大常委会主任钱运录在惠水县摆榜乡调研时强调，推进新阶段的扶贫开发特别是贫困乡、极贫村和特困户的扶贫开发，关键是要在狠抓落实上下功夫。各级党委、政府须从坚持全心全意为人民服务的宗旨，自觉实践"三个代表"重要思想的高度，千方百计落实好扶贫开发的各项措施。

4月23日—24日 省委书记、省人大常委会主任钱运录到黔南自治州荔波县调研扶贫开发工作时强调，全面贯彻党的十六大精神，认真实践"三个代表"重要思想，必须把新阶段扶贫开发与西部大开发紧密结合起来，解放思想，实事求是，与时俱进，加大扶贫开发力度，加快贫困群众脱贫致富奔小康步伐，加快全面建设小康社会。

4月24日 省委副书记、省长石秀诗在龙里县摆省乡调研春耕生产和扶贫开发工作时强调，要按照"三个代表"重要思想的要求，把扶贫开发工作作为加快贵州省稳定脱贫和全面建设小康社会的一项重要工作，进一步帮助贫困地区理清思路、完善措施，狠抓各项工作的落实，尽快实现稳定脱贫的目标。

6月1日—5日　省委副书记、省长石秀诗到遵义市调研农业和农村经济发展、扶贫开发、"普九"、防"非典"等方面工作时指出，切实解决"三农"问题，是全省建设小康社会的重点和难点，大力推进调整是根本途径。

7月17日—19日　省委九届三次全体扩大会议在贵阳举行。省委书记、省人大常委会主任钱运录在会上作题为《以"三个代表"重要思想统领全局，推动富民兴黔事业加快发展》的讲话，以较长的篇幅强调在新阶段要加强领导、改进作风，进一步完善扶贫开发的领导体制，加大扶贫开发工作力度，有计划、有步骤地抓紧解决剩余贫困人口的温饱问题，采取综合措施促进贫困地区经济社会协调发展。省委副书记、省长石秀诗作总结讲话。会议讨论通过省委《关于加大新阶段扶贫开发工作力度的决定》。

7月22日　中央统战部组织各民主党派和全国工商联、科技部、国家民委、国务院扶贫办、农业部等部门14名领导，赴黔西南州考察花椒、金银花、草地畜牧业、医药业、旅游业、基础设施、农村生态家园以及贵州醇酒厂、兴义卷烟厂等，听取州政府对"星火计划、科技扶贫"工作汇报。

8月5日　省扶贫办印发《贵州省小额扶贫到户贷款管理暂行办法》《贵州省信贷扶贫项目立项管理暂行办法》，对贷款条件和原则、操作程序、信贷扶贫资金投向、项目立项权限、项目申报程序和文件资料、项目审查立项原则、资金管理与监督、项目管理和验收等进行了明确的规定。

10月21日—27日　中共中央政治局常委、全国政协主席贾庆林视察贵州，在充分肯定贵州工作取得显著成绩的同时，要求各级政协和统一战线进一步加大扶贫力度，深入开展智力支边。

10月22日—24日 由中国科协、中国工程院和贵州省政府联合举办的第六届中国西部科技进步与经济社会发展专家论坛在贵阳召开。15名"两院"院士和300多位专家学者以"科技进步与西部优势产业发展"为主题展开讨论，形成重视西南喀斯特石漠化综合研究和治理、加强流域治理和退耕还林还草、加快水利设施建设、实施科技扶贫和生态移民、注重地质公园建设、发展区域特色经济、振兴西部装备制造业、推进体制转换和机制创新、推动技术创新和结构优化、实行政策倾斜以及实施人才强业战略等11条建议。

10月27日 省农村党员干部现代远程教育工程县以上网站在省委党校开通。

11月1日—7日 在黔全国人大代表视察组围绕实施西部大开发战略、扶贫开发、国民经济和社会发展计划完成情况以及《中华人民共和国民族区域自治法》执行情况等主题，分赴贵阳市、黔南自治州、毕节地区进行集中视察。

11月9日—12日 中共中央政治局委员、书记处书记、中央组织部部长、全国农村党员干部现代远程教育试点工作领导协调小组组长贺国强在贵州黔东南凯里市、雷山县和贵阳市白云区考察，强调把农村党员干部现代远程教育试点这项富民兴农的创新工程抓实抓好。

11月26日 省扶贫领导小组印发《贵州省扶贫开发工作考核管理暂行办法》和《关于加大100个一类重点乡镇扶贫开发工作力度的意见》。《考核管理暂行办法》对扶贫开发工作进行考核管理的原则和对象、考核的主要内容、主要考核指标、考核办法、奖惩措施等进行了明确规定。要求各地切实把100个一类重点乡镇作为全省扶贫开发的重中之重，集中力量，合力攻坚，进一步加强领导，加大扶持力度，扎实抓好扶贫工作，并就目标任务、政策保障、工作措施、考核管理等进行了明确规定。

12月2日 省扶贫领导小组印发《贵州省财政扶贫资金项目管理暂行办法》，对财政扶贫资金的项目申报、项目审批、资金管理、项目验收和以工代赈资金项目管理等事项作了相应的规定，并要求各级各有关部门要相互配合，加强对项目实施的检查指导，做好审计和监督工作。

12月6日—7日 省委书记、省人大常委会主任钱运录在贵阳市调研时强调，要从学习贯彻"三个代表"重要思想的高度，统筹城乡协调发展，围绕农业增效、农民增收、农村稳定，大力推进农业结构调整和产业化经营，扎实做好扶贫开发工作，切实加快脱贫致富奔小康步伐。

是年 全省扶贫解决 2698 万贫困人口的温饱问题；"渴望工程"和"解困工程"共解决 120 万人的饮水困难，占目标任务数的 106%。

是年 引进深圳、宁波、青岛、大连 4 城市对口帮扶无偿资金 10017.52 万元，物资折款 1621.2 万元，经济协作项目实际到位 1.53 亿元。

是年 国家中直机关 22 个单位定点帮扶 37 个重点县，直接投入资金 2287.15 万元，帮助引进资金 742 万元，引进技术人才 18 人、技术 19 项；省直机关 155 个单位、223 人到 55 个县开展定点扶贫工作，投入资金 5467.3 万元，帮助引进资金 8351.33 万元，共上扶贫项目 552 个，引进人才 436 人、技术 162 项。

是年 省、地扶贫办会同同级财政部门共计审批下达财政扶贫资金项目 4450 余个，投放资金 4.42 亿元。其中，种植业项目 502 个，养殖业项目 788 个，人畜饮水项目 810 个，乡村道路项目 1082 个，农田水利项目 204 个，教育项目 175 个，医疗卫生和计生项目 263 个，文化广播电视和通信项目 209 个，沼气池建设项目 69 个，贫困地区干部农民培训项目 158 个，其他项目 190 余个。

是年 全省共安排国家及省科技扶贫项目 28 个，投入财政扶贫资金 2800 万元，专项用于独山、罗甸、三都、长顺、晴隆、普安、贞丰、赫章、威宁、织金、纳雍、道真、习水、盘县、紫云、镇宁、普定等 28 个县，每个项目资金 100 万元。其中，新建项目 14 个，续（扩）建项目 14 个，按类别分：种植业项目 6 个，养殖业项目 17 个，中药材 GAP（中药材生产质量管理规范）生产项目 5 个。

二〇〇四年

1 月 30 日 省农业办公室（省扶贫办）、省财政厅、农业银行贵州省分行、省发展改革委等单位负责人座谈会在贵阳召开，主旨是研究 2004 年移民搬迁扶贫、以工代赈资金分配方案等事项。

2 月 14 日 省委、省政府发出《关于促进农民增收若干政策措施的意见》，要求各地认真贯彻落实《中共中央国务院关于促进农民增收若干政策的意见》精神，把思想和行动统一到中央要求上来，并提出 32 条政策措施，以促进农民增收，不断提高农民物质文化生活水平。《意见》是当时和其后一个时期农业和农村工作的纲领性文件。

2 月 16 日 深圳帮助贵州"双改"扶贫开发工程项目（无偿投入 1600 万元为黔南州、毕节地区 12 个县实施 56 个改善贫困群众生产条件和生活条件项目）在贵阳签约。

3 月 18 日—24 日 全国政协副主席、全国工商联主席黄孟复率团在织金等地考察扶贫工作，强调贵州扶贫工作要解放思想、更新观念、转变作风，从贵州实际出发，加快非公有制经济的发展，把扶贫工作各项任务落到实处。

4月5日—8日 省委书记、省人大常委会主任钱运录在黔南自治州调研时强调，各级党委和政府要全面贯彻"三个代表"重要思想，按照党中央、国务院关于促进农民增加收入的要求，采取过硬措施，狠抓落实，千方百计促进农业增效、农民增收。

4月19日—23日 全国政协副主席、致公党中央主席罗豪才率考察团一行14人赴毕节考察，强调围绕试验区三大主题，营造良好投资环境。省委书记、省人大常委会主任钱运录，省委副书记、省长石秀诗等拜会罗豪才。

4月24日 省委书记、省人大常委会主任钱运录到惠水县摆榜乡检查扶贫开发工作落实情况时强调，要按照"三个代表"重要思想的要求，树立和落实科学的发展观，以贫困地区的基本生产生活条件、基本增收门路、基本素质入手，狠抓各项扶贫开发措施的落实。

5月11日—12日 经省政府批准，省扶贫办在贵阳召开全省扶贫办主任会议，传达全国扶贫办主任会议和上海全球扶贫大会精神，各地、州（市）汇报交流扶贫情况，安排布置下一步扶贫开发工作。

5月15日 由全国工商联牵线搭桥，织金县39名青年成为首批响应全国政协副主席、全国工商联主席黄孟复提出"打工扶贫"号召的应征者，赴河北廊坊新澳集团务工。7月24日—25日，全国工商联党组副书记张龙之率团到织金县考察"打工扶贫"工作实施情况。

6月18日 国务院扶贫办和贵州省委、省政府在北京联合召开中直单位定点帮扶贵州工作座谈会。省委副书记、省长石秀诗出席会议并讲话。中直有关部门负责人出席会议。

7月2日 省委召开民主协商会，征求省内各民主党派省委、工商联负责人和无党派人士代表对省委、省政府《关于加大力度实施西部大开发战略的若干意见（征求意见稿）》的意见。省委书记、省人大常委会主任钱运录主持会议并讲话。省委副书记、省长石秀诗等出席会议。

7月18日—20日 省委副书记、省长石秀诗到黔西南州普安、晴隆两县调研时强调,坚持科学发展观,重视生态建设,正确处理好资源保护和开发利用关系促进地方经济可持续发展。

7月26日—28日 省委九届五次全体扩大会议在贵阳举行。会议的主要任务是:以邓小平理论和"三个代表"重要思想为指导,树立和落实科学发展观,抢抓历史性机遇,加大力度实施西部大开发战略。会议讨论省委、省政府《关于加大力度实施西部大开发的若干意见(讨论稿)》。

8月11日 省委书记、省人大常委会主任钱运录到惠水县摆榜乡检查扶贫开发工作落实情况时强调,在贫困地区,抓紧解决好群众的基本生产生活条件、基本增收门路、基本素质这"三个基本"问题,是全面贯彻"三个代表"重要思想、树立科学发展观、加强执政能力建设的重要体现。

8月20日—24日 全省农业农村工作座谈会召开,强调全省各级党委、政府要认真贯彻落实中央和省委两个1号文件、省委九届五次全会精神,树立和落实科学的发展观,坚持正确的政绩观,把实施西部大开发和解决"三农"问题、加大新阶段扶贫开发结合起来,以求真务实的精神,扎实推进农业农村各项工作,确保完成全年农业农村工作任务。

11月9日—13日 省委书记、省人大常委会主任钱运录到遵崇公路建设工地和遵义市的部分县调研时,充分肯定遵义市对8个一类贫困乡镇实行"集团式扶贫"(组织有关职能部门,集中财力、物力、人力啃"硬骨头")、"四在农家"(富在农家、学在农家、乐在农家、笑在农家)的做法。

11 月 10 日—13 日　全国人大常委会副委员长、九三学社中央主席韩启德到威宁、贞丰、兴义等地考察扶贫开发和生态建设工作，强调坚持扶贫开发与生态建设并行，促进人与自然和谐的可持续发展。

是年　省委、省政府将解决 40 万农村贫困人口温饱问题作为 10 件实事之一。全年共投入各类扶贫资金 25.56 亿元，完成 48.9 万农村贫困人口越过温饱线任务。

是年　省委、省政府启动"百乡千村"扶贫工程，即整合各项涉农资金，集中财政扶贫资金和信贷扶贫资金，对 100 个扶贫开发一类重点乡（镇）进行合力攻坚，每年对 1000 个左右一类重点村实施整村推进扶贫开发。在 100 个一类重点乡镇投入财政扶贫资金 1324 万元，实施扶贫项目 2382 个；在 1124 个整村推进的一类重点村投入财政扶贫资金 1.38 亿元，实施项目 2788 个。

是年　省直 166 个单位共向贫困地区直接投入资金 5633.1 万元，其中现金 5144.4 万元，物资折款 488.7 万元；资助修缮中小学校舍 69 所，资助 3160 名贫困学生入学就读；举办各类培训班 549 期，培训 3.8575 万人次；帮助引进资金 8049.5 万元（含无偿和贷款），共上扶贫项目 437 个；引进各类技术人才 99 人，引进技术 44 项。

是年　省军区协调资金 960 余万元，实施扶贫项目 56 个，指导建立 13 个科技示范基地；建立 154 个希望工程联系点，帮助新建学校 12 所，改善贫困地区的教学条件。

是年　深圳、宁波、青岛、大连 4 个计划单列市对贵州的对口帮扶工作无偿提供各种帮扶资金 10413.37 万元，捐赠衣被 91.6 万件。4 个市在全省安排协作项目 11 项，协议资金 84200 万元，实际投资 24300 万元。

是年　中央统战部等 21 个中直单位对贵州 37 个扶贫开发重点县开展帮扶活动，先后组织 436 名干部到贵州贫困地区考察调研，派出 26 人蹲点挂职；向贫困地区直接投入资金 2476.63 万元；资助修建学校 18 所，资助 3260 名贫困学生入学就读；举办各类培训班 27 期，培训 950 人次；帮助引进资金 1787.95 万元，实施扶贫项目 75 个。

是年 中央和贵州省累计在贵州中小学投入资金4.3亿元，共建设完成计算机教室（模式三）1572个、卫星教学收视点1.4037万个（模式二）和教学光盘播放点8089个（模式一），覆盖88个县（市、区）和95%以上的农村中小学现代远程教育网络，使大部分农村中小学生能享受与城市学生一样的优质教育资源，使贵州省成为率先基本覆盖农村中小学现代远程教育的西部省区之一。

二〇〇五年

1月 花溪污水处理厂正式投入运行，该厂是贵州省第一个采用委托经营形式运营的污水处理厂，有效地提高了我省污水处理设施的管理水平和运行效率。

2月7日—11日 中共中央总书记、国家主席、中央军委主席胡锦涛赴黔西南州、贵阳市、毕节地区等地，深入少数民族村寨、农户、田间、企业、电站建设工地、交通、社区等基层单位，看望慰问各族群众，慰问贫困农户，体察民情，关注民生。在重点视察毕节试验区工作后，勉励贵州各级干部和各族人民"要有志气、有信心，努力实现贵州经济社会发展的历史性跨越"。19日—20日，省委在贵阳召开农村工作会议，强调贯彻落实胡锦涛总书记视察贵州的重要讲话、2005年中央1号文件、中央农村工作会议和省委1号文件精神，总结、部署全省农村工作。随后，全省迅速掀起了学习贯彻落实总书记重要讲话的热潮。

3 月 17 日—23 日 全国人大常委会副委员长、中国民主促进会中央主席许嘉璐在毕节地区考察。强调要深化对科学发展观的认识，大力发展生态建设，切实改善人民群众的生活环境，努力实现人与自然的和谐，为构建社会主义和谐社会打下坚实基础。

6 月 10 日—15 日 宁波市党政代表团赴黔考察访问，共商做好新形势下的对口帮扶、民族地区发展和经济协作工作。期间，宁波市分别与黔西南州、黔东南州签订《进一步加强对口帮扶和经济社会合作交流的框架协议》。

7 月 19 日—22 日 全国政协副主席、中国民主建国会中央常务副主席张榕明在毕节地区考察扶贫工作时强调，贫困地区要围绕"扶贫开发、生态建设和人口控制"三大工作主题，牢固树立和落实科学发展观，调动各方面积极因素，千方百计帮助老百姓脱贫致富，积极促进经济社会协调发展。

7 月 21 日—23 日 省委九届七次全体扩大会议在贵阳举行。主要任务是坚持以邓小平理论和"三个代表"重要思想为指导，深入学习贯彻胡锦涛总书记视察贵州时的重要讲话精神，坚持以科学发展观统领经济社会发展全局，为实现贵州经济社会发展的历史性跨越努力奋斗。

8 月 1 日—6 日 省委书记、省人大常委会主任钱运录先后赴铜仁地区和黔东南自治州调研，强调以科学发展观统领农业和农村工作，把抗旱工作作为"三农"工作的中心任务，切实转变作风，加强领导，分类指导，强化措施，千方百计把旱灾损失降到最低程度，确保 2005 年农业丰收和农民增收。

8 月 12 日 省委书记、省人大常委会主任钱运录在惠水县摆榜乡调研时强调，要把先进性教育与当前抗旱夺丰收紧密结合起来，发动干部群众，切实抓紧抓实抗旱工作，千方百计实现2005年粮食增产、农业增效、农民增收。

8月14日—15日 以"落实科学发展观、共谋合作新跨越"为主题的6省区市经济协调会第20次会议在贵阳举行，审议通过向党中央、国务院的报告和关于生态建设与环境保护、交通运输网络及畅通工程、旅游能源等特色优势产业开发、扶贫开发4个专题请示及会议纪要，修订并通过《六省区市经济协调会若干原则》。全国政协副主席李兆焯出席会议并讲话。大会主席、贵州省委书记、省人大常委会主任钱运录主持会议并致开幕词和闭幕词。四川、云南、西藏、广西、重庆、贵州6个省区市的代表参加会议。

8月27日—29日 省委书记、省人大常委会主任钱运录一行先后到安顺紫云苗族布依族自治县、镇宁布依族苗族自治县和关岭布依族苗族自治县调研，强调各级党委、政府要深入实践"三个代表"重要思想，认真落实科学发展观，统筹城乡经济社会发展，切实加大扶贫开发力度。

11月3日—8日 省委副书记、省长石秀诗在黔东南自治州雷山、榕江、从江、黎平、锦屏、天柱、剑河7县调研，强调按照"三个代表"重要思想和科学发展观的要求，认真贯彻落实党的十六届五中全会和省九届八次全会精神，大力实施生态立省战略，积极推进农业结构调整，加快培育特色优势产业，加大新阶段扶贫开发的力度，坚持教育优先发展，努力促进经济社会又快又好地发展。

11月4日—7日 省委书记、省人大常委会主任钱运录等在黔西南自治州兴义市、贞丰县、册亨县、望谟县等地调研。强调要深入贯彻落实党的十六届五中全会及省委九届八次全会精神，坚持以科学发展观统领发展全局，紧紧抓住"十一五"期间的良好机遇，发挥资源

优势，发展特色经济，加快扶贫开发，促进民族地区经济社会又快又好发展

11月9日　国务院扶贫办授予全国100个村"整村推进扶贫开发先进村"荣誉称号，贵州纳雍县红星村、兴义市冷洞村、思南县瓜溪村、雷山县排里村、六枝特区高兴村等5个村榜上有名。

11月25日　贵州举行2005年"村村通电话"工程新闻发布会，宣布新增开通电话行政村3282个，提前完成"村村通电话"工程。

是年　省委、省政府将"解决30万贫困人口温饱问题，完成易地扶贫搬迁4万人"作为"十件实事"之一，实际解决31.7万农村贫困人口的温饱问题，净减少绝对贫困人口11万人，减少低收入贫困人口12万人；实现4万人迁入新居，全面完成年度目标任务。

是年　省军区协调资金1080万元，落实扶贫项目47个；协调资金1247万元，改造威宁县板底乡512户极贫户住房，推广种植5000亩脱毒马铃薯，启动板底村新农村建设。

是年　全年投入资金2900万元，立项实施科技扶贫项目34个，其中新建项目17个、续建项目17个。

是年　全省以整村推进为基础，集中力量开展"百乡千村"扶贫工程，省专项安排财政扶贫资金6000万元用于100个一类重点乡镇扶贫开发，2.2亿元用于1100个实施整村推进计划的贫困村。

是年　贵州投入财政扶贫资金7285万元用于贫困地区农民实用技术培训、干部培训和贫困地区农村劳动力转移培训。

是年　贵州14个国家级扶贫龙头企业，推广"公司＋基地＋农户"的组织形式，推动贫困地区农业产业化经营，帮助贫困群众增产增收。

是年　深圳、宁波、青岛、大连4个对口帮扶城市共向贵州提供帮扶资金1.23亿元，捐赠衣被253.19万件及折合人民币2531.9万元

的汽车、图书、农业生产资料等物资；经济协作项目 12 项，落实资金 4 亿元。

二〇〇六年

2 月 6 日—12 日　省委书记、省人大常委会主任石宗源在安顺市、黔西南自治州、六盘水市调研，强调以邓小平理论和"三个代表"重要思想为指导，坚持以科学发展观为统领，按照胡锦涛总书记 2005 年春节视察贵州的重要指示要求，深入学习贯彻党的十六届五中全会及省委九届八次全会精神，紧紧抓住"十一五"重要战略机遇和黄金发展期，坚定信心，艰苦奋斗，团结拼搏，开拓创新，加快推进新阶段扶贫开发，大力加强社会主义新农村建设，努力实现全省经济社会发展的历史性跨越。

2 月 24 日—25 日　省委在贵阳召开全省农村工作会议，强调以邓小平理论和"三个代表"重要思想为指导，全面落实科学发展观，贯彻党的十六届五中全会、中央农村工作会议和省委九届八次全会精神，总结"十五"期间农业农村工作，部署"十一五"期间推进社会主义新农村建设的各项工作。省委副书记、省长石秀诗作重要讲话。

3 月 21 日—22 日　省军区参加支援西部大开发 5 年工作总结表彰大会在贵阳举行。省委书记、省人大常委会主任、省军区党委第一书记石宗源出席会议并讲话；省政协主席，全军参加和支援西部大开发领导小组办公室，省委常委、省军区政委蒋崇安等出席会议。

4 月 2 日　国家民委副主任周明甫到平塘县、独山县考察扶持人口较少民族毛南族工作。8 月 28 日，国家发改委、国家民委批复实施《贵州省扶持人口较少民族发展专项建设规划（2006—2010年）》，对贵州毛南族进行重点扶持，涉及1个自治州、3个县、6个乡（镇）、46个人口较少民族聚居行政村。

4月4日—8日 省委书记、省人大常委会主任石宗源在黔南布依族苗族自治州调研，强调要全面贯彻"三个代表"重要思想，切实按照科学发展观的要求，进一步解放思想、更新观念，坚持以改革促发展，以开放促开发，确保"十一五"开好局、起好步，努力实现贵州经济社会发展的历史性跨越。期间，石宗源专程到三都水族自治县看望身残志坚的全国优秀教师陆永康。

4月25日 省委、省政府在遵义召开以"四在农家"创建活动为载体，推进全省社会主义新农村建设座谈会。省委书记、省人大常委会主任石宗源强调，深入学习贯彻胡锦涛总书记、温家宝总理在省部级主要领导干部建设社会主义新农村专题研讨班上的重要讲话精神，全面落实科学发展观，分析全省社会主义新农村建设面临的形势和任务，倡导推广"四在农家"等创建活动经验，进一步统一思想、提高认识，扎扎实实地推进全省社会主义新农村建设。省委副书记、省长石秀诗主持会议。

4月28日—30日 中共中央政治局委员、国务院副总理吴仪在贵阳市、安顺市等地考察，强调在全面建设小康社会和构建社会主义和谐社会中，西部地区肩负重任，要认真贯彻党的十六届五中全会精神，进一步解放思想、转变观念，加快改革开放步伐，加大对内对外开放力度，结合实际，创造性地发展开放型经济。

6月21日—22日 国务院扶贫办和中央智力支边协调小组联合在晴隆县召开"科技扶贫（南方草地畜牧业）现场经验交流会"。会议认为"晴隆经验"是喀斯特地区扶贫开发与生态建设有机结合、依靠科技脱贫致富的成功之路，是农村就业结构和生产结构调整的有效途径，是农村专业经济合作社组织发展的有效形式，也是贵州新农村建设的成功实践。11月，国务院扶贫办下发《关于做好种草养畜科技扶贫工作的通知》，要求南方8省（区）学习推广"晴隆经验"。

9月19日—20日 国家林业局局长贾治邦，省委书记、省人大常委会主任石宗源等到毕节地区考察林业工作，并召开座谈会专题研究贵州喀斯特山区石漠化治理问题。

9月20日 省委书记、省人大常委会主任石宗源在毕节地区黔西县太来彝族苗族乡调研时强调，各级领导干部要全面贯彻落实科学发展观，进一步增强推进新阶段扶贫开发的责任感、紧迫感和使命感，团结和带领各族群众，上下同心，艰苦奋斗，尽快改变贵州省贫困落后面貌，解决农民群众的贫困问题。

是年 全面完成省委、省政府"十件实事"中的人饮工程和易地扶贫搬迁工作，其中人饮解困71.76万人、15.95万户，牲畜解困27.8万头，易地扶贫搬迁6.2万人。还完成20万人的减贫工作，完成减少农村绝对贫困人口11万人、低收入贫困人口13万人，劳动力培训完成20.3619万人，转移率89.38%。沼气项目完成25.5911万口，均超额完成年度目标。

是年 中央下达扶贫资金9.705亿元（其中财政发展资金6.74亿元、以工代赈资金2.65亿元、少数民族发展资金0.315亿元），省安排财政扶贫资金7000万元。

是年 全省投入2亿多元财政扶贫资金用于产业化扶贫，促进贫困地区群众增收。省专项安排扶持100个最贫困的一类重点乡镇，每个乡镇财政扶贫资金50万元。

是年 省专项安排财政扶贫转移培训资金5000万元，实施"雨露计划"，贫困地区农村劳动力培训转移教学点增加到93个。全年超额完成培训10万人、转移8万人的计划任务。

是年　全省安排科技扶贫项目 39 个，其中新建项目 13 个、续建项目 26 个。安排资金 2900 万元。

是年　在中国科协的支持下，省科协通过"以点带面、榜样示范"的方式组织实施"科普惠农兴村计划"，在全国评比、筛选、表彰并奖励一批有突出贡献的、有较强区域示范作用的、辐射性强的农村专业技术协会、科普示范基地、农村科普带头人、少数民族科普工作队等先进集体和个人，带动更多的农民提高科学文化素养，掌握生产劳动技能，为加快社会主义新农村建设。截至 2015 年，全省获得中国科协、财政部惠农奖补资金 9005 万元，社区益民奖补资金 720 万元。

是年　我省利用国债资金主要集中建设完成了 9 个市（州、地）中心城市供水项目建设，全省城镇供水困难问题基本得到缓解，建成区供水管网密度加大，结束了城市饮用原水的历史。

二〇〇七年

1 月 10 日—11 日　全省扶贫开发暨发展草地畜牧业工作座谈会在晴隆召开，省委副书记、代省长林树森出席会议并讲话，强调推进新阶段扶贫开发是贵州省小康社会建设和现代化进程中的重大历史任务，各地各有关部门要坚持把新阶段扶贫开发作为"三农"工作的重中之重，切实加大投入和工作力度，不断完善工作机制和工作方法，坚持样板引导，落实目标责任制，努力帮助贫困人口加快脱贫致富步伐。

2 月 12 日　省扶贫办印发《关于下达 2007 年推广脱毒马铃薯温

饱工程项目的通知》和《关于进一步加强基本农田建设配套小水池建设的通知》。次日印发《关于下达 2007 年全省净减少贫困人口计划任务的通知》。

3 月 8 日　中共中央政治局常委、国务院总理温家宝在京参加十届全国人大五次会议贵州代表团会议时强调，改变贵州贫困面貌，要着重抓好加强以交通和水利为重点的基础设施建设、大力发展特色产业、处理好加快发展和保护环境的关系、实施石漠化治理专项规划以及重视科技教育的发展等 5 项工作。

3 月 27 日　省扶贫办印发《关于 2007 年联合省直部门举办贫困地区干部及农民实用技术骨干培训班的安排意见》，决定 2007 年联合办班 49 期，培训基层干部及农民技术骨干 5550 人。

是月　全省 88 个县、市、区全面推行新型农村合作医疗，提前 3 年完成全省覆盖工作目标。

是月　湄潭污水处理厂建成投入运行，该厂是贵州省第一个采用 BOT（建设—运营—移交）方式建成的污水处理厂，为西部地区城镇污水处理设施的建设探索了经验。

4 月 3 日—5 日　省委副书记、省长林树森在毕节地区黔西县、大方县、毕节市、赫章县和威宁自治县调研，强调要全面贯彻落实科学发展观，按照"开发扶贫、生态建设、人口控制"的要求，夯实基础，优化结构，改善民生，深化改革，努力实现毕节地区经济社会发展的历史性跨越。

4 月 10 日　省扶贫办下发《关于新增 10 个草地生态畜牧业科技扶贫项目县的通知》，新增册亨、兴仁、赫章、镇宁、榕江、道真、沿河、独山、惠水等 10 县为草地生态牧业科技扶贫项目县。

5 月 29 日—31 日　省委副书记、省长林树森到黔南州贵定县、独山县、荔波县、平塘县进行调研，强调要全面贯彻落实省第十次党代会精神，以增加农民收入为核心，扎实抓好"三农"工作。

5月29日　以全国政协副主席阿不来提·阿不都热西提为顾问的全国政协经济委员会调研组抵黔，就"发展西部现代农业、推进社会主义新农村建设"问题进行专题调研。省委书记、省人大常委会主任石宗源，省委副书记、省长林树森等拜会阿不来提·阿不都热西提并汇报贵州经济社会发展情况。

7月6日　毕节试验区和安顺试验区两个领导小组在贵阳召开第一次会议，会议坚持以邓小平理论和"三个代表"重要思想为指导，深化对做好毕节、安顺两个试验区工作重大意义的认识，努力开创两个试验区工作新局面，以更加优异的成绩迎接两个试验区成立20周年。省委书记、省人大常委会主任石宗源就切实加强两个试验区建设，推进实现全省经济社会发展历史性跨越作重要讲话。

7月9日　省委副书记、省长林树森到遵义市以及赤水市、习水县和桐梓县调研，强调贯彻落实胡锦涛总书记"6·25"重要讲话精神，坚持以促进农民增收为核心，扎实做好"三农"工作，完善产业准入标准，努力加快城市化进程，切实增强城市对区域经济发展的辐射带动作用。

7月14日—15日　广东省赴黔考察团到黔考察，捐赠1390万元资助兴义、紫云等10个市、县发展教育事业。

7月25日—26日　省扶贫办先后下发《关于印发国务院扶贫办〈关于深入学习贯彻回良玉副总理重要批示精神的通知〉的通知》和《关于下发2007年度市、州、地农办、扶贫办、综开办目标绩效管理考核内容的通知》。

8月20日—24日　深圳市政府代表团到贵州考察卫生、教育和社会主义新农村建设帮扶项目进展情况，捐赠帮扶资金2500万元。

8月24日　省农业办公室（省扶贫办、省农业综合开发办）党组召开会议，研究有关科技扶贫项目续建，开展"县为单位、整合资金、整村推进、连片开发"试点及开展贫困地区劳动力中等职业资格培训试点等相关事宜。

8 月 27 日—28 日 全国各地百名青年企业家在贵州毕节试验区进行项目考察和投资洽谈，达成 11 个项目 50 多亿元意向性投资协议。

9 月 3 日 省扶贫办公室在威宁县召开脱毒马铃薯种薯基地现场培训会，总结 2007 年全省脱毒马铃薯种薯基地（县）生产情况，安排布置加强基地（县）的技术培训等事宜。

10 月 18 日 贵州实现 100% 行政村通电话。

10 月 26 日 省水利厅在铜仁地区召开社会主义新农村建设水利扶贫试点第一次部省联席会议。会议回顾水利扶贫试点工作取得的成绩和经验，对 2008 年水利扶贫试点工作任务进行部署安排。省委副书记、省长林树森等出席会议并讲话。

11 月 2 日 全省农村饮水安全工作现场会在毕节市召开，围绕用 5 年左右时间基本解决全省农村饮水安全问题的总体目标，总结全省农村饮水安全工作取得的成绩和经验，对在全省掀起农村饮水安全工程建设新高潮作出动员部署。省委副书记、省长林树森在会上作重要讲话。

同日 根据国务院扶贫办、国家财政部《关于开展"县为单位、整合资金、整村推进、连片开发"试点的通知》精神，经省政府研究同意，省扶贫办、省财政厅联合向国务院扶贫办、国家财政部呈报《关于把印江土家族苗族自治县作为全国"县为单位、整合资金、整村推进、连片开发"试点县的请示》。

同日 中央智力支边协调领导小组黔西南"星火计划、科技扶贫"试验区联合推动组在黔西南试验区兴义隆重举办"农民培训与扶贫开发论坛"。

12 月 5 日 国务院扶贫办、国家财政部批复同意将贵州省印江土家族苗族自治县列为全国"县为单位、整合资金、整村推进、连片开发"的首批 8 个试点县之一。2008 年 1 月 4 日，省扶贫办下发了《关于同意〈印江县"县为单位、整合资金、整村推进、连片开发"试点规划〉的通知》。

12 月 7 日 黔西南州与宁波市签订《宁波市政府黔西南州政府战略合作框架协议》，双方还签订合作项目 18 个，协议金额 14.6 亿元。

12 月 17 日 省委书记、省人大常委会主任石宗源在贵阳会见赴毕节试验区调研的全国政协经济委员会副主任、民盟中央名誉副主席、北京大学光华管理学院名誉院长、毕节试验区专家顾问组组长、著名经济学家厉以宁教授一行，并就毕节、安顺试验区经济社会发展和试验区成立 20 周年有关工作等问题进行座谈。

12 月 20 日—30 日 省扶贫办、省畜牧局共同抽人组成 4 个检查验收组，对全省 20 个县实施的草地生态畜牧业产业化科技扶贫项目进行检查验收。

是年 贵州省实现易地扶贫搬迁 3 万人；减少农村绝对贫困人口 10 万人、低收入贫困人口 10 万人；实施农村贫困劳动力就业转移培训 10 万人，确保转移输出率达到 80% 以上；完成人饮解困 123.29 万人，完成工程 1671 处。

是年 贵州省专项安排 5500 万元财政扶贫资金，实施贫困地区农村劳动力转移培训"雨露计划"，教学培训点增加 93 个，基本形成覆盖全省的培训网络体系。

是年 177 个省直单位派出 236 人（其中厅级干部 40 人、处级干部 115 人）组成 51 个省直工作队，到 51 个县（其中重点县 50 个）开展党建扶贫工作。

二〇〇八年

1月6日 中共中央总书记胡锦涛从新华社报道中了解到长顺县长寨镇竹子托村农民仍处于贫困状态后，当即批示："要探索因地制宜开发扶贫的路子。"长顺县被国家和省列为全国第三批"县为单位、整合资金、整村推进、连片开发"项目试点县之一，全国100个石漠化综合治理试点县之一，全省43个草地生态畜牧业科技扶贫项目县之一。

1月中旬—2月上旬 贵州遭遇百年不遇的特大雪凝灾害，全省88个县（市、区）、2736万人口不同程度受灾。大量电力、交通、通信等基础设施遭到破坏，大片农田、山林损毁严重，人民生产生活受到严重影响。党和国家领导人吴邦国、温家宝、习近平、曾培炎先后深入灾区指导工作。在党中央、国务院领导的关心和支持下，省委、省政府团结带领广大干部群众和解放军、武警官兵一道，开展"抗雪凝、保民生"的斗争，取得抗灾救灾和灾后重建的胜利。

1月21日 省扶贫办在贵阳召开全省草地生态畜牧业产业化科技扶贫工作会议，总结2007年草地生态畜牧业产业化科技扶贫项目检查验收情况，安排布置2008年草地生态畜牧业产业化科技扶贫项目实施工作。

1月30日—2月1日 中共中央政治局常委、书记处书记习近平在省委书记、省人大常委会主任石宗源，省委副书记、省长林树森等陪同下，到贵阳市、铜仁地区视察抗灾救灾工作。强调要按照党中央国务院的要求和部署，发扬不怕困难和连续作战的作风，紧紧依靠群众，坚决打好打赢抗灾救灾这场硬仗。2月1日，省委召开常委（扩大）会议，石宗源主持会议并传达学习习近平考察贵州的讲话精神，同时就贯彻落实好讲话精神提出具体要求。

2月4日 省扶贫办、省财政厅印发《关于下达20个县草地生态畜牧产业化科技扶贫项目救灾资金的通知》，决定从2007年省留机动资金中专项下达财政扶贫救灾资金200万元，20个县每县10万元，用于项目区畜群防寒治病和饲草饲料采购。

2月5日 中共中央政治局常委、国务院总理温家宝在省委书记、省人大常委会主任石宗源，省委副书记、省长林树森等陪同下，到黔南州、贵阳市等地指导抗灾救灾工作，看望和慰问各族群众。温家宝强调，要加强领导，有力指挥，毫不松懈、千方百计克服各种困难，努力夺取抗灾救灾的最后胜利。为落实温家宝总理的重要批示精神，2月10日—19日，国务院扶贫办主任范小建一行赴贵州调查扶贫开发工作，重点研究《国内动态清样》反映的贵州望谟、长顺两县扶贫开发中存在的突出困难、成因和当前防灾抗灾情况。

2月26日 省新型农村医疗合作管理办公室通报2008年投资2亿元新建4000所村卫生室。

2月27日—28日 省委农村工作会议在筑召开，强调从工作安排、资金投入、物资分配、干部配备等方面加强"三农"工作领导，进一步加强农业基础建设，促进农村发展、农民增收。

3月5日 省扶贫办印发《关于2008年培训贫困地区干部及农民技术骨干的安排意见》。按照分级负责、分级管理、分级培训的原则，计划与省直有关厅、局联合举办培训班62期，培训基层干部及农民技术骨干5170人。

3月15日 省扶贫办在贵阳召开全省草地生态畜牧业产业化科技扶贫工作会议，总结推广"晴隆模式"，安排新增13个项目县和国务院扶贫办10个试点县工作。

是月 《贵州省石山地区石漠化综合治理规划》经省政府批准实

施。计划用四五年时间，完成石漠化综合防治面积 333.45 万公顷，综合治理面积 367.72 公顷，使森林覆盖率从现在的 34.9% 上升至 50%，总投入 760.29 亿元，其中，中央财政投入占 80%，为 608.23 亿元，贵州配套资金占 20%，为 152.06 亿元。

4月1日—3日　省委副书记、省长林树森到黔西南州望谟县、册亨县、安龙县和普安县进行调研，强调用系统思维谋划改革发展的各项工作，扎实抓好灾后重建，进一步夯实发展基础，大力强调"三农"工作，着力解决民生问题，积极开展石漠化综合治理，不断深化体制改革，努力促进经济社会可持续发展。

4月4日—10日　全国人大常委会副委员长、农工民主党中央主席桑国卫率团抵黔，就贵州农村三级卫生服务网络体系建设项目和饮水安全等问题进行调研。

4月14日—16日　省委书记、省人大常委会主任石宗源一行在黔东南苗族侗族自治州调研。石宗源强调要深入贯彻党的十七大精神和省第十次党代会、省委十届二次全会精神，进一步贯彻落实科学发展观，坚持"好"字优先，能快则快，既要积极主动，又要尊重科学规律，加大工作力度，加快工作进度，力求把灾害损失降到最低，努力实现 2008 年经济社会各项目标任务。考察期间，石宗源看望"感动中国"的乡村医生李春燕。

4月14日—18日　省委副书记、省长林树森先后到石阡县、思南县、德江县、沿河土家族自治县、印江土家族自治县和江口县进行调研。强调坚持把生态文明建设作为实现经济社会发展历史性跨越的根本途径，增强信心，扎实工作，使生产力水平不断提高，发展的协调性不断增强，人民生活不断改善。

4月15日—26日　毕节试验区专家顾问组常务副组长、中国农业大学教授常近时率专家顾问组一行 9 人赴毕节，就试验区成立 20

周年纪念活动筹备、灾后重建、畜牧业产业化、计划生育、火电厂电煤供应及污染治理、科技示范及教育事业发展等进行调研。

4月21日—22日 深圳市党政代表团来黔考察访问，共商对口帮扶，交流合作事宜。省委书记、省人大常委会主任石宗源，省委副书记、省长林树森，省委常委等在贵阳会见代表团一行。深圳市委、市政府向贵州捐赠2008年对口扶贫资金4005万元和抗灾救灾资金2010万元，两省、市签署《贵州省—深圳市对口合作框架协议》。

5月6日—9日 中共中央政治局常委、全国人大常委会委员长吴邦国在省委书记、省人大常委会主任石宗源，省委副书记、省长林树森等陪同下，先后到贵阳市、安顺市、黔西南州和毕节地区的农村、企业，就灾后重建、恢复和灾民安置情况及特色农业工作等进行调研，给全省各族人民带来党中央、全国人大常委会的亲切关怀。

5月20日—23日 全国人大常委会副委员长、民盟中央主席蒋树声一行在毕节试验区调研，充分肯定毕节试验区、毕节市实施"开发扶贫、生态建设、人口控制"三大主题所取得的成绩，强调要把毕节试验区建设成为贯彻科学发展观的示范区，要坚持把教育放在优先发展的战略地位，把毕节试验区从一个人口大区变成人力资源强区。

6月3日 省扶贫开发办、省财政厅向国务院扶贫办、财政部呈报《关于呈报〈贵州省2008年贫困村互助资金试点工作实施方案〉的报告》，确定在黔东南州雷山县、六盘水市各选择10个"整村推进"贫困村开展试点工作。

6月5日 省政府办公厅印发《贵州省人民政府省长办公会议纪要》，明确印江自治县"县为单位、整合资金、整村推进、连片开发"试点工作中所涉及的相关问题。

同日 省石漠化综合防治工作领导小组召开第一次会议，省委副书记、省长林树森强调要抓住国家将贵州55个县列入全国治理石漠化重点县的历史机遇，用系统思维方式、先易后难的原则和科学精神，加快推进贵州石漠化综合治理。

6月7日—10日 民进中央、国家林业局和贵州省政府在毕节联合举办旨在研究石漠化治理与生态文明建设的理论与实践，探索石漠化地区建设生态文明途径的"中国（毕节）石漠化治理与生态文明高层论坛"。全国人大常委会副委员长、民进中央主席严隽琪，全国政协副主席、民进中央常务副主任罗富出席论坛。讨论中，严隽琪指出加强石漠化防治，是南方石漠化地区建设社会主义新农村的重点和关键，也是促进老少边穷山区发展和生态改善的需要。其间，省委副书记、省长林树森拜会有关领导。

6月20日 省扶贫办、省财政厅印发《关于将黎平县、罗甸县、普定县作为我省2008年"县为单位、整合资金、整村推进、连片开发"试点县的通知》。

7月1日 省政府召开全省农村居民最低生活保障工作会议，省委副书记、省长林树森强调，要把农村低保工作放在经济社会发展的突出位置，作为改善民生的重中之重来抓。

7月8日 省扶贫办在贵阳召开全省"县为单位、整合资金、整村推进、连片开发"试点工作会议，总结交流全省2007年开展试点工作的成功经验，研究部署2008年度试点工作。

7月10日—25日 省扶贫办、省发展改革委、省国土资源厅抽人组成检查组，对2007年度的基本农田建设开展省级抽查验收，重点检查2007年度财政扶贫资金小水池建设、以工代赈、省级土地出让金用于基本农田建设等情况。

7月14日—19日 省扶贫办在遵义举办全省扶贫统计监测业务培训班暨调度会，报告全省扶贫开发的形势与政策，总结上半年的扶贫统计监测工作，安排下半年工作，现场参观考察遵义市扶贫开发工作典型。

7 月 15 日—16 日 省政府办公厅在晴隆、贵阳两地召开草地生态畜牧业科技扶贫项目现场会暨工作会。省扶贫领导小组成员单位，各地（州、市）政府（行署）分管领导，扶贫办主任、业务科长和 33 个草地生态畜牧业科技扶贫项目县的县长、扶贫办主任、业务科长、草地中心主任参加会议。

8 月 9 日—13 日 国家水利部部长陈雷率有关司局负责人赴黔考察水利工作，出席在贵阳市召开的水利部、贵州省政府水利工作座谈会，签署《共同推进毕节试验区水利部重点扶贫对口支援工作合作备忘录》。陈雷在座谈会上充分肯定毕节水利工作 20 年来取得的各项成绩，深刻分析毕节地区水利工作面临的形势，强调水利是经济社会发展的重要基础，也是广大西部地区和老少边穷地区群众脱贫致富奔小康的重要保障。

8 月 19 日 省委、省政府召开全省石漠化综合防治试点工作大会，省委书记、省人大常委会主任石宗源强调，防治石漠化是事关全局、事关长远、事关人民群众切身利益的一项重大战略任务，是突出的经济问题，也是一个重大的政治问题。

9 月 10 日—12 日 全国政协副主席、中共中央统战部部长杜青林在毕节试验区、安顺试验区考察，强调要不断深化毕节试验区"开发扶贫、生态建设、人口控制"三大主题，坚持走符合自身发展的特色道路，在新的起点上实现科学发展。10 日，省委书记、省人大常委会主任石宗源，省委副书记、省长林树森等到驻地拜会杜青林一行。调研期间，杜青林在省委领导陪同下，深入毕节、安顺试验区，实地考察当地的新农村建设点、循环经济园区、环保建设基地和智力支边援建点，听取毕节试验区开发情况汇报，并会见各民主党派省委、省工商联主要负责人。

9月19日　贵州首家村镇银行——毕节发展村镇银行开业。

9月22日—30日　省委、省政府在贵州民族文化宫举办"毕节、安顺试验区成立20周年暨贵州生态文明建设探索与实践成果"展览，展出图片500多幅、实物30余件。展览内容分为"推进科学发展试验田""多种经济成分共生繁荣""贵州生态文明建设探索与实践"3大部分，参观人数达6万余人。

9月28日　省委、省政府在贵阳召开毕节试验区、安顺试验区成立20周年总结大会。省委书记、省人大常委会主任石宗源发表重要讲话，强调推进两个试验区的改革发展，要深入贯彻落实科学发展观，紧紧围绕改革试验的主题，下大力气抓好思想解放要有新的更大成效、发展环境要有新的更大改善、深化改革要有新的更大突破、对外开放要有新的更大进展以及干部队伍建设要有新的更大加强等5方面的工作。省委副书记、省长林树森主持会议。

12月15日　省政府与深圳、宁波、青岛、大连4个对口帮扶城市联合召开对口帮扶工作会议，省扶贫办印发了《2009—2010年贵州省与深圳、宁波、青岛、大连四个对口帮扶城市扶贫协作工作指导意见》。

是年　全省完成易地扶贫搬迁30335人，完成投资22104万元，调整耕地4532.8亩，解决人畜饮水38118人/18335头，建设电路287.18公里、道路263.72公里、住房552766.62平方米。

是年　全省减少农村低收入贫困人口50万人。完成农村劳动力转移培训阳光工程示范性技能培训103277人，完成计划任务的103.3%，实现转移就业9.43万人。全省"雨露计划"共完成贫困地区农村劳动力转移培训104274人，完成计划任务的104.3%，训后转移和就地转移87868人。

是年　贵州投入2000万元"石漠化贫困地区扶贫开发"专项财

政扶贫资金用于黔西南布依族苗族自治州和毕节地区石漠化较突出的10个县，集中发展草地畜牧业扶贫项目。

是年 贵州全面实施农村居民最低生活保障制度，将全省250多万农村绝对贫困人口纳入保障范围，保障标准为人均每年700元。

是年 深圳、宁波、青岛、大连4个对口帮扶城市共向贵州捐赠资金18134.3万元，其中，深圳6270万元，宁波7588万元，青岛2576.3万元，大连1700万元。

是年 为贯彻落实《全民科学素质行动计划纲要》，服务社会主义新农村建设，提升农村劳动力技能和科学素质，加快培养有文化、懂技术、会经营的新型农民，以为农村经济发展提供智力支撑和人才保障为目标，省科协开始实施"科技致富二传手培训工程"项目。项目内容为每个项目培训扶持致富二传手50名，每名二传手示范带动周围群众50名生产致富。截至2015年，资助项目180余个，投入资金900余万元，培训二传手9500余名，带动培训群众47.5万余人。

二〇〇九年

1月 毕节地区被命名为"全国林业生态建设示范区"。

2月17日—18日 省委农村工作会议在贵阳召开，总结2008年全省农业农村工作，分析和研究"三农"工作形势，要求更加解放思想，着力调整结构，千方百计增加农民收入。

2月25日 省委、省政府在贵阳召开全面启动实施全省农村危房改造工程动员大会，强调要全面贯彻落实党的十七大精神，坚持以邓小平理论和"三个代表"重要思想为指导，深入贯彻落实科学发展观，振奋精神，求真务实，开拓创新，高标准、高效率、高质量地抓好农村危房改造工作。省委书记、省人大常委会主任石宗源，省委副书记、省长林树森出席会议并讲话。

2月26日—27日 卫生部部长陈竺到毕节地区考察调研贵州地方疾病防控工作，高度赞扬贵州地方疾病防控取得的成绩，强调贵州地方疾病防控工作对推进全国防控工作具有重大意义，要加强领导，再接再厉，打好地方疾病防控的攻坚战。

3月17日—21日 全国人大常委会副委员长、民革中央主席周铁农一行6人在毕节试验区调研，强调试验区要解放思想，更新观念，促进经济社会又好又快发展。省委书记、省人大常委会主任石宗源等在贵阳拜会周铁农一行。

4月14日 中央统战部牵头组织的"各民主党派中央、全国工商联参与毕节试验区建设座谈会"在北京召开，中共中央政治局常委、全国政协主席贾庆林，全国政协副主席、中共中央统战部部长杜青林，民革中央主席周铁农，民盟中央常务副主席张宝文，民建中央主席陈昌智，民进中央主席严隽琪，农工党中央主席桑国卫，致公党中央主席万钢，九三学社中央主席韩启德，台盟中央主席林文漪，全国工商联主席黄孟复，贵州省委书记、省人大常委会主任石宗源，毕节试验区专家顾问组组长厉以宁及全体顾问出席会议。贾庆林代表中央作重要讲话。各民主党派中央和全国工商联负责人，厉以宁、石宗源等分别发言。座谈会由杜青林主持。16日，贵州省委召开会议，传达学习各民主党派中央、全国工商联参与毕节试验区建设座谈会精神。石宗源讲话，强调要深刻贯彻落实会议精神，加强领导，形成合力，确保毕节试验区各项工作顺利推进。省委副书记、省长林树森主持会议。30日，中共中央总书记胡锦涛在中共中央统战部呈报的《关于推动各民主党派、全国工商联继续参与毕节试验区建设的情况报告》上批示："要继续加大对毕节试验区的工作力度，切实推动毕节试验区建设。"全国政协主席贾庆林、国务院副总理回良玉、全国政协副主席杜青林相继批示，对落实胡锦涛批示进行安排部署。

5月8日—11日 全国政协副主席、民建中央第一副主席张榕明在毕节地区考察扶贫工作，强调要持之以恒，扎实推进，努力实现毕节试验区跨越式发展。在黔考察期间，省委书记、省人大常委会主任石宗源，省委副书记、省长林树森拜会张榕明一行，并就加强全国政协对贵州的扶贫开发交换了意见。

5月24日—27日 全国政协副主席、全国工商联主席黄孟复一行在毕节考察扶贫工作，强调要继续解放思想，抢抓机遇，充分发挥后发优势，努力实现毕节试验区跨越式发展。

5月25日—26日 全国岩溶地区石漠化综合治理工程第一次省部联合会暨现场会在毕节召开，省委副书记、省长林树森，国家发改委、财政部、国土资源部、农业部、水利部、林业局、扶贫办有关领导和贵州、广西、云南、四川、湖北、重庆、广东等省（区、市）有关领导出席会议。

6月4日 全省农村危房改造整县（市、区）推进工作会议在贵阳召开，会议考察贵阳市花溪区农村危房改造示范点，听取13个农村危房改造整县（市、区）推进试点的情况汇报。

6月7日—11日 全国人大常委会副委员长、九三学社中央主席、中国科协主席韩启德在贵阳、毕节考察扶贫开发工作，强调要解放思想，转变观念，努力实现毕节试验区跨越式发展。期间，省委书记、省人大常委会主任石宗源拜会韩启德一行，并对进一步做好扶贫开发工作交换意见。

6月16日 省委统战部召开毕节试验区统战部长座谈会，传达学习中央领导同志对毕节试验区建设工作的重要批示，研究统一战线如何服务毕节试验区新一轮发展。

7月2日—3日 省政府在兴仁县召开全省石漠化综合防治工作现场会。会上强调此事关系全局和长远，要求加强领导，精心组织，扎实推进农村危房改造工作，要按照《贵州省岩溶地区石漠化综合治理试点工程项目管理办法》要求，确保治理成效。

7月3日—6日 全国政协副主席、致公党中央主席、科技部部长万钢一行7人赴毕节试验区考察扶贫开发工作。万钢强调要持之以恒，扎实推进，坚持科技创新，努力实现毕节试验区跨越式发展。

7月30日 全省扶持人口较少民族毛南族发展工作现场经验交流会在惠水县召开。会议传达中共中央政治局委员、国务院副总理回良玉在全国扶持人口较少民族发展工作经验交流会上的重要讲话，总结全省各级各部门取得的成绩和经验。

9月3日—6日 全国人大常委会副委员长、民进中央主席严隽琪在毕节地区调研，并出席民进中央帮扶毕节金沙教育"彩虹行动"启动暨签约捐赠仪式。期间，省委书记、省人大常委会主任石宗源，省委副书记、省长林树森拜会严隽琪一行，并就加大对贵州的扶贫开发工作进行交流。

9月5日 新华通讯社《国内动态清样》第3629期刊登题为《贵州威宁彝族回族苗族自治县"农民陷入卖血、盗采、超生怪圈"》的报道。中共中央总书记胡锦涛，国务院总理温家宝、副总理回良玉分别作出重要指示。为贯彻主要领导批示精神，国务院扶贫办牵头，组成工作协调小组，负责指导威宁喀斯特地区扶贫开发综合治理试点项目实施。8日，国务院扶贫办主任范小建率联合调研组赴威宁调研。在联合调研组的报告上，胡锦涛、温家宝又作出明确批示，将威宁列为全国喀斯特地区扶贫开发综合治理试点县（简称"威宁试点"），随即由国务院扶贫办牵头，中共中央统战部、国家发展和改革委员会、农业部、林业部、财政部、国土资源部、计划生育委员会等部门参加，组成威宁试点工作协调小组，负责指导"威宁试点"工作。各相关部委纷纷派出精兵强将到威宁县挂职，开展有针对性的政策支持和项目、资金扶持，全面支持"威宁试点"。15日，为落实胡锦涛等中央领导关于威宁问题的重要批示，贵州相继成立贵州省和毕节地区"威宁喀斯特地区扶贫开发综合治理试点县"两级领导小组及其办公室，负责指导协调威宁试点各项工作。明确试点主要任务是通过连续几年的艰苦努力，在帮助威宁贫困群众实现脱贫致富的同时，勇于探索，大胆实践，先行先试，全面推进"开发扶贫、生态建设、人口控制"三大主题实践，率先闯出一条喀斯特地区扶贫开发综合治理的成功路子，为全省乃至全国喀斯特集中连片特困地区贫困群众摆脱贫困、扶贫开发体制机制创新提供有益经验。威宁试点工作得到中央各部委、九三学社中央、国家开发银行、招商局集团、深圳市对口帮扶办大力支持。全国人大常委会副委员长、九三学社中央主席韩启德，全国政协副主席、中共中央统战部部长杜青林，省委书记、省人大常委会主任石宗源，省委副书记、省长林树森赴威宁，就贯彻落实胡锦涛、温家宝、回良玉重要指示作出具体安排部署，决定在威宁全面实施由中共中央统战部牵头实施的统一战线"同心工程"，包括"智力扶贫""改善民生""示范带动"等三大方面内容。

10月17日—19日 中共中央政治局常委、国务院副总理李克强赴黔，在省委书记、省人大常委会主任石宗源，省委副书记、省长林树森陪同下，深入黔西南州、贵阳市的农村、企业、社区调研，强调要从实际出发不断探索发展现代农业新路子，在加快发展中切实解决重点民生问题，加大贫困地区基础设施建设，抓住西部大开发新机遇来实现新跨越。

10 月 22 日　毕节地区被科技部批准为国家可持续发展实验区。

11 月 5 日　全省农村居民最低生活保障工作会议在贵阳召开，省委副书记、省长林树森出席会议并讲话，强调为贫困群众提供基本生活保障是各级政府的职责，要深刻认识做好农村低保工作的极端重要性和紧迫性，加快建立科学规范公正有效可持续的农村低保制度。

11 月 9 日—10 日　中央统战部在毕节召开"统一战线参与毕节试验区建设座谈会"，中央统战部、国务院扶贫办、全国各民主党派中央和全国工商联负责人，省委、省政府、省政协及省直有关部门负责人，各民主党派贵州省主委、省工商联负责人参会。全国政协副主席、中央统战部部长杜青林号召统一战线系统进一步加大工作力度，争取试验区建设取得丰硕成果。省委书记、省人大常委会主任石宗源作大会发言。

11 月 19 日—21 日　全国政协副主席、中共中央统战部部长杜青林在毕节试验区考察，强调要牢牢把握"三大主题"，着力加快发展，着力改善民生，着力优化生态。省委书记、省人大常委会主任石宗源，省委副书记、省长林树森在贵阳拜会杜青林一行。

12 月 31 日　国务院扶贫办副主任王国良率国家 9 部门有关人员赴威宁自治县开展联合专题调研。

是年　全省共投入财政扶贫资金（发展资金）148385 万元，社会扶贫帮扶资金 14193 万元。全年减少贫困人口约 50 万人。在全省 1582 个贫困村实施整村推进扶贫开发。"雨露计划"共完成贫困地区农村劳动力转移培训 10.85 万人。

是年　贵州首次对地方公益林进行生态补偿，各级财政将出资 6000 万元对 1200 万亩地方公益林按每亩每年 5 元进行生态效益补偿。

是年　深圳、宁波、青岛、大连 4 个对口帮扶城市共向贵州捐赠资金 14193 万元，其中，深圳 5227 万元，宁波 5826 万元，青岛

1640万元，大连1500万元。

是年 23个中直单位在贵州蹲点挂职，投入资金2948.82万元，实施扶贫项目68个。

二〇一〇年

1月8日 省委召开常委会议，听取省扶贫办工作汇报，明确按"党政领导、部门负责、群众主体、社会参与"的思路和"定点到乡、帮扶到村"原则，确定对19名省委、省政府领导抓的扶贫联系县和定点扶贫乡，每个乡投入1000万元财政扶贫资金，以县为单位按1∶3以上的比例整合各类资金，实行板块推进，集团帮扶，集中优势兵力打"歼灭战"。

1月13日 经省政府同意，省扶贫办在六盘水市召开全省草地生态畜牧业产业化科技扶贫工作会议。会议总结2009年全省生态畜牧业科技扶贫项目的实施情况，对2010年工作作出安排部署。

1月27日 省扶贫领导小组印发《关于实行产业化扶贫项目责任目标绩效考核管理的通知》，《通知》决定：全省各地要坚持以农民增收为纲，把产业化扶贫作为贫困地区农民增收的主要渠道，作为解决石漠化地区生态问题和贫困地区群众增收脱贫问题进而实现可持续发展的重要抓手，按照区域化布局、专业化生产、规模化经营、产业化发展的原则，以做大做强特色支柱产业、主导产业和战略产业为目标，大力发展在我省具有明显比较优势的草地生态畜牧业、蔬菜、油茶、果（药）等特色产业，打造种养加结合、产供销一条龙、贸工农一体化各环节点线面相互衔接的产业带，逐步提升县域经济乃至全省农村区域经济整体发展水平。

1月29日 由中央智力支边协调小组毕节试验区专家顾问组主办，爱立信（中国）通信有限公司协办的毕节试验区的新阶段经济社会发展研讨会在北京举行，与会的 8 名专家学者为毕节试验区在新阶段如何实现新跨越建言献策。

2月3日 邮储银行贵州省分行与贵州省房地产交易市场签订首期匹配贷款规模 20 亿元的战略合作协议，可为 1 万户以上中低收入家庭解决住房问题。

3月1日 全省村村通广播电视工作电视电话会议在贵阳召开。会议对全省 2010 年村村通广播电视工作进行安排部署。强调要统一思想，明确任务，10 月底前全面完成 195 万余座农村卫星地面接收站建设；要及时拨付中央和省村村通工程专项资金，各市（州、地）政府配套资金要按时足额到位，纪检监察部门要加强资金使用监管；要加强领导，积极协调，全省各级党委、政府主要负责人要亲自过问，主管部门要全力以赴，各相关部门要加强协作；要制定村村通工作专项宣传计划，为工作的顺利实施营造良好的舆论氛围；探索建立村村通工作运行管理长效机制以及着力做好"十二五"时期 20 户以下已通电自然村村村通规划工作等。

3月3日 省科协召开七届四次全委（扩大）会议，肯定省科协发挥优势、开拓创新，在开展科技扶贫、"科技致富二传手"等工作中取得的成绩，帮助农村群众脱贫致富，服务全省经济社会发展。

3月4日 国家教育部、贵州省政府共建毕节贫困山区教育改革发展试验区战略合作协议签字仪式在北京举行。教育部部长袁贵仁，省委副书记、省长林树森出席并签署协议、致辞。根据协议，双方共建试验区的重点任务为：巩固"两基"成果，促进义务教育均衡发展；加快中等职业教育发展；推进各类教育协调发展；加快中小学教师队伍建设和素质整体提升；加快学校信息化建设；深入推进素质教育以及改革创新办学体制机制等7个方面。协议还明确成立合作共建领导小组、合作共建职责等内容。

3月9日 2010年日本国利民工程援助贵州项目签字仪式在贵阳举行。该项目对松桃苗族自治县蓼皋镇卫生院、台江县万召乡中日友好卫生院等建设项目提供28.1982万美元的无偿援助。

3月15日—17日 省委、省政府在印江县召开全省扶贫开发工作会议，省有关领导，国务院扶贫办有关负责同志，深圳、青岛、大连、宁波4个市对口帮扶办负责人，全省9个市（州、地）分管农业和扶贫的副市长（副书记、副州长、副专员）及扶贫办、农委、财政局等部门负责人，各县（市、区、特区）有关部门负责人等504人出席会议。与会者参观印江县"县为单位、整合资金、整乡（村）推进、连片开发"项目现场。省扶贫办主任叶韬报告全省试点情况。省扶贫办领导小组与9个市（州、地）负责人签订责任书。

3月21日 教育部西南片区对口支援工作推进会在贵阳召开。会议在充分肯定西南片区各对口支援有关高校取得成绩的基础上，要求提高对对口帮扶重要性和紧迫性的认识，围绕"四个显著提高"要求，采取切实有效措施，加大力度推进对口支援，明确对口支援的目标任务，不断提高受援高校的"造血"功能，增强受援学校服务地方区域经济社会的能力，充分发挥对口支援这一重大举措的作用，全力促进西部高校教育的发展。

3月29日 省扶贫办印发《关于做好"县为单位、整合资金、整村推进、连片开发"试点工作的通知》，针对个别试点县擅自调整实施内容、整合资金不到位等问题，提出改进意见。

3月 省委印发《关于在全省领导干部中开展"四帮四促"活动进一步做好新形势下群众工作的意见》，要求全省各级各部门领导干部都要广泛深入地开展以进一步密切党群干群关系为宗旨的"四帮四促"活动，即帮助学习中央有关文件精神，促进思想统一；帮助理清发展思路，促进科学发展；帮助解决实际问题，促进增比进位；帮助化解矛盾纠纷，促进和谐稳定。

4月3日—5日 中共中央政治局常委、国务院总理温家宝在省委书记、省人大常委会主任石宗源，省委副书记、省长林树森等陪同下，到黔西南州考察指导抗旱救灾工作。温家宝强调，贵州人民要大力发扬"不怕困难、艰苦奋斗、攻坚克难、永不退缩"的"贵州精神"，坚决打赢抗旱救灾这场硬仗。7日，林树森主持召开省政府专题会议，贯彻落实温家宝总理视察指导贵州抗旱救灾工作时的重要讲话精神，并就编制水利建设生态建设石漠化治理综合规划等工作作出部署。

4月20日 经省委、省政府同意，省扶贫办印发《关于大力开展集团帮扶工作的实施意见》，强调为适应扶贫开发新形势，探索创新财政资金扶贫机制，整合资源，培育典型，树立样板，带动农民增收致富，决定从2010年起，对省委、省政府领导的扶贫联系点开展集团帮扶工作，按照"党政领导、部门负责、群众主体、社会参与"的思路，本着"定点到乡、帮扶到村"的原则，对每个定点帮扶乡镇（15～20个村）集中投入1000万元财政扶贫资金，并以县为单位按照1∶3以上比例整合各类资金，使每村投入资金平均在200万～300万元，通过机制创新、整合资源、重点突破、板块推进，用2～3年时间使定点帮扶的贫困乡镇（15～20个村）实现整体脱贫，做到不脱贫不脱钩。在19位省委常委、副省长均确定帮扶点基础上，又建立省人大、省政协领导扶贫工作制度，拓展帮扶面。到2015年，贵州38位省级领导干部联系38个扶贫工作重点县，定点帮扶76个一类贫困乡，108个省直单位、各市（州、县）选派干部驻村扶贫。全省共派出5万多名干部驻村帮扶，实现对9000个贫困村驻村扶贫覆盖。

5月11日 省委书记、省人大常委会主任石宗源到黔西县太来乡调研。石宗源强调，要抢抓扶贫开发新的历史机遇，坚决打好全省扶贫开发攻坚战。

6月4日—9日 为落实温家宝总理视察贵州时作出的"打赢抗旱救灾这场硬仗"重要指示，国家发改委、水利部、财政部、国土资源部、环保部、农业部、国家林业局、中国气象局等中央国家机关各有关部门以及国家开发银行、中咨公司组成的贵州水利建设生态建设石漠化治理综合规划国家联合调研组到贵州9个市（州、地）开展调研，帮助解决水利建设、生态建设和石漠化治理等重大问题，为贵州水利建设、生态建设、石漠化治理综合规划编制实地调研工作进行安排部署，并就调研情况和编制贵州水利建设、生态建设、石漠化治理综合规划有关问题与贵州省政府交换意见。期间，省委书记、省人大常委会主任石宗源会见联合调研组一行。5日，省委副书记、省长林树森向调研组汇报贵州水利建设等方面的工作规划和打算，双方座谈并交换规划和发展意见。

6月9日—11日 全省蔬菜产业化扶贫工作现场会暨培训会议在三都水族自治县召开。省扶贫办、省农委、省财政厅、省农科院等部门负责人和蔬菜专家，各市（州、地）扶贫办分管副主任和业务科长，三都、遵义县等23个蔬菜产业项目县扶贫办主任和项目乡镇党委书记或镇长及技术员等293人参加会议。与会代表参观三都县蔬菜产业化扶贫项目现场，听取三都县政府关于实施蔬菜产业化扶贫项目情况的汇报以及遵义、习水、江口、水城等4个县的经验介绍。

6月28日 全国统一战线参与支持毕节试验区建设联席会议第三次全体（扩大）会议在北京召开。全国政协副主席、中央统战部部长杜青林出席会议并讲话，全国政协副主席、民建中央第一副主席张榕明出席会议。中央统战部副部长楼志豪传达胡锦涛等中央领导批示精神。

6月30日 "曹德旺、曹晖扶贫善款"资助项目贵州项目区启动暨培训会在贵阳召开。

7月8日 由省科协、黔东南州委、黔东南州政府、省委政策研究室、省政府发展研究中心、中国生态学会、中国可持续发展研究会联合主办的"黔东南生态文明建设试验区发展研讨会"在凯里市隆重开幕，17位中科院和工程院院士、百余位省内外专家共300余人参加。会议期间建立贵州首个"院士专家工作服务中心"。

7月19日 全省石漠化综合防治工作现场会在黔南州长顺县召开。省委书记、省人大常委会主任石宗源出席会议并讲话，强调要全面打响石漠化综合治理攻坚战，加快推进贵州生态文明建设步伐。

7月22日 省政府在贵阳召开全省农村最低生活保障制度和扶贫开发政策有效衔接扩大试点工作电视电话会议。会议要求，各地各有关部门，一定要按照中央和省委、省政府的部署和要求，高度重视，强化措施，强力推进两项制度有效衔接扩大试点工作。第一要坚持"四个原则"：试点先行、梯度推进的原则，科学规范、简便易行的原则，衔接配套、统筹兼顾的原则；规范操作、阳光作业的原则。第二要抓好"三项衔接"：搞好部门衔接，搞好政策衔接，搞好管理衔接。第三要把握"两大环节"：一是准确识别低保对象和扶贫对象，二是落实扶持政策措施。

7月27日 根据国务院扶贫办、财政部印发的《关于做好2010年贫困村互助资金试点工作的通知》精神，省扶贫办印发《关于印发〈贵州省2010年贫困村互助资金试点工作实施方案〉的通知》，明确在全省选择100个村作为试点，每个村补助财政扶贫资金15万元，共需1500万元。其中，中央试点村50个，所需750万元由中央财政拨付；贵州50个村级试点村所需的750万元资金由省财政负责。

7月27日—29日 宁波市政府对口帮扶代表团到黔西南州、黔东南州考察,分别与两个自治州各对口帮扶县签订帮扶项目187个,投入帮扶资金4285万元。

8月6日—10日 国务院扶贫办主任范小建率调研组在铜仁地区江口县、印江土家族苗族自治县和黔东南自治州施秉县、雷山县,就贵州扶贫开发工作进展情况以及今后十年如何推进扶贫开发工作进行调研,并于10日与贵州省领导在贵阳举行座谈会。范小建在座谈会上讲话指出,十年来,贵州省的扶贫开发工作取得了显著成效,必须给予充分肯定。他表示,国务院扶贫办将进一步加大对贵州扶贫开发工作的支持力度,与贵州省各级党委政府一道,共同打好未来十年的扶贫开发攻坚战。省委书记、省人大常委会主任石宗源,省委副书记、省长林树森等领导出席座谈会并讲话。

8月上旬 国务院扶贫办检查组(由国务院扶贫办政策法规司和江苏省农工办抽人组成)一行5人,在省扶贫办、省民政厅有关人员陪同下赴雷山、镇宁、水城、威宁等县,检查农村低保制度与扶贫政策有效衔接扩大试点工作贯彻落实情况。检查组返回贵阳后召开座谈会,向省政府反馈检查情况,充分肯定贵州抓两项制度有效衔接取得的成绩,对贵州艰苦奋斗、自加压力的精神表示赞赏。

9月1日—2日 省委书记栗战书,省委副书记、代省长赵克志到遵义市调研,强调贵州正处在深入实施西部大开发战略、实现经济社会发展历史性跨越的关键时期,全省上下要高举发展的旗帜、团结的旗帜、奋斗的旗帜,大力弘扬长征精神、遵义会议精神和"贵州精神",加快发展,科学发展,努力实现全省经济社会又好又快、更好更快发展。

9月9日 中共中央总书记、国家主席胡锦涛在北京通过视频与毕节地区民族中学师生亲切通话,鼓励师生努力,学得更好一些,成为国家、成为民族地区所需要的建设人才。

9月12日—14日 由国务院扶贫办和省政府联合主办的石漠化地区种草养畜产业扶贫贵州试点工作会议在贵阳召开。会议总结和推广石漠化地区扶贫开发的经验和做法，研究集中连片特殊困难地区扶贫攻坚更具针对性的治本之策。贵州省委副书记、代省长赵克志出席会议并致辞，国务院扶贫办主任范小建出席会议并讲话。范小建要求，各级党委、政府加强领导，各级扶贫和畜牧等部门要密切配合，进一步解放思想，确立发展现代畜牧业的理念，加强指导，以统筹石漠化地区经济社会发展为前提，把草地畜牧业生产建立在现代科学技术和管理科学的基础上，充分合理利用各种自然和经济资源，做好石漠化地区种草养畜产业扶贫及试点的相关工作，推进草地畜牧业产业又好又快发展，实现石漠化地区绿起来、草地畜牧业强起来、贫困农牧民富起来，努力把石漠化地区产业化扶贫工作提高到新水平。

9月14日—16日 省委副书记、代省长赵克志先后到黔东南苗族侗族自治州凯里市、剑河县，铜仁地区铜仁市、江口县、大龙经济开发区进行调研。赵克志十分关心困难群众生产生活和农村危房改造情况，先后来到凯里市舟溪镇果园村和江口县太平乡凯文村、铜仁市和平乡龙鱼村看望贫困户，送上慰问金。

9月16日—18日 省委书记栗战书在黔东南州调研时强调，要加大农村经济结构、产业结构和种植业结构调整，积极发展生态主导型工业，努力把旅游业培育成为战略性支柱产业，切实加强领导班子建设、党的基层组织建设和干部队伍建设，进一步抓好民生项目和基础性工程，推动全州经济社会又好又快、更好更快发展。

9月20日—21日 省委书记栗战书，省委副书记、代省长赵克志赴威宁县考察扶贫工作，就贯彻落实胡锦涛总书记的重要批示精神，加快威宁自治县脱贫致富步伐进行专题调研、现场办公。栗战书指出：

此次调研主要是实地了解和检查一年来毕节地区和威宁自治县贯彻落实胡锦涛总书记重要批示精神的进展情况，就更好地落实胡锦涛总书记的重要批示精神进行研究部署，进一步增强责任感、紧迫感、使命感，促进毕节、威宁经济社会又好又快、更好更快发展。栗战书、赵克志还到秀水乡前峰村看望慰问贫困农户。

9月21日—26日　经贵州省人民政府领导同意，省扶贫办在长顺县召开全省山地农业扶贫开发工作现场会。省委书记栗战书作出批示：我省认真落实锦涛总书记开发扶贫的重要指示，因地制宜，积极探索，创造出不少开发扶贫的新路子，要认真总结、推广这方面的好经验、好做法，发挥典型和榜样的作用，带动更多的贫困山区脱贫致富；要面向市场，瞄准需求，加大农村经济结构、产业结构、种植结构调整力度，积极发展规模化生产、产业化经营；要进一步加强对扶贫工作的领导，加大对贫困山区的扶持力度，发挥政府主导作用，动员社会力量，帮助贫困山区改善和改变基础设施条件、基本生产和生活条件，发展社会事业，提高山区人民群众的素质，走出一条经济社会协调发展、人与自然生态友好相处、人的素质全面提高的可持续发展的开发式扶贫、脱贫新路。

9月25日　省扶贫办印发《关于命名首批省级扶贫龙头企业的通知》，决定命名贵州君之堂制药有限公司等100家企业作为贵州首批省级扶贫龙头企业。其中，贵阳市10家，遵义市36家，安顺市7家，六盘水市4家，毕节地区13家，铜仁地区16家，黔南自治州5家，黔东南自治州8家，黔西南自治州1家。

9月25日—26日　省委书记栗战书在黔南州调研时强调，要加大农村经济结构、农业产业结构和种植业结构调整力度，走规模化发展、产业化经营的路子，促进三次产业协调发展，统筹解决农民脱贫致富、石漠化治理和生态保护问题，千方百计提高各族人民群众生活水平。

9月30日—10月1日　省委书记、省人大常委会主任栗战书，省委副书记、省长赵克志在黔西南州调研，强调把投资和项目作为重中之重抓紧抓实抓好，思想更解放一些，胆子更大一些，干得更好一些；要加大对民族地区的支持，加速民族地区发展、转型和跨越。

10月25日—26日　全省草地生态畜牧业现场会暨扶贫系统业务工作会在松桃县召开，通报2008—2009年草地生态畜牧业产业化扶贫项目的检查验收情况和考评结果，安排下一步扶贫工作。全省各市（州、地）分管扶贫的副市长（副州长、副专员），各县（市、特区）分管扶贫工作的副县长（副市长、副区长），省扶贫办主任、副主任和有关业务处室负责人共220人参加现场会，与会人员现场参观相关的扶贫项目。12月3日，省扶贫领导小组印发《关于印发〈贵州省草地生态畜牧业产业化扶贫发展规划〉的通知》。

11月29日—30日　省委副书记、省长赵克志到黔东南苗族侗族自治州黄平县、施秉县、镇远县、台江县、麻江县进行调研，看望贫困户并送上慰问金，充分肯定黔东南州取得的成绩，强调要坚持把改善民生作为一切工作的出发点和落脚点，千方百计推动经济社会加快发展，帮助群众尽快脱贫致富。

12月18日—19日　全省经济工作会议暨深入实施西部大开发战略工作会议在贵阳召开，确定明年经济工作要"好中求快、快中保好"，未来10年开发要统筹谋划，重点突破。省委书记、省人大常委会主任栗战书，省委副书记、省长赵克志出席并作重要讲话。

12月24日—25日　省委副书记、省长赵克志在黔南州调研，指出黔南州坚持以"185农业产业化工程"为抓手，因地制宜引导农民调整农业结构，提高农业生产效益，使每亩田地农产品年销售收入达到1万元、8000元或5000元以上。强调要深入贯彻落实总书记胡锦涛重要批示精神，按照省委、省政府安排部署，坚定不移地推进工业化、城镇化和农业现代化，努力实现经济社会又好又快、更好更快发展。特别是要深入开展"四帮四促""三服务"活动，帮助基层和农村大力发展特色农业，统筹推进扶贫开发；整县推进乡村通油路工程和解决工程性缺水问题，奋斗突破制约农村发展的瓶颈；尽快实现基础建设，搞好农民技术培训，不断提高农民群众的劳动技能。

是年 贵州投入财政专项扶贫资金 17.4 亿元，同比增长 16.1%；筹集社会帮扶资金 1.75 亿元，同比增长 75%。实施 568 个贫困村"整村推进"，完成易地扶贫搬迁 3 万人，完成"雨露计划"16.5 万人，培训扶贫干部 1.396 万人。

是年 国务院扶贫办首次安排中央专项彩票公益金 5100 万元，帮助贵州威宁、习水、纳雍 3 个革命老区 36 个贫困村开展革命老区整村推进试点工作。

是年 省扶贫办与省委组织部共同组建 53 个农村党建扶贫工作队，赴 50 个重点县和重点乡驻点工作。

是年 中小学幼儿园国家级培训计划开始实施。截至 2017 年，全省获中央财政专项资金 5.89 亿元，累计培训农村中小学、幼儿园教师近 50 万人。

二〇一一年

1月13日 省委副书记、省长赵克志在贵阳接受中央电视台、人民日报、新华社、光明日报、经济日报、中央人民广播电台、中国国际广播电台、中国日报、中国新闻社和省内主要媒体的联合采访，向记者介绍贵州"十一五"经济社会发展取得的成绩，分析"十二五"面临的形势，并就全省"十二五"发展的主基调、实施工业强省战略和城镇化带动战略、扶贫开发、保障和改善民生、基础设施建设以及生态环境保护等重要问题回答记者的提问。指出贵州作为欠发达省份，面临着既要"赶"，又要"转"的双重任务、双重压力，必须背水一战。要解决"慢"这个贵州发展的主要矛盾，首先就要解决好扶贫开发工作发展"慢"的问题，全省扶贫开发工作必须要做到"快中保好、好中求快"。

1月13日—15日 省委书记、省人大常委会主任栗战书到威宁县迤那镇调研扶贫工作，指出帮助贫困群众尽快脱贫是各级党委、政府的第一责任，要把它作为"第一民生工程"。要通过努力，使迤那镇在较短的时间内发生变化，在脱贫致富方面为威宁县、毕节地区乃至全省作出表率。大力调整农业产业结构，促进经济加快发展，实现脱贫致富；坚持把基础设施搞好，改善当地的生产生活条件，发展好学前教育和义务教育，同时大力搞好职业教育，提高农民的科学技术水平，使他们掌握1～2项就业使用技术；要搞好计划生育工作，把人口过快增长速度降下来；要结合农村经济结构调整，通过发展草地畜牧业、经果林以及封山育林等措施逐步恢复植被，改善生态环境。

1月19日 在贵州省第十一届人民代表大会第五次会议上，省委副书记、省长赵克志在政府工作报告中强调，把打赢脱贫攻坚战作为"第一民生工程"，向绝对贫困发起全面"总攻"。坚持开发式扶贫方针，大力实施集团化帮扶、项目化扶贫；以产业培育为重点，以扶贫项目为支撑，按照"整体规划、县为单元、整合资源、集中投入、综合开发"的原则，抓好整村推进的同时，开展整乡、整县推进，对集中连片特殊困难地区进行脱贫攻坚；坚持分类指导，对丧失基本劳动能力的特困人口，主要通过农村低保制度保障其基本生活需要；鼓励有条件的县加快脱贫步伐，采取"摘帽不摘政策"的办法，对提前实现整体脱贫的扶贫开发重点县，继续保留原有扶持政策，并给予奖励；加快山地农业扶贫开发，深入实施易地扶贫搬迁；加快农村基础设施向乡村延伸建设。

2月11日—13日 中共中央政治局常委、国务院副总理李克强赴黔南自治州和贵阳市考察国民经济社会发展情况，重点考察扶贫工作，强调要按照党中央、国务院的决策部署，加大对欠发达地区的扶持力度，坚持民生为先，在推进跨越式发展中更加注重保障和改善民生。在听取省委、省政府工作汇报时，与随行的国务院有关部门负责人研究如何帮助贵州加快发展，明确要求国家有关部委在规划上、资金上进一步向贵州倾斜，支持贵州特别是少数民族地区加快发展。同时，李克强对贵州发展提出四点要求：一是为实现2020年贵州与全国同步建成小康社会打下坚实基础；二是把促进发展和转变方式有机结合起来；三是努力实现经济发展和民生改善同步；四是推进黔中经济区与其他少数民族地区协调发展。

2月11日 国家水利部、贵州省政府在贵阳召开部省联席会议，总结5年对铜仁地区水利扶贫、3年对毕节地区水利重点扶持所取得的成就，贯彻落实中央1号文件精神，部署下一阶段对铜仁、毕节地区的水利扶贫工作。

2月25日—26日 省委农村工作会议暨全省扶贫开发工作会议在贵阳举行，省委书记、省人大常委会主任栗战书，省委副书记、省长赵克志出席会议并讲话。传达贯彻中央农村工作会议精神和中央新一轮扶贫开发工作的战略部署，栗战书号召以扶贫攻坚为重点，向"绝对贫困"发起"总攻"。会议强调坚持三个"重中之重"，实施"三化同步"，全面提升"三农"工作整体水平。

2月27日 省委副书记、省长赵克志在湄潭县调研时强调，要深入贯彻落实党的十七届五中全会、中央农村工作会议和省委农村工作会议精神，结合全省实际，坚持"三化"同步，加快推进农业结构调整，转变农业发展方式，加快建设具有贵州特色的社会主义新农村。

3月9日 省委办公厅、省政府办公厅印发《关于对国家扶贫开发工作重点县加快脱贫攻坚步伐进行奖励的意见》，明确贵州到2015年要实现30个重点县和500个贫困乡"减贫摘帽"，到2018年实现50个重点县、934个贫困乡全部"减贫摘帽"，并针对提前"减贫摘帽"的国家扶贫开发工作重点县和贫困乡制定了"摘帽不摘政策"的激励措施。

同日 贵州省出席十一届全国人大四次会议的贵州代表团在京举行主题为"欠发达的贵州如何实现经济社会发展历史性跨越"的记者会，100多家中外媒体300多名记者参加。省委书记、省人大常委会主任栗战书，省委副书记、省长赵克志等回答记者提问。栗战书强调，贵州在经济社会发展上依然是一块低洼地带，要奋力爬高。

3月15日 贵州省与国家卫生部在京签署《国家卫生部贵州省人民政府关于共同推进贵州卫生事业跨越式发展的战略合作协议》和《支持毕节试验区医疗卫生事业跨越式发展合作协议》。根据以上协议，双方通过实施"妇幼卫生水平跨越工程"，到2015年，使贵州的住院分娩率保持在95%以上，孕产妇和婴儿死亡率低于全国平均水平，并建成完善的妇幼保健体系，使贵州每个乡（镇）卫生院都有1名培训合格的产儿科医生，每个村卫生室有1名经过县级培训的妇幼保健人员。

3月29日—4月3日 全国人大常委会副委员长、民盟中央主席蒋树声一行赴黔，就贵州省毕节试验区建设、民盟参政议政工作、新农村建设等进行考察指导。省委书记、省人大常委会主任栗战书陪同在毕节试验区的考察活动。

3月31日 由省委政策研究室牵头，省哲学社会科学规划办公室、省委讲师团、贵州师范大学联合申报的贵州省国家社科重大招标课题"未来十年我国扶贫开发战略的完善及其重点突破——着重基于西部地区的研究"在贵定县正式开题。

4月8日 在中央统战部协调指导下，"2011年全国部分非公有制经济人士和港澳工商界知名人士赴毕节试验区投资洽谈会"在毕节举行。省委书记、省人大常委会主任栗战书在贵阳会见率队出席投资洽谈会的中央统战部副部长黄跃金。洽谈会实现签约项目53个，签约资金301.01亿元，项目涉及毕节地区8个县市工业、农业、社会服务及商贸、基础设施及房地产、旅游等产业。

4月22日—26日 以全国政协副主席、民建中央第一副主席张榕明为组长的全国政协民宗委与民建中央调研组一行，赴黔围绕"积极推进武陵山经济协作区建设，促进民族地区经济社会发展"主题进行调研。

5月8日—11日 中共中央政治局常委、中央书记处书记、国家副主席习近平在省委书记、省人大常委会主任栗战书，省委副书记、省长赵克志等分别陪同下，深入黔西南州、黔南州、贵阳市的农村、企业、社区、大学和科研机构对农业结构调整、扶贫开发、新农村建设等进行调研、考察、指导。12日，省委召开常委（扩大）会议，传达贯彻习近平在贵州考察指导工作时的重要讲话精神。强调要把思想和行动统一到胡锦涛总书记对贵州工作的重要指示要求上来，统一到习近平的重要讲话精神上来，进一步开创贵州改革开放和现代化建设新局面，加快推进经济社会发展的历史性跨越。

5月13日—16日 省委副书记、省长赵克志到黔东南州从江县、黎平县、锦屏县、天柱县、三穗县、岑巩县调研，强调认真学习贯彻中共中央政治局常委、中央书记处书记、国家副主席习近平重要讲话精神，努力谱写加速发展、加快转型、推动跨越的新篇章。

5月18日—22日 大连市党政代表团赴遵义市、六盘水市，就大连市对口帮扶工作进行考察，捐赠遵义市、六盘水市各800万元帮扶资金。

5月19日 国家农业部与贵州省在贵阳签署《农业部贵州省人民政府共同推进贵州特色农业发展合作备忘录》。省委书记、省人大常委会主任栗战书，省委副书记、省长赵克志，农业部部长韩长赋出席签字仪式并举行会谈。19日—21日，韩长赋赴毕节地区调研考察。

5月21日—23日 省委、省政府在毕节召开试验区新一轮改革发展推动大会。省委书记、省人大常委会主任栗战书出席会议并讲话，省委副书记、省长赵克志主持会议。会议强调以科学发展观为统领，大力推进毕节试验区新一轮改革发展，为全省经济社会发展闯出一条新路，为加快区域协调发展提供有益经验，为科学发展和多党合作做出重要示范。大会通报，毕节试验区建立23年，经济总量翻5番，增长32.7倍，实现综合经济实力从全省排名末位跃至第三位；贫困人口（按人均收入低于1196元标准）从312万人减少到31.84万人，实现人民生活从普遍贫困到基本解决温饱的跨越；森林覆盖率从14.9%上升到40.03%，实现生态环境从不断恶化到明显改善的转变；人口自然增长率从19.5‰下降到6.55‰，实现人口从过速增长到明显下降的转变。

5月26日—29日 全国人大常委会副委员长、农工党中央主席桑国卫一行赴黔，出席贵州毕节贫困山区"同心助医工程"启动仪式和助医工程乡村医生培训开班仪式，并视察指导毕节试验区。省委书记、省人大常委会主任栗战书陪同考察。

5月31日—6月3日 中共中央政治局常委、全国政协主席贾庆林以加快武陵山区扶贫开发攻坚，积极探索集中连片特困地区扶贫开发的有效机制和办法为重点，深入铜仁地区考察，强调把扶贫开发作为"一号民生工程"来抓，提出向绝对贫困发起总攻的号召，同时要突出集中连片、扶贫攻坚，突出跨省合作、协同发展，突出统筹兼顾、重点突破，突出创新机制、先行先试，闯出一条新时期新阶段集中连片特困地区扶贫开发的新路子。下决心在"十二五"期间基本消除绝对贫困现象。

6月 贵州编制实施《贵州扶持人口较少民族发展"十二五"专项建设规划》，决定对毛南族、仫佬族两个人口较少民族进行重点扶持，涉及两个自治州7县（市）21个乡镇63个人口较少民族聚居行政村。

7月12日 《贵州省水利建设生态建设石漠化治理综合规划》（经国务院批准，国家发改委正式下发实施通知，概算总投资1472亿元）启动暨首批集中开工14个"骨干水源工程"（总投资49亿余元）仪式在黔西南州兴义县举行。省委书记、省人大常委会主任栗战书宣布开工，省委副书记、省长赵克志致辞。国家发改委、水利部、国家林业局、中咨公司相关负责人出席指导。

7月13日—16日 国家驻港大型企业集团——招商局集团董事长傅育宁率企业旗下的物流集团、轮船公司、地产控股公司、慈善基金会等有关负责人赴黔开展对口扶贫及投资考察。省委副书记、省长赵克志会见傅育宁一行。

8月2日—4日 国务院扶贫办主任范小建赴黔，考察三都、修文、遵义、长顺等县产业扶贫情况。省委书记、省人大常委会主任栗战书，省委副书记、省长赵克志在贵阳会见范小建一行，并就贵州扶贫开发工作交换意见。

8月29日 省科协完成礼聘全国188名知名院士、专家为贵州工业强省科技思想库第一批入库专家的工作，为脱贫攻坚战略提供智力支撑。年末，入库专家达244人，其中包括18名院士。

9 月 13 日—15 日 全国政协常委、农工党中央常委、上海市政协副主席蔡威到毕节地区大方县和织金县相关乡镇，就贫困山区医疗卫生事业发展情况进行调研，分别在达溪镇冷水村、安乐乡尚寨村各援建一个卫生室。

9 月 15 日—22 日 由 42 个中央国家机关有关部门和单位 158 人组成的国家联合工作组抵黔，调研制定中央进一步促进贵州经济社会又好又快发展的政策文件。16 日，国家联合工作组听取省委书记、省人大常委会主任栗战书，省委副书记、省长赵克志汇报贵州经济社会发展情况，并就文件有关内容提出建议。

9 月 28 日—29 日 全省核桃产业扶贫工作推进会在赫章举行。会议的主要任务是，全面贯彻落实《中国农村扶贫开发纲要（2011—2020 年）》，统一思想，坚定信心，鼓足干劲，推进核桃产业规模发展，确保 2015 年全省核桃产业实现 1000 万亩，着力把核桃产业打造成贫困地区新的经济增长点和促进农民增收的致富产业。

10 月 29 日—11 月 2 日 中共中央政治局常委、中央纪委书记贺国强到黔西南、安顺、贵阳等地就新农村建设和移民新村建设情况进行调研，强调要加大扶贫攻坚力度，着力推进武夷山区、石漠化区等连片贫困地区的扶贫开发，尽快改变贫困地区面貌，大力改善贫困地区群众的生活。希望贵州抓住国家推进文化改革发展的机遇，大力发展文化产业，着力培育新的经济增长点。

11 月 1 日 扶贫办与国家开发银行贵州省分行签署《开发性金融支持贵州省扶贫开发合作项目实施方案》，合作额度达 100 亿元。

11 月 2 日 中共贵州省委办公厅、贵州省人民政府办公厅转发《省扶贫办、省委政策研究室、省旅游局〈关于大力实施乡村旅游扶贫倍增计划的意见〉的通知》。《通知》对"十二五"期间实施乡村旅游扶贫倍增计划提出意见，明确大力实施乡村旅游扶贫倍增计划的指导思想、基本原则、目标任务和主要任务等。

11月23日—25日　中共中央政治局委员、国务院副总理张德江赴黔,考察城镇居民社会养老保险和新型农村社会养老保险试点情况,并就经济社会发展情况深入调研。

11月29日　中央扶贫工作会议第一次全体会议召开。中共中央总书记胡锦涛、国务院总理温家宝作重要讲话,省委书记、省人大常委会主任栗战书在北京主会场参加会议,省委副书记、省长赵克志在贵州省分会场出席会议。

12月19日　中国农工党中央委员会、中国医药卫生事业发展基金会向"贵州毕节贫困山区同心助医工程"捐赠流动医院车仪式在北京举行。全国人大常委会副委员长、农工党中央主席桑国卫等出席捐赠仪式。

是年　贵州全年减少农村贫困人口近60万,50个国家扶贫开发工作重点县农民人均纯收入增长17%,在全国扶贫开发工作绩效考评中位列全国第十名。全年获中央财政扶贫资金23.0251亿元。启动实施21个乡村旅游扶贫项目。施秉县、盘县、兴仁县3县66个贫困乡实现"减贫摘帽"。

是年　贵州全面启动《贵州省武陵山片区区域发展与扶贫攻坚规划(2011—2020年)》《贵州省乌蒙山区区域发展与扶贫攻坚规划(2011—2020年)》《贵州省滇桂黔石漠化片区区域发展与扶贫攻坚实施规划(2011—2020年)》《贵州省"十二五"扶贫开发规划》《贵州省乡村旅游产业化扶贫建设规划》《贵州省整村推进扶贫开发规划》6个规划编制工作。

是年　贵州省投入扶贫资金1200万元,培训扶贫干部13.5万人。完成易地扶贫搬迁3.1万人,完成"雨露计划"等各类培训11.7万人次,稳定转移就业3.6万人。

是年　深圳、宁波、青岛、大连 4 个对口帮扶城市共向贵州省贫困地区无偿投入帮扶资金 1.8 亿元。

是年　贵州省草地畜牧业新增种草 64.4 万亩，新增购羊 47.5 万只，项目区 1 万余户农民实现就地转产。全省核桃新增种植 52 万亩，完成新建和改造油茶林 70 万亩，马铃薯播种面积达到 1232 万亩。

二〇一二年

1 月 12 日　国务院颁发《关于进一步促进贵州经济社会又好又快发展的若干意见》（国发〔2012〕2 号）。《意见》指出：贫困和落后是贵州的主要矛盾，加快发展是贵州的主要任务。贵州尽快实现富裕，是西部和欠发达地区与全国缩小差距的一个重要象征，是国家兴旺发达的一个重要标志。10 月 15 日，省委、省人民政府为全面贯彻落实《国务院关于进一步促进贵州经济社会又好又快发展的若干意见》文件精神，印发了《中共贵州省委　贵州省人民政府关于加快创建全国扶贫开发攻坚示范区的实施意见》。《意见》提出了我省"创建全国扶贫开发攻坚示范区"的总体目标、主要任务等。主要任务：一是着力推进农民增收致富工程，在促进"三化"兴"三农"上作示范；二是着力推进产业扶贫，在转变经济发展方式上作示范；三是着力推进"三位一体"综合治理，在加强生态文明建设上作示范；四是着力推进基础设施向县及县以下延伸，在改善贫困人口基本生产生活条件上作示范；五是着力推进扶贫生态移民搬迁，在改善人居环境上作示范；六是着力推进贫困地区社会事业发展，在筑牢民生安全网上作示范。注重创新扶贫对象瞄准机制、财政资金使用机制、扶贫攻坚重大事项推进机制、以集团帮扶为龙头的"大扶贫"推进机制、完善"减贫摘帽"激励机制等。

同日 省委、省政府印发《关于贯彻落实〈中国农村扶贫开发纲要（2011—2020年）〉的实施意见》。《意见》明确了贯彻实施《纲要》的指导思想和总体目标等。总体目标是：深入实施工业强省战略和城镇化带动战略，在工业化、城镇化深入发展中同步推进农业现代化，实现工业化致富农民、城镇化带动农村、产业化提升农业，推动贫困地区经济社会"五年上台阶，十年大跨越"。

1月15日 省委农村工作暨全省扶贫开发工作会议在贵阳召开，省委书记、省人大常委会主任栗战书，省委副书记、省长赵克志讲话。会议强调统筹推进"三农""扶贫开发""民营经济""县域经济"四项工作，努力在"三化同步"中推进县域经济提速转型、民营经济快速发展，带动全省贫困人口脱贫致富奔小康。9个市（州）和相关省直部门负责人与省委签订扶贫攻坚重大事项目标责任书。

2月21日—22日 贵州省民族地区"三化"同步建设座谈会在铜仁市松桃苗族自治县举行。

2月24日 在省委书记、省人大常委会主任栗战书陪同下，国土资源部党组书记、部长徐绍史，国务院扶贫开发领导小组副组长、国务院扶贫办党组书记、主任范小建，深入毕节市威宁自治县迤那镇，实地调研当地扶贫开发的新做法、新经验。25日，范小建一行深入六盘水市水城县滥坝镇、安顺市关岭自治县板贵乡调研产业扶贫开发项目实施情况。

2月27日 省委在贵阳召开省直机关党建扶贫工作队2011年度总结表彰暨2012年度动员培训会议。

2月29日 统一战线参与毕节试验区建设联席会议第五次全体（扩大）会议在北京召开。中共中央政治局常委、全国政协主席贾庆林作重要批示，全国政协副主席、中央统战部部长杜青林出席会议并讲话。会议指出，2011年统一战线和各有关方面共同推进毕节试验区建设，"同心"品牌影响广泛，全年共完成项目175个，到位资金129亿元，培训各类人员5.6万多人。

3月5日　国务院扶贫办、国家发展改革委印发《关于乌蒙山片区区域发展与扶贫攻坚规划的通知》，按照"区域发展带动扶贫开发，扶贫开发促进区域发展"基本思路，明确乌蒙山片区区域发展与扶贫攻坚的总体要求、空间布局、重点任务和政策措施，是指导片区区域发展和扶贫攻坚的重要文件。

3月7日　全国"两会"期间，中共中央政治局常委、国务院总理温家宝参加贵州代表团审议时指出：要充分认识扶贫开发工作的长期性和艰巨性，采取更加有力的措施，持之以恒地抓紧抓好。只有努力提高贫困地区和贫困人口自我发展能力，使他们尽快摆脱贫困，全面建设小康社会才有坚实的基础。并提出发扬"艰苦奋斗、不怕困难、攻坚克难、永不退缩"的贵州精神，拿出"人一之我十之、人十之我百之"的工作干劲，坚持不懈艰苦创业，抓住机遇加快发展。

3月14日　贵州省与中共中央统战部、各民主党派中央、全国工商联、无党派人士工作汇报会在北京贵州大厦举行，会议强调要努力把贵州毕节建设成为服务科学发展的试验区、多党合作的示范区、贯彻落实"同心"思想的模范区。

3月20日　全国农村残疾人扶贫开发工作会议在贵阳召开。中国残联党组书记、理事长王新宪到会并讲话。

3月24日—30日　由水利部、国家林业局、国务院扶贫办、交通运输部组成的国家滇桂黔石漠化连片调研组到贵州紫云、望谟、册亨、安龙、贞丰、晴隆、兴义、兴仁、水城等市（县）调研，了解当地群众生产生活和石漠化治理工作开展情况，探讨石漠化治理以及加快群众脱贫致富的办法和思路。30日，滇桂黔石漠化片区扶贫工作贵州座谈会在贵阳召开，国家水利部副部长矫勇出席会议并讲话。6月28日，滇桂黔石漠化片区区域发展与扶贫攻坚启动会在黔西南布依族苗族自治州兴义市召开。中共中央政治局委员、国务院副总理、国务院扶贫开发领导小组组长回良玉出席会议并作重要讲话，宣布滇桂黔石漠化片区区域发展与扶贫攻坚正式启动，强调坚持扶贫开发和石漠化综合治理相结合，水利建设、生态建设和石漠化治理"三位一体"协同推进，走一条石漠化地区经济社会发展、扶贫开发与生态建设良性互动的新路子。省委书记、省人大常委会主任栗战书致辞，省委副书记、省长赵克志发言。

4月26日　武陵山片区区域发展与扶贫攻坚规划实施情况座谈会在贵阳举行。

4月27日　由毕节市倡议，川滇黔渝乌蒙片区16个市（州、区）主办，毕节市委、市政府承办，毕节七星关区委、区政府协办，主题为"汇集乌蒙山水神韵、共谋区域合作发展"的首届乌蒙片区旅游联盟合作峰会在毕节市七星关区举行。16个市（州、区）党委或政府领导率团出席会议，并签署《乌蒙片区旅游联盟合作框架协议》。

5月22日　国务院扶贫开发领导小组办公室、贵州省政府在北京签署《推进贵州扶贫开发攻坚示范区建设合作协议》。《协议》明确合作内容：一是加快创建贵州扶贫开发攻坚示范区；二是深入开展连片特困地区扶贫攻坚会战；三是实施扶贫攻坚重大事项推进行动；四是强化贵州省大扶贫工作格局。国务院扶贫办进一步组织动员中央国家机关（央企）定点扶贫贵州，力争2015年实现对贵州国家扶贫开发工作重点县的全覆盖。

同日　贵州省人民政府印发《贵州省2012年扶贫生态移民工程实施方案的通知》。《通知》要求，各地、各有关部门要深刻认识实施扶贫生态移民工程的重大意义，切实增强责任感、紧迫感和使命感，坚持以人为本、执政为民，认真贯彻落实省委、省政府的决策部署，强化领导，精心组织，周密部署，确保工程有力、有序、有效实施，确保各项政策措施不折不扣地落到实处，确保如期完成 2012 年扶贫生态移民工程任务，为用 9 年时间全面完成我省扶贫生态移民工程任务打下坚实基础。

5 月 30 日 全省扶持人口较少民族发展工作会在独山、平塘召开。省长赵克志出席会议并作重要讲话，提出"力争贵州人口较少民族地区优先建成小康社会，省里的扶贫资金优先向人口较少民族倾斜"，推动人口较少民族加快发展。

是月 国家司法部、农业部、民政部先后出台《关于支持贵州经济社会又好又快发展的意见》《农业部贯彻落实〈国务院关于进一步促进贵州经济社会又好又快发展的若干意见〉分工方案》《关于进一步支持和促进贵州民政事业加快发展的意见》。

6 月 1 日 国务院新闻办首次组织由人民日报、新华社、中央电视台、凤凰卫视、印度时报、新加坡联合早报等 19 家媒体、32 名记者参加的中外媒体采访团赴贵州开展扶贫开发专题采访。

6 月 13 日—14 日 贵州连片特困地区扶贫攻坚推进暨减贫摘帽表彰大会在松桃自治县举行。

是月 工业和信息化部出台《工业和信息化部关于进一步支持贵州工业和信息化加快发展的意见》，明确 6 个方面 28 条具体措施，支持贵州经济发展。

7 月 12 日—16 日 由中国科学院院士赵忠贤和中国工程院院士王浩率领的参加"中国科协 2012 海外智力为国服务研讨会暨联席会议"部分院士及海外专家一行 20 余人到毕节市，就石漠化治理与生态修复，煤化工与页岩气、煤层气开发利用，夹岩水利枢纽工程综合环境评价问题进行专题调研。

7月22日 浙江省与贵州省在贵阳举行教育卫生等工作对口支援及合作交流座谈会暨签字仪式。贵州省、浙江省有关负责人签署《贵州省与浙江省教育全面合作框架协议书》《浙江省卫生厅、贵州省卫生厅第二轮城乡医院对口支援工作框架协议》《中国致公党浙江省委员会帮扶毕节试验区协议》。

7月28日—29日 全国政协副主席、民进中央常务副主席罗富和一行到毕节试验区金沙县考察指导工作，并出席"同心工程"系列活动。省委书记、省长赵克志等在贵阳拜会罗富和一行。

8月4日 省农村改革试验试点工作会议在毕节市召开，传达总书记胡锦涛等中央领导近期对毕节试验区作出的重要批示，学习回良玉副总理在第五届中国农村发展高层论坛上的重要讲话精神，还传达省委书记、省长赵克志关于贯彻中央领导重要批示和政研工作的指示。会议表彰全省第四轮农村改革试点工作取得优异成绩的试验区、试验县，并安排部署第五轮农村改革试点工作，农业部试验区办副主任邓志喜到会指导。

9月6日 为贯彻落实《国务院办公厅关于进一步做好减轻农民负担工作的意见》精神，切实做好减轻农民负担工作，防止农民负担反弹，经省人民政府同意，印发《省人民政府办公厅关于进一步做好减轻农民负担工作的实施意见》。《实施意见》要求，各市、自治州人民政府，各县（市、区、特区）人民政府，省政府各部门、各直属机构，一要深化认识，进一步增强做好减轻农民负担工作的责任感和紧迫感；二要明确重点，坚决防止农民负担出现反弹；三要严格监管，确保减轻农民负担政策措施落实到位。

9月7日 省扶贫办和省农村信用社联合社在贵阳举行《扶贫金融合作协议》签约仪式，明确"十二五"期间共同支持产业化扶贫，合作额度为 500 亿元。

10 月 5 日 省委、省政府印发《关于加快创建全国扶贫开发攻坚示范区的实施意见》，提出把贵州建设成为全国多民族聚居、欠发达省份扶贫攻坚后发赶超的示范区，建设成为经济持续增长、政治文明进步、文化繁荣发展、民族团结和睦、社会和谐稳定、生态环境良好的示范区。

10 月 6 日—7 日 中共中央政治局常委、国务院总理温家宝到毕节市威宁彝族回族苗族自治县、赫章县、七星关区、大方县、黔西县，深入乡村、社区、工厂、企业，就加快扶贫开发、生态建设、结构调整，推动经济社会又快又好发展进行考察调研。8 日，省委召开常委（扩大）会议，省委书记、省长赵克志主持会议，传达温家宝视察情况，并就贯彻落实温家宝重要讲话提出要求。

10 月 31 日 省政府办公厅印发《关于进一步加强和规范涉农专项资金监管的意见》，进一步加强和规范涉农专项资金监管，确保涉农资金安全、规范、有效使用，逐步建立涉农专项资金监管的长效机制，切实维护农民利益。

11 月 19 日—21 日 省委十一届二次全会在贵阳召开，会议听取和讨论省委书记、省长赵克志所作的工作报告，审议通过《中共贵州省委关于认真学习贯彻党的十八大精神为全国同步全面建成小康社会而奋斗的决定》《中共贵州省委关于进一步实施科教兴黔战略大力加强人才队伍建设的决定》。

是年 省军区出台《进一步加强党建扶贫工作的意见》，广泛开展党建扶贫活动，连续 18 年组织党建扶贫队驻点扶贫。各级建立党建联系点 144 个，经济互助合作组 182 个，培训党务骨干 1792 名，协调资金 1762 万元，落实 162 个帮建项目。

是年 全省减少贫困人口 130 万人，50 个重点县农民人均纯收入增幅高于全省平均水平 2 个百分点。在全国各省（区、市）扶贫开发工作考核和财政专项扶贫资金绩效考评中，贵州均获 A 级，位列全国第三。

是年　完成《贵州省武陵山片区区域发展与扶贫攻坚规划（2011—2020 年）》《贵州省乌蒙山区区域发展与扶贫攻坚规划（2011—2020 年）》《贵州省"十二五"扶贫开发规划》《贵州省乡村旅游产业化扶贫建设规划》《贵州省整村推进扶贫开发规划》等 5 个规划编制工作。《贵州省滇桂黔石漠化片区区域发展与扶贫攻坚实施规划（2011—2020 年）》的编制进入省级汇总阶段。

是年　全省投入 18 亿元启动扶贫生态移民工程，完成生态移民搬迁 10.13 万人。

是年　全省投入财政扶贫资金 2000 万元，培训扶贫干部 2.1 万人。安排财政扶贫资金 5000 万元，实施革命老区整村推进扶贫项目 21 个，5 个重点县、86 个贫困乡实现"减贫摘帽"。

是年　威宁、晴隆、松桃、长顺、江口、道真、水城、丹寨、紫云、贵阳市修（文）开（阳）息（烽）10 个县作为扶贫攻坚示范首批试点。

二〇一三年

1 月 4 日　省委、省政府下发《关于以县为单位开展小康创建活动的实施意见》（黔党发〔2013〕3 号）。

1 月 8 日　省第十一届人大常委会第三十三次会议审议通过《贵州省扶贫开发条例》，并明确从 3 月 1 日开始实施。该《条例》包括总则、政府职责、项目管理、资金管理、行业扶贫、社会扶贫、保障措施、法律责任、附则，共8章66条，以法律形式明确全省扶贫开发的方针、原则、范围、权责和程序，涉及扶贫开发多项制度建设。

1月9日 省委农村工作会议在贵阳举行。省委书记赵克志强调要举全省之力抓好"三农"工作。省委副书记、代省长陈敏尔讲话，明确当年全省农业方面的8项重点工作。

同日 省委书记赵克志到威宁彝族回族苗族自治县迤那镇走访慰问困难群众、"五保"老人和在校师生，强调要认真贯彻习近平总书记近日看望慰问困难群众时的重要指示精神，把群众安危冷暖时刻放在心上，格外关注、关爱、关心困难群众和老人孩子，帮助他们排忧解难，让困难群众尽快脱贫致富，让老人们生活幸福安康，让孩子们健康快乐成长，切实把党和政府的温暖送到千家万户。

是月 省科协参加黔西南"星火计划、科技扶贫"试验区扶贫协调会，确定2013年向黔西南"星火计划、科技扶贫"试验区投入资金125万元。

2月2日 国家开发银行贵州省分行与省扶贫办在遵义正安县举办国家开发银行定点扶贫工作座谈会暨支持正安、道真、务川3县扶贫攻坚开发性金融合作备忘录签字仪式，国家开发银行贵州省分行为3县提供融资总额45亿元，重点支持当地新农村基础设施建设、城镇化建设、生态建设，以及保障性住房、助学贷款、特色、优势农业产业化等民生社会事业发展，助推3县加快减贫摘帽步伐。

2月17日—24日 省委副书记、省长陈敏尔主持召开常务会议，听取贵州扶贫开发工作情况汇报，并就《贵州省城镇体系规划（2013—2030年）》等进行讨论审议，强调扶贫开发工作是"第一民生工程"。

2月21日 省委、省政府在贵阳召开全省扶贫开发工作会议，省委副书记、省长陈敏尔出席会议并讲话，强调要认真学习贯彻党的十八大和习近平总书记近期关于扶贫开发工作的重要讲话精神，进一步增强使命感和责任感，理清工作思路，加强领导和引导，突出抓好产业发展、基础设施、民生改善 3 个重点，打好新一轮扶贫开发攻坚战，帮助贫困地区加快发展、脱贫致富。

2 月 27 日 全省同步小康驻村工作组驻村工作动员部署电视电话会议在贵阳召开，通报贵州组建由 2 万名驻村干部、1 万余名大学毕业生和农村知识青年组成的 6000 个同步小康驻村工作组，工作在村，一年一换。省委书记、省人大常委会主任赵克志强调驻村工作组自带行李、自带炊具，吃住在村、工作在村。

3 月 6 日 省委统战部在贵阳召开贵州留学人员联谊会（欧美同学会）参与黔西南"星火计划、科技扶贫"试验区座谈会，与会人员结合《滇桂黔石漠化片区区域发展与扶贫攻坚规划》和黔西南州"十二五规划"，提出中草药、旅游、环保、石漠化治理、水利建设、生物多样性利用等 10 余项项目建议。

3 月 7 日 中共中央政治局常委、国务院副总理李克强参加十二届全国人大一次会议贵州代表团审议《政府工作报告》，要求贵州要坚定与全国同步全面建成小康社会的决心，夯实教育这个具有百年大计的基础，在跨越发展中实现转型发展。中共中央政治局委员、中央书记处书记、中央办公厅主任栗战书作为贵州代表团代表参加审议。全国人大代表、省委书记、省人大常委会主任赵克志主持全体会议并发言，全国人大代表、省委副书记、省长陈敏尔发言。国土资源部部长徐绍史、交通运输部部长杨传堂等到会听取意见和建议。

同日 国土资源部办公厅复函同意在毕节试验区开展国土资源差别化政策综合改革试点，从差别化土地政策、土地综合整治、矿山环境恢复治理、工矿废弃地复垦利用、地质灾害防治、城乡建设用地增减挂钩、低丘缓坡土地开发利用、矿产资源勘查开发等方面提出 9 项支持政策，并开展有关试点。

3月12日　十二届全国人大一次会议在京举行主题为"欠发达地区如何同步实现小康"的贵州代表团专场记者会。省委书记、省人大常委会主任赵克志，省委副书记、省长陈敏尔等全国人大代表回答记者提问。

3月28日—4月1日　中共中央政治局委员、国务院副总理刘延东在云南、贵州考察时指出，贯彻党的十八大和"两会"精神，基本实现教育现代化，重点难点都在农村。要加大支持农村义务教育的力度，缩小城乡差距，使农村孩子接受公平而有质量的义务教育。要下更大气力办好农村义务教育，为亿万农村孩子成长成才奠定坚实基础。刘延东到贵州丹寨县、麻江县，深入大山深处、偏远乡村、民族地区，实地考察农村中小学的素质教育、教学质量、教师队伍及寄宿制学校建设、营养餐、留守儿童、学生上下学和校园安全等情况，并在贵阳召开西部9省（区）、市（县）、农村学校及教学点负责人和教育专家参加的农村义务教育座谈会。

4月16日—18日　全国人大常委会副委员长、农工党中央主席陈竺一行到毕节试验区调研贫困地区扶贫开发、医疗卫生及小城镇建设，重点考察基层医疗卫生服务能力建设、食品药品产业发展等。

5月　第十五届中国科协年会"三位一体"综合规划实施与扶贫攻坚论坛在兴义市开幕，国内知名的水利、地质、林业等方面的专家学者以及国家、省有关部门负责人齐聚一堂，为黔西南州实施"三位一体"规划献策。

6月3日—4日　成都军区"支援西部大开发、实现同步建小康"座谈交流会在黔西南州兴义市召开，强调要坚决贯彻落实军委主席习近平的重要指示，以更大的决心和力度支援西部大开发，在实现强国梦的伟大实践中，推动强军目标的实现。成都军区政委朱福熙讲话，省委书记、省人大常委会主任赵克志出席会议，省委副书记、省长陈敏尔讲话。

6月13日—16日 全国政协副主席、农工党中央常务副主席刘晓峰再率农工党企业家考察团共40余人到贵州毕节试验区开展扶贫工作，现场与大方县政府共签订总投资97.4亿元的8个合作项目；农工党中央和北京中成康复科技有限公司分别向大方县捐赠价值1400万元、25万元的医疗设备。

6月21日 省委、省政府在黔东南自治州丹寨县召开帮促发展困难县专题会议，研究加快望谟、威宁、赫章、三都、务川、册亨、正安、黄平、从江、道真、黎平、雷山、丹寨13个县经济社会发展问题。省委书记、省人大常委会主任赵克志，省委副书记、省长陈敏尔出席会议并讲话。赵克志指出，习近平总书记在2011年5月考察贵州时，明确要求我们以集中连片特殊困难地区作为主战场，以扶贫开发重点县和贫困乡村为重点，打好扶贫攻坚工程这场硬仗，并提出要增强发展信心、打赢同步小康这场硬仗等4点要求。

6月26日 省委办公厅、省政府办公厅印发《关于帮促发展困难县加速发展同步小康的通知》，明确对望谟、威宁等13个发展困难县一县一策帮促加速发展同步小康。

8月9日 全省同步小康驻村半年工作会在贵阳召开，通报截至7月末，全省同步小康驻村工作组共实地走访群众432万余人次，召开座谈会4.5万次；帮助基层群众解决实际困难和问题8.02万个，提供扶贫致富建议意见8.4万条；帮助协调项目约1.4万个，帮助协调解决资金约13.2亿元。

8月18日 省委、省政府在六盘水召开座谈会，研究部署进一步推进"四在农家·美丽乡村"建设有关工作，强调把"四在农家·美丽乡村"作为农村小康建设的有力抓手，作为全省开展党的群众路线教育实践活动的重要内容，以更大的决心和力度加快建设步伐，力争三至五年内使贵州农村面貌发生根本性的变化。省委书记、省人大常委会主任赵克志，省委副书记、省长陈敏尔讲话。

8月20日　2013年度对口帮扶贵州工作联席会议在贵阳召开。上海市、大连市、苏州市、杭州市、宁波市、青岛市、广州市、深圳市8个对口帮扶城市相关部门负责人，贵州有关部门及各对口帮扶市（州）扶贫办负责人参加会议并赴全省各地考察调研。

8月24日　省委办公厅印发《关于深入推进"四在农家·美丽乡村"创建活动的实施意见》。

8月25日—28日　中国科协组织院士、专家18人，与贵州省科协及省直相关部门和单位负责人赴威宁，围绕草海生态保护与综合治理、新型工业化与产业发展、城镇化建设、农业产业化、信息化建设、历史人文贫困地区精准扶贫等开展专题调研。根据院士、专家的意见建议，组织撰写《采取抢救性措施保护草海生态系统的建议》专题报告呈国务院。2014年1月13日，国务院总理李克强作出重要批示，草海湿地保护与综合治理上升为国家战略层面。省委书记、省人大常委会主任赵克志，省委副书记、省长陈敏尔也先后作出相关批示。3月25日—26日，国家发改委、科技部、环保部等9个有关部委专赴威宁彝族回族苗族自治县就采取抢救性措施保护草海生态系进行实地调研并提出工作建议，形成汇报材料经国务院批准通过后，启动《贵州草海高原喀斯特湖泊生态环境保护与综合治理规划》编制工作。

9月8日　省委统战部与广东省委统战部在广州签署共同帮扶毕节试验区合作协议，就共同帮扶毕节试验区达成广泛共识。协议签订后，广东省统一战线将围绕"助推发展、智力支持、改善民生"3个重点，组织开展投资考察、帮扶支持等活动，努力推进广东省在资金、市场、人才、技术、信息、管理、教育等方面的优势，与毕节的自然资源、人力资源、绿色食品、原生态旅游等优势有机结合，促进"输血式"帮扶向"造血式"帮扶转变，不断拓展帮扶毕节试验区的新思路、新途径、新办法。

9月9日—11日　农工党贵州省委在东莞和福州分别与农工党广东省委、农工党福建省委签署共同帮扶贵州大方县（农工民主党帮扶点）合作协议。根据农工民主党中央的安排，农工党广东省委和农工党福建省委参与帮扶大方县，以智力帮扶、科技支撑为主要形式，着重在生态重建与治理、农业产业结构调整与综合发展、特色食品、民族医药开发以及人才培训等方面开展帮扶工作。

9月16日—17日　省委、省政府在威宁召开全省扶贫开发工作座谈会。会议强调，要认真学习贯彻习近平总书记、李克强总理关于扶贫开发的重要讲话和指示精神，围绕创建全国扶贫攻坚示范区，总结推广"威宁试点"经验，以同步小康为统揽，把改革开放作为关键一招，在加速发展中推进脱贫，在推进扶贫中加速发展。

10月16日—17日　中共中央政治局委员、上海市委书记韩正率上海市党政代表团抵黔，到遵义市对口帮扶实地调研。两省（市）在贵阳举行座谈会，交流双方经济社会发展有关情况。贵州省委书记、省人大常委会主任赵克志在会上讲话，上海市委副书记、市长杨雄，贵州省委副书记、省长陈敏尔分别介绍上海市和贵州省经济社会发展情况。上海市党政代表团还考察了贵阳城乡规划展览馆。

10月18日　贵阳北输气站点火运行，长输管道天然气正式进入贵州。

11月14日　省政府印发《关于实施贵州省"四在农家·美丽乡村"基础设施建设六项行动计划的意见》。

11月29日　省委副书记、省长陈敏尔主持召开省第十二届人民政府第 18 次常务会议，专题研究推进贵州山区特色新型城镇化改革发展工作，安排部署明年城镇保障房、农村危房、扶贫生态移民房建设任务。

是月　教育部《关于支持毕节贫困山区教育改革发展试验区有关工作的意见》，明确从 5 个方面对毕节教育改革发展给予差别化政策支持。

是年　全省减少贫困人口 166 万，实现 6 个重点县、172 个贫困乡"减贫摘帽"。中央和省投入财政扶贫资金 37.78 亿元，同比增长 18.9%。其中，中央财政扶贫发展资金 30.31 亿元，同比增长 18.86%；省级投入财政扶贫资金 7.47 亿元，同比增长 19.52%。

是年　建立"贵州省扶贫系统电子政务平台"，在全国率先实行扶贫项目 GPS 定位监管，从项目申报、立项、批复、实施、监督、检查、验收、绩效评估等方面实行全程监控。

是年　安排 4 亿财政专项扶贫资金，全省共完成 0.76 万户、3.33 万人扶贫生态移民搬迁，竣工扶贫生态移民房 3.6 万套。

是年　完成"雨露计划"培训 23.91 万人，推进国务院扶贫办试点 2.85 万名扶贫对象教育直补有关工作，开展返乡农民就业创业培训和民族民间技艺培训 0.94 万人，完成扶贫项目培训 11.06 万人。

是年　投入乡村旅游财政专项扶贫资金 8804 万元，在 9 市（州）、62 县实施乡村旅游扶贫项目 63 个，项目涉及 75 个乡（镇）、85 个村，覆盖农户 4.33 万人，其中贫困人口 1.9 万人。

是年　新增上海、苏州、杭州、广州对口帮扶贵州省，实现 8 个沿海发达城市对贵州 8 个市（州）"一对一"对口帮扶全覆盖。

是年　38 个省领导在 38 个重点县开展"集团帮扶"工作，安排财政扶贫资金 1.8 亿元。216 个省直机关组成 52 支党建扶贫工作队开展集团扶贫工作。

二〇一四年

1月4日—6日 省委书记、省人大常委会主任赵克志赴威宁彝族回族苗族自治县,调研黔西北乌蒙山区群众的生产生活情况,考察"精准化扶贫""产业扶持到村到户"和"教育培训到村到户"等事宜,强调要始终按照产业化提升农业、工业化致富农民、城镇化带动农村的思路,坚持分类指导,实施精准扶贫,坚决打好扶贫攻坚这场硬仗。

1月14日—15日 国务院扶贫办主任刘永富率队赴黔,与贵州有关部门进行座谈并听取关于扶贫开发的情况汇报,详细了解贵州创新体制机制、不断探索扶贫开发新思路的具体做法和已经取得的成效。强调要认真学习贯彻中央农村工作会议、全国扶贫开发工作座谈会和中共中央办公厅、国务院办公厅《关于创新机制扎实推进农村扶贫开发工作的意见》精神,以"啃硬骨头"、"蹚深水区"、打攻坚战的坚定信念,加快扶贫开发进程,务必在2014年实现"开门红"。期间,省委书记、省人大常委会主任赵克志,省委副书记、省长陈敏尔会见刘永富一行。赵克志指出,贵州坚持把扶贫攻坚作为"第一民生工程",抓住新一轮扶贫开发重要机遇,以集中连片特困地区为重点,通过大力培育产业促进就业,通过实施"四在农家·美丽乡村"基础设施建设6项行动计划推动基础设施向县以下延伸,使贫困人口逐步减少,贫困面貌逐渐改变。希望国务院扶贫办进一步加大对贵州扶贫开发工作支持力度,帮助贵州加快实现科学发展、后发赶超、同步小康。

1月16日—20日 贵州省第十二届人民代表大会第二次会议在贵阳开幕,省委书记、省人大常委会主任、大会执行主席、主席团常务主席赵克志主持大会。省委副书记、省长陈敏尔作《政府工作报告》,

指出要加快发展现代农业,扎实推进精准扶贫;大力实施"四在农家·美丽乡村"6项行动计划,加快改善农村生产、生活、生态环境。

1月18日 全国扶贫开发工作电视电话会议在北京召开。省委副书记、省长陈敏尔在贵州分会场出席会议,并从"认真落实扶贫开发政策措施、突出抓好扶贫开发重点工作、积极创新扶贫工作机制、不断完善大扶贫工作格局"4个方面介绍贵州扶贫开发工作情况和近年贵州省委、省政府把扶贫攻坚作为"第一民生工程",开展扶贫工作取得的成效。

1月21日 省委农村工作会议暨全省扶贫开发工作电视电话会议在贵阳召开。省委书记、省人大常委会主任赵克志,省委副书记、省长陈敏尔出席会议并讲话。会议指出,要进一步把思想和行动统一到党中央的重大决策部署上来,深刻认识贵州是全国"三农"问题最突出的省份,全面建成小康社会,最艰巨、最繁重的任务在农村,特别是在贫困地区。越是发展形势好的时候,越要重视强化"三农"工作,任何时候都忽视不得、松懈不得、麻痹不得。会议强调,要把农民增收作为"三农"工作的中心任务,尽快让农民富起来。

2月8日 省委书记、省人大常委会主任赵克志到贵安新区高峰镇麻郎村看望全国人大代表、麻郎村党支部书记刘乔英和基层干部群众,座谈听取对扶贫开发工作和农村生产发展的意见建议,强调要深入贯彻落实党的十八届三中全会和中央农村工作会议精神,把人民对美好生活的向往作为奋斗目标,把群众的安危冷暖时刻放在心上,进一步解放思想,开动脑筋,艰苦奋斗,进一步解放和发展农村生产力。

2月20日 省扶贫开发改革专项小组召开会议。会议传达学习省委全面深化改革领导小组第一次会议精神,讨论研究《贯彻落实〈关于创新机制扎实推进农村扶贫开发工作的意见〉的实施意见》《贫困县扶贫开发工作考核办法》《财政专项扶贫项目管理办法(试行)》

《推进精准扶贫工作实施方案》等文件稿。

2月23日 省委办公厅、省政府办公厅出台《贵州省"四在农家·美丽乡村"创建行动（2014—2017年）》。

2月24日 中央统战部在北京召开统一战线参与毕节试验区建设联席会议第六次全体会议，总结工作，部署任务。全国政协副主席、民进中央常务副主席罗富和，毕节试验区专家顾问组总顾问厉以宁等出席会议。

2月25日 省扶贫办印发《创新产业化扶贫利益联结机制的指导意见》，总结规范基层创新的做法和经验，提高产业化扶贫成效，对推广创新产业化扶贫利益联结机制提出意见。

3月2日 省委、省政府在京邀请国家发改委、国务院扶贫办及上海、大连、杭州、青岛、深圳、苏州、宁波、广州8个城市相关领导，就进一步深入开展对口帮扶工作进行座谈。省委书记、省人大常委会主任赵克志主持会议并讲话。

3月7日 全国"两会"期间，中共中央总书记、国家主席习近平参加贵州代表团审议时指出：全面建成小康社会最繁重、最艰巨的任务在农村，特别是在贫困地区，没有农村的小康，特别是没有贫困地区的小康就没有全面建成小康社会。贵州贫困面广、贫困人口多、贫困程度深，是全面扶贫开发的一个主战场。各级领导干部一定要多到农村去，多到贫困地区去，了解真实情况，看真贫，扶真贫，真扶贫，带着深厚感情做好扶贫开发工作，把扶贫开发工作抓紧抓紧再抓紧、做实做实再做实，真正使贫困地区群众不断得到真实惠。

3月16日 省委全面深化改革领导小组召开第二次会议。省委书记、省人大常委会主任、省委全面深化改革领导小组组长赵克志主持会议并讲话。强调要认真学习贯彻党的十八届三中全会精神和习近平总书记关于全面深化改革的系列重要讲话精神，特别是要学习习近平在今年全国"两会"期间参加贵州代表团审议《政府工作报告》时的重要讲话精神，牢牢把握抓改革落实的思想武器，把改革的内容、任务和重点聚焦到解决贫穷落后主要矛盾和推动加快发展根本任务上，把抓落实作为推进改革的重点，在全面深化改革中坚持有所为有所不为，突出特色，做出亮点，以体制机制的创新，为贵州实现科学发展、后发赶超、同步小康提供根本保障。省委副书记、省长、省委全面深化改革领导小组副组长陈敏尔等省领导、领导小组成员参会。

3月24日—25日 江苏省委书记罗志军率江苏省代表团在贵州铜仁市、遵义市考察指导，出席江苏省对口帮扶贵州省铜仁市工作座谈会，共谋两省交流合作，共促对口帮扶工作。省委书记、省人大常委会主任赵克志，省委副书记、省长陈敏尔陪同考察。

4月10日 全省精准扶贫建档立卡工作电视电话会议在贵阳召开，会议强调按照省负总责、市（州）协调、县抓落实、工作到村、扶持到户的要求，突出抓好"扶谁的贫""谁去扶贫"和"怎么扶贫"3个环节，明确识别对象和识别标准，抓好规模分解，严格识别程序和完成时限，对每个贫困村、贫困户精准建档立卡，做到户有卡、村有册、乡有簿、县有档、省（市）有（信息）平台，力求首战必胜。

4月15日—16日 省委副书记、省长陈敏尔赴黔东南州台江县和铜仁市石阡县进行考察调研，强调要深入学习贯彻习近平总书记重要讲话精神，牢牢守住发展和生态两条底线，立足自身的资源禀赋和市场的需求，因地制宜选择好发展产业，努力实现百姓富、生态美的有机统一。

4月16日 省委书记、省人大常委会主任赵克志，省委副书记、省长陈敏尔在铜仁市调研，强调要坚定不移推进工业化、信息化、城镇化和农业现代化同步发展，大力调整产业结构，加快教育事业发展，不断增强脱贫致富内生发展动力，努力打赢全面建成小康社会的扶贫攻坚战。

4月21日—24日 全国政协副主席、民盟中央常务副主席陈晓光赴毕节市，出席东部十省市民盟组织参与毕节试验区建设第二次工作会议等系列活动，指出毕节试验区承担着"小试验、大方向"的使命，试验区"开发扶贫、生态建设、人口控制"3大主题相辅相成，缺一不可。陈晓光表示，民盟中央将发挥优势，立足实际，一如既往支持和参与毕节试验区建设，全面发挥牵线搭桥作用，加大扶持、参与力度，促进毕节试验区经济社会更好更快发展。

5月7日—8日 省委副书记、省长陈敏尔到黔南州荔波县、平塘县调研，考察旅游景区建设、农业结构调整和特色小城镇发展、扶贫生态移民搬迁工程、人口较少民族发展工作等情况。陈敏尔强调，要深入贯彻习近平总书记的重要指示精神，坚守发展和生态两条底线，依托自身的资源优势，以市场需求为导向，做大做强旅游业，大力发展现代农业，全力推动产业转型提质升级，让老百姓分享更多改革发展成果。

5月15日 2014年度对口帮扶贵州工作联席会议在贵阳举行。上海市、大连市、苏州市、杭州市、宁波市、青岛市、广州市、深圳市8个对口帮扶城市相关部门负责人，我省有关部门和受帮扶市（州）负责人参加会议。

5月16日 省委办公厅、省政府办公厅印发《关于以改革创新精神扎实推进扶贫开发工作的实施意见》，文件通过15个方面的措施，改革创新扶贫开发工作机制，提高扶贫开发工作成效，实现扶贫开发工作目标。文件同时附发了《贵州省贫困县扶贫开发工作考核办法》和《贵州省财政专项扶贫资金项目管理暂行办法》。

5月19日 省委召开常委（扩大）会议，传达学习4月25日中央政治局会议精神和习近平总书记对毕节试验区的重要批示。省委书记、省人大常委会主任赵克志主持会议并讲话。会议强调，要认真学习、深刻领会中央政治局会议和习近平总书记重要讲话精神，坚持稳中求进、改革创新，不断完善和创新发展思路，牢牢守住发展和生态两条底线，坚决贯彻主基调、主战略和"四化"同步。

5月28日 省委副书记、省长陈敏尔到遵义市余庆县，深入调研"四在农家·美丽乡村"建设、扶贫生态移民工程、乌江构皮滩水电站和城镇规划建设情况。他强调，要大力实施"四在农家·美丽乡村"基础设施建设6项专项计划，加大基层组织建设和基层管理创新力度，让广大农民群众日子更加红火，生活更加幸福。

6月4日 上海市代表团来黔考察并出席上海市对口帮扶遵义市第二次联席会议，明确当年上海市安排对口帮扶遵义市资金共计5400万元，实施帮扶项目28个。省委书记、省人大常委会主任赵克志，省委副书记、省长陈敏尔等在贵阳会见上海代表团一行。

6月10日—11日 省政府在遵义市、铜仁市召开全省现代高效农业示范园区建设推进会。会议强调，要按照省委、省政府的安排部署，以现代高效农业示范园区为主要平台，大力发展山地现代高效农业，加快我省农村脱贫致富和建设全面小康社会步伐。

6月18日 由国务院有关部门组成的联合督查组抵达贵阳，对我省贯彻落实国发〔2012〕2号文件情况进行督查调研。在我省贯彻落实国发〔2012〕2号文件情况汇报会上，省政府办公厅负责人向督查组汇报了贵州省贯彻落实国发〔2012〕2号文件的主要工作措施、取得的成效、存在的困难和问题、下步工作打算，以及需要国家帮助解决的具体问题，省发改委、民宗委、财政厅、交通厅、环保厅、农委、扶贫办等部门负责人分别作了有关工作情况的汇报。

6月21日 省委、省政府在毕节市召开毕节试验区全面深化改革推进大会，省委书记、省人大常委会主任赵克志出席会议并讲话。赵克志指出，毕节试验区在党中央、国务院的亲切关怀下，取得了"两个跨越"的显著成绩，要求把思想统一到习近平总书记重要批示最新要求上来，为全省加快全面小康建设闯新路作示范，积极争取中央及有关方面对毕节试验区的支持。他强调，毕节试验区要发挥好"近期作示范、长远探路子"的作用，按照"两年变化明显、五年大见成效、十年实现跨越"的目标要求，到2020年，与全国、全省同步全面建成小康社会，为全省加快全面小康建设创新路作示范。省委副书记、省长陈敏尔讲话。

6月26日 中国文化扶贫委员会、中国大百科全书出版社在平塘县平湖三小举行捐赠图书活动，向平塘县中小学生捐赠5000套《中国儿童大百科全书》，价值85万元。

6月27日 省财政厅印发《关于开展财政专项扶贫资金乡级财政报账制管理试点工作的通知》，对切实加强财政专项扶贫资金管理，进一步规范报账制工作程序，建立健全监督机制，提高资金使用效益，实行乡级报账制，为全面实行"四到县"奠定坚实基础，使财政专项扶贫资金报账制管理工作更加简便。

同日 由民建贵州省委联合贵州大地公益基金会等单位共同举办的《扶贫开发大讲堂》启动仪式暨首场专题讲座在贵阳举行。全国人大常委会原副委员长、民建中央原主席成思危宣布大讲堂启动并作专题讲座。

6月29日 国家开发银行开发性金融支持贵州省棚户区改造项目借款合同签约仪式在贵阳举行。根据合同，国家开发银行贵州省分行将向贵州省棚户区改造项目授信880.5亿元，向贵安新区道路建设项目授信50亿元。该行还与省财政厅、住建厅签署开发性金融支持棚户区改造合作备忘录，并分别与贵民公司、贵安新区、贵阳市签署棚改项目借款合同284.98亿元、43.9亿元、59.1亿元。省委副书记、省长陈敏尔等在筑会见国家开发银行董事长春怀邦,并出席签约仪式。

6月30日 省财政厅印发《贵州省财政专项扶贫资金报账制管理实施细则(试行)》,切实加强了财政专项扶贫资金管理,进一步规范报账制工作程序,建立健全监督机制,提高资金使用效益。

7月3日 省扶贫生态移民工程领导小组召开会议,审议2014年扶贫生态移民工程实施方案。

7月4日 省委召开常委(扩大)会议,传达学习习近平总书记在中共中央政治局第十六次集体学习时的重要讲话和习近平总书记、李克强总理、俞正声主席、张高丽副总理及栗战书主任对毕节试验区的重要批示,研究贯彻落实意见。

同日 省政府办公厅下发《省人民政府办公厅关于印发贵州省人口较少民族聚居行政村率先实现小康行动计划的通知》(黔府办函〔2014〕83号),在全省63个人口较少民族聚居行政村中实施率行全面小康创建活动,探索民族地区村级小康建设路径,树立示范样板。

7月12日—14日 由中共中央宣传部、教育部、科学技术部、中国科学院、中国工程院、中国科学技术协会主办,贵州省院士专家服务中心、黔西南州科协承办的"科学与中国"院士专家巡讲团活动走进黔西南州兴义市。活动邀请中国科学院曹春晓、周孝信、吴国雄等5位院士,分别在贵阳市、兴义市等地开展院士报告会,并赴黔西南州进行调研,与地方党政领导进行座谈。同时,邀请了近20名院士专家赴我省各地开展考察调研活动,为贵州各地经济发展建言献策,特别是为黔西南州经济社会发展、推动转型提出了宝贵的建议。

7月24日 2014年全省扶贫生态移民工程现场观摩会在遵义市绥阳县召开。出席会议的省领导深入遵义县泮水镇、绥阳县郑场镇扶贫生态移民安置点,实地观摩移民工程,了解移民搬迁情况;进家入户访问,了解移民生产生活情况,现场指导后续扶持工作。

8月6日 由中国科协和省人民政府共同组织的"院士专家与贵州省党政领导干部座谈会"在贵阳举行,院士专家称赞贵州丰富的药材资源和良好的气候条件,并为我省的新医药与健康养生产业发展"问诊把脉"、建言献策。

8月12日 省委书记、省人大常委会主任赵克志在毕节市大方县拜会了全国人大常委会副委员长、农工党中央主席陈竺。陈竺对贵州省近年来经济社会发展取得的成绩给予高度肯定。赵克志说,今年以来,习近平总书记就毕节试验区建设发展多次作出重要批示,为毕节试验区新一轮改革发展指明了方向,赋予了新的内涵要求。

8月22日 讲述贵州省赫章县海雀村党支部书记文朝荣先进事迹的影视报告文学剧《文朝荣》在贵阳首演。该剧再现了文朝荣老支书带领村民植树造林、发展生产、办学育人、艰苦奋斗,最终把一个靠吃救济粮过日子的村办成山清水秀、环境优美、生活富裕的村。

是月 省政府办公厅印发《贵州省2014年扶贫生态移民工程实施方案》。方案明确,2014年贵州投资36.62亿元,建设扶贫生态移民住房4.2922万套,用于安置搬迁农户17.2万人。

9月9日 习近平总书记在北京师范大学与"国培计划（2014）"贵州省小学语文骨干教师研修班参训教师座谈交流时强调,"国培计划"以示范引领、雪中送炭、促进发展为宗旨,为中西部农村教师提供了一个拓宽视野、更新知识、提高业务能力的专业发展平台,为中西部地区教育事业发展做了一件大好事。目前,教育短板在西部地区、农村地区、老少边穷岛地区,尤其要加大扶持力度。少年强则中国强,中西部强则中国强。习近平希望来自中西部农村地区的老师们借助"国培计划"搭建的学习平台,把学到的先进教育理念和科学教学方法带回去,为推进当地基础教育改革、实施素质教育再立新功。

同日 贵州省召开全国首个"扶贫日"贵州系列活动筹备工作会

议，传达学习省委书记、省人大常委会主任赵克志，省委副书记、省长陈敏尔的重要指示精神，研究讨论我省系列活动方案。会议指出，我省是贫困人口最多、贫困面最大、贫困程度最深的省份，国家设立"扶贫日"对我省具有特殊重要的意义，各级各有关部门要高度重视，精心谋划，周密部署，努力办出创意、新意，办出影响力、吸引力，凝聚全社会扶贫攻坚的强大合力。要注重展示我省扶贫开发工作好的经验和做法，向全社会发出倡议、引导，带动社会各界关注扶贫开发事业，鼓励大家乐善好施、帮扶济困。要积极创新募集资金方式方法，实行点对点帮扶，提高资金使用效率，并及时向帮扶者反馈相关信息。会议强调，各新闻媒体要充分发挥社会影响力，主动作为，积极参与，深入寻找，发现感动人心的帮扶故事，努力使评选先进典型的过程成为营造氛围、倡导善举的过程，真正使活动开展得有声有色。

9月13日 全省草地畜牧业产业化扶贫推进会在务川自治县召开。会议指出，发展草地畜牧业，符合生态文明的要求和方向，是我省农业结构调整的重点，是扶贫开发的重要途径。我省全面开展草地畜牧业产业化扶贫，取得了良好的经济、生态和社会效益，走出了一条石漠化贫困山区产业化扶贫的有效路子。

9月14日 第十一届（2014年）中国羊业发展大会在务川自治县召开。国务院扶贫办、中国畜牧业协会、羊业协会和全国26个省（区、市）的领导、专家、学者、企业家和养羊大户代表近900人出席大会。大会围绕如何贯彻中央扶持牛羊产业发展的惠农政策，认真分析当前我国羊业发展形势，共同谋划羊业健康快速发展大计，广泛交流羊业生产、经营、管理经验，推进养羊业界经济技术合作。

9月16日 全省发展困难县同步小康创建座谈会在贵阳召开。会议指出，帮促困难县加快发展，是省委、省政府"抓两头、带中间"，推动全面小康建设的重要举措。自去年6月帮促发展困难县专题会议召开以来，各级各部门认真贯彻落实省委、省政府部署要求，细化帮扶政策，落实帮扶措施，13个发展困难县迎难而上，加快追赶，同步小康创建取得明显成效。

9月17日—20日 全国政协专题调研组赴黔，就《乌蒙山片区区域发展与扶贫攻坚规划（2011—2020年）》出台以来的工作进展情况赴毕节调研，并召开座谈会。

9月20日—22日 省委书记、省人大常委会主任赵克志深入遵义市凤冈县、湄潭县、绥阳县和新蒲新区调研经济社会发展情况，同师生代表、教育工作者共同学习习近平总书记"9·9"重要讲话精神。他强调，全省上下要认真学习贯彻习近平总书记重要讲话精神，把教育作为改变贵州、挖掉穷根的治本之策，切实摆在优先发展的战略地位，举全省之力办好人民满意的教育，用两个十年时间基本解决贵州教育问题，为后发赶超、全面小康提供智力支撑和人才保障。

9月25日—27日 全国政协提案委员会调研组赴毕节调研并召开"推动毕节建设国家生态文明示范工程试点市"提案现场办理协商会。

10月16日—17日 国家水利部赴定点扶贫对口支援册亨县调研水利扶贫工作，实地考察了册亨县丫他镇巴金村整村推进扶贫工作、册亨水库建设情况、安龙招堤河生态治理情况、兴义市城市水生态文明建设项目，并召开定点扶贫对口支援册亨县工作协调会，分析重点项目和工作进展，研究解决有关问题，布置下一阶段扶贫工作。

10月17日 2014年10月17日是我国设立的首个"扶贫日"。当天下午，贵州省召开社会扶贫表彰暨"扶贫日"公募活动电视电话会议，以"扶贫济困、崇德向善"为主题，表彰社会扶贫先进典型，动员全社会力量向贫困宣战。会议强调，要深入贯彻落实习近平总书记和李克强总理的重要批示精神，按照全国社会扶贫工作电视电话会议和汪洋副总理的部署要求，紧紧围绕"后发赶超、同步小康"的总目标，广泛动员全社会力量参与扶贫开发，打赢加快全面小康建设攻坚战。省委书记、省人大常委会主任赵克志讲话，省委副书记、省长陈敏尔主持会议，会上宣读了省扶贫开发领导小组关于表彰全省社会扶贫先进集体和先进个人的决定。省委、省人大常委会、省政府、省政协、省军区、省法院、省检察院、省武警总队领导同志出席会议。

10月20日—21日　省政府在安顺市、黔西南州召开全省推进山地生态畜牧业发展工作现场会，传达贯彻省委副书记、省长陈敏尔对会议召开的重要批示精神，系统总结近年来我省山地生态畜牧业发展取得的成绩和经验，全面安排部署下一阶段工作。会议强调，要充分认清我省山地生态畜牧业发展所面临的历史机遇，坚定发展信心，形成发展共识，打好工作基础，抓住关键环节，促进生态环境改善，推进山地生态畜牧业跨越发展，加快农村脱贫致富和全面建成小康社会步伐。

10月21日　全省同步小康驻村工作推进会在遵义县召开。会议强调，要按照省委、省政府的部署要求，深入推进精准扶贫，改善农村面貌，持续转变作风，促进全省科学发展、同步小康。各级各部门要切实提高思想认识，强化问题意识，树立问题导向思维，紧盯问题化解，在解决问题过程中不断提升驻村工作水平。

11月12日　贵州集中开工建设安龙平桥、赫章河头上、册亨三岔河、天柱阳胆溪、镇远狗鱼塘、修文金龙、普定猫洞河、贵定小河、沿河当坝和绥阳青龙堡等水库，水库总库容10414万立方米，总投资23.43亿元，建成后可解决4万余农村人口饮水和9.376万亩耕地灌溉问题，可新增年供水能力10748万立方米，共10个骨干水库。

11月18日—19日　省委副书记、省长陈敏尔来到他的扶贫联系点——黔东南州丹寨县，一路看园区，走村寨，进农家，深入基层农村、厂房车间，重点就促进农民增收进行专题调研，并召开调研座谈会，听取黔东南州和丹寨县关于促进农民增收工作的情况汇报。陈敏尔强调，"人民对美好生活的向往，就是我们的奋斗目标"。贵州省这样的欠发达地区，最核心的向往还是增加收入。要深入贯彻落实习近平总书记系列重要讲话精神，按照中央要求和省委部署，把农民增收的认识提到高度，将其作为全面建成小康社会的核心任务，高度重视，充分聚焦，更加突出农民收入考核测评，研究提高占比权重，把促农民增收的工作落到实处，加快让农民富起来，让农村美起来，让农业强起来。调研中，陈敏尔还考察了南皋乡石桥非遗文化展示长廊、兴仁镇摆泥村甲娘冲家庭农庄和苗都生态农业发展有限公司养殖场。

11月27日　国土资源部印发《关于支持乌蒙山片区区域发展与扶贫攻坚的若干意见》。该《意见》是为了贯彻习近平总书记等中央领导同志关于毕节试验区重要批示精神，落实《中共中央办公厅、国务院办公厅印发〈关于创新机制扎实推进农村扶贫开发工作的意见〉的通知》，切实履行国土资源部作为乌蒙山片区区域发展与扶贫攻坚牵头单位的职责。出台的15项支持政策结合乌蒙山片区实际，涉及土地管理、地质调查和矿产资源开发、地质灾害防治和地质环境保护等方面，具有较强的针对性，将使四川、云南、贵州3省毗邻地区的38个县（区、市）受益。

12月3日—4日　乌蒙山片区区域发展与扶贫攻坚部际联席会议在贵州省毕节市成功召开，促成原国土资源部出台《关于支持乌蒙山片区区域发展与扶贫攻坚的若干意见》，主要从土地管理、地质调查和矿产资源开发、地质灾害防治和地质环境保护、配套措施等四方面提出15条支持举措。2015年12月4日，原省国土资源厅制定贯彻落实具体工作措施及分工方案。

12月4日—5日　乌蒙山片区区域发展与扶贫攻坚第二次部际联席会在贵州省毕节市召开，国土资源部党组书记、部长姜大明，国务院扶贫办党组书记、主任刘永富出席会议并讲话。省委书记、省人大常委会主任赵克志陪同考察调研。省委副书记、省长陈敏尔作会议致辞。贵州省、四川省、云南省有关领导分别介绍贯彻实施《乌蒙山片区区域发展与扶贫攻坚规划（2011—2020年）》情况。国务院27个部、委、办、局，在乌蒙山片区开展定点扶贫的中央和国家机关有关部门、民主党派、中央企业和有关高校22家单位，开展"东西合作"对口帮扶乌蒙山片区的上海、大连、深圳、珠海市人民政府有关负责同志，云南、四川、贵州3省发改委、扶贫办、国土资源厅等部门负责同志，乌蒙山片区10个市（州）、38个县（市、区）人民政府负责同志，国土资源部有关司（局）、单位和中国地质调查局的负责同志，国土资源部派驻乌蒙山片区扶贫挂职干部和新闻媒体的记者出席会议。

12月　中国农业发展银行出台《关于将贵州毕节列为总行扶贫开发试验区的相关意见》，重点支持毕节的水利、农村公路和新型城镇化等建设项目，对改善农民生活条件的教育、医疗、卫生等民生项目，可创新信贷支持模式，允许"先行先试"。

是年　省政府办公厅印发《贵州省人口较少民族聚居行政村率先实现全面小康行动计划》。

是年　全年减少扶贫对象122万人，实现11个国家扶贫开发工作重点县、146个贫困乡"减贫摘帽"，重点县农村居民可支配收入增幅达到15.7%（高于全省平均水平2.7个百分点），扶贫攻坚取得明显成效。

是年　财政专项扶贫资金投入52.37亿元，其中，中央财政专项发展资金、少数民族发展资金、以工代赈资金39.69亿元，省级财政专项扶贫资金12.67亿元，较2013年增加1.17亿元，增长10.2%。

是年　省委、省政府出台《关于以改革创新精神扎实推进扶贫开发工作的实施意见》，配套出台《贵州省贫困县扶贫开发工作考核办法》《贵州省财政专项扶贫资金项目管理暂行办法》《贵州省财政专项扶贫资金报账制管理实施细则（试行）》等文件，完善了财政专项扶贫资金管理政策体系、风险岗位廉能管理等各项制度，认真组织开展扶贫资金绩效考评，扶贫资金在绩效考评中评为全国 A 级。

　　是年　根据国务院扶贫办关于建档立卡工作的统一部署和贵州省制定的《精准扶贫实施方案》，各县严格按照"贫困户识别要做到自愿申请、民主评困和'两公示一公告'，贫困村识别要做到'一公示一公告'"的程序，全面完成贫困户和贫困村建档立卡识别、结对帮扶。共识别出一、二、三类贫困村 9000 个，贫困人口 745 万人，做到了"户有卡、村有册、乡（镇）有簿、县有档、省（市）有信息平台"。在此基础上建成全省精准扶贫信息网络衔接，形成国家、省、市、县、乡、村六级互联互通的网络。与此同时，贵州在全省范围内选派驻村干部 5.5864 万人，组成 1.159 万个同步小康工作组，首次实现了贫困乡（镇）、贫困村和贫困户结对帮扶全覆盖，并实现定点定人定责帮扶，做到"不稳定脱贫，队伍不能撤"，扎实推进扶贫开发工作。贵州扶贫建档立卡、驻村帮扶工作在全国实现"两个率先"。

　　是年　是贵州"扶贫攻坚改革推进年"，四项改革（改革扶贫资金、项目、监管和考核机制）强化推进。

　　是年　国家发改委下达贵州省易地扶贫工程中央易地扶贫资金 10.3 亿元，共建设扶贫生态移民住房 4.3 万套，安置搬迁农户 17 万人。

　　是年　贵州省投入财政扶贫资金 1.23 亿元，全年共完成培训（助学）20.8 万人。

　　是年　贵州省从省、市、县、乡四级共选派驻村队员 5.5864 万人，组建 1.159 万个驻村工作组，赴全省 1.159 万个村（含 9000 个贫困村）

开展帮扶工作，首次实现驻村工作队对贫困村、贫困人口的全覆盖。

是年 省委、省政府在北京召开"对口帮扶贵州工作恳谈会"，2014 年 8 个帮扶城市共投入各种帮扶资金和物资折款累计 3.72 亿元（其中帮扶资金投入 3.56 亿元）。

是年 贵州省科协制定了《贵州省科协"服务创新驱动助力同步小康"威宁试点工作方案》，通过组织院士专家编制具有科学性、前瞻性和可操作性的农业产业发展规划，引进"农业智能综合信息服务平台"，在小海镇、石门乡、迤那镇等地新建青少年科普活动室等设施，投入和引进资金 570 万元，开展科技培训 30 多场次，建立种养示范基地 5 个，带动农民建立专业和产业协会 40 多个，全面支持威宁彝族回族苗族自治县同步小康建设。

二〇一五年

1 月 10 日 省委农村工作会议暨全省扶贫开发工作会议在贵阳召开。会议强调，要全面贯彻落实习近平总书记关于"三农"发展的系列重要指示精神和李克强总理、汪洋副总理在中央农村工作会议上的重要讲话精神，认识新常态、研究新情况、抓好新机遇、实现新作为，巩固发展全省"三农"工作的好形势，为推动贵州科学发展、后发赶超、同步小康做出应有的贡献。省委书记、省人大常委会主任赵克志出席会议并讲话，他强调，我们要深入贯彻习近平总书记系列重要讲话精神，根据中央农村工作会议的部署和要求，把解决好"三农"问题作为全省工作的重中之重，坚持以产业化提升农业，以工业化致富农民，以城镇化带动农村，跳出农业抓农业，跳出农村抓农村，坚持以农民增收为中心，以结构调整为主线，坚定不移深化农村改革，加快转变农业发展方式，走出一条具有贵州特色的现代山地高效农业发展的新路子。

1月22日 省政府新闻发布会公布，2014年全省有118个民族地区的贫困乡镇实现"减贫摘帽"。

是月 贵州省第一座生活垃圾焚烧发电厂——兴义城市生活垃圾焚烧发电厂建成。4月，贵安新区成功申报全国海绵城市建设试点，获得12亿元中央财政补助资金支持；六盘水市成功申报全国地下综合管廊试点，获得9亿元中央财政补助资金支持。

2月13日—15日 中共中央政治局常委、国务院总理李克强在省委书记、省人大常委会主任赵克志，省委副书记、省长陈敏尔陪同下，到我省黔东南州、贵阳市、贵安新区等地考察。李克强代表党中央国务院向贵州各族群众致以新春祝福，充分肯定贵州经济社会发展取得的成绩，对贵州经济社会发展提出三点希望：第一，希望贵州在发展中升级，努力打造西部新的增长极；第二，希望贵州积极推进扶贫开发，努力建设西部地区新型城镇化试验区和示范区；第三，希望贵州在我国对外开放中迈入中西部地区的前列。

2月15日 省委召开常委（扩大）会议，传达学习中共中央政治局常委、国务院总理李克强同志视察我省重要讲话及指示精神，研究贯彻落实意见。会议提出了五点贯彻意见：一是坚持在发展中升级、在升级中发展，努力打造西部地区新的经济增长极；二是积极推进扶贫开发，努力建设西部地区新型城镇化实验区；三是抓好改革开放关键一招，全方位提高对外开放水平；四是加快贵安新区建设，用十年左右时间建成西部综合示范区；五是支持少数民族地区加快发展，加大对民族地区的政策支持和帮扶力度，努力建设民族团结进步、繁荣发展示范区。省委书记、省人大常委会主任赵克志主持会议并讲话。

3月2日 省委、省政府在京邀请国家发改委、国务院扶贫办及上海、大连、杭州、青岛、深圳、苏州、宁波、广州8个城市有关负责人，就进一步深化对口帮扶工作进行座谈。

3月17日 省委召开全省领导干部会议，传达学习贯彻全国"两会"精神和刘云山、汪洋、栗战书、杨洁篪同志参加贵州代表团审议时的讲话精神。会议强调，全面建成小康社会是全国人民共同的目标，承载着中华民族伟大复兴的第一个百年梦想。全面深化改革是人民的共识，我们要进一步解放思想、大胆实践，重大改革要坚持摸着石头过河，攻坚克难，加强整体谋划、系统创新。要深入学习领会"四个全面"战略布局的深刻内涵，把思想认识统一到习近平总书记系列重要讲话精神上来。会议就深入学习贯彻全国"两会"精神，提出了五个方面的要求：一是牢牢抓住发展第一要务，保持经济又好又快增长；二是加强生态建设和环境保护，实现百姓富和生态美的有机统一；三是扎实抓好扶贫开发"第一民生工程"，持续打好扶贫开发攻坚战；四是全方位扩大对外开放，增强经济社会发展活力、动力；五是坚持从严管理干部，以良好的作风推动各项事业发展。省委书记、省人大常委会主任赵克志主持会议并讲话。

3月23日—27日 中央农村工作领导小组、中央农办、国务院扶贫办相关人员深入我省铜仁市江口县、毕节市威宁彝族回族苗族自治县的基层村镇调研扶贫工作，走访贫困农户，详细了解贫困群众的生活情况、精准扶贫"六个到村到户"落实情况以及特色产业发展情况，召开贵州省扶贫开发座谈会听取工作汇报。

3月31日 2015年中央财政支持社会组织参与社会服务项目——贵州省妇女儿童发展基金会武陵山贫困母亲扶助项目在印江自治县启动，来自印江县的40名在种植、养殖、家政服务、乡村旅游等领域创业的贫困母亲获得创业扶助项目资助。

4月13日—17日 全国政协副主席陈元率队在我省毕节市围绕"贫困地区可持续发展"开展专题调研。陈元强调，做好"三农"工作，要坚持从贫困地区的实际出发，坚定不移地深化农村改革，积极探索引入社会资本支持农业发展的路径和模式，让更多资本要素进入农业领域，参与农业开发和专业化经营，建设社会主义新农村。省委副书记、省长陈敏尔等分别陪同考察调研。

4月15日—18日 国家农业部海峡两岸农业交流协会、台湾财团法人农村基金会、毕节试验区发展促进会在毕节举办"2015年海峡生态农业发展交流会"。与会专家就生态农业发展、生态旅游业、生态畜牧业等生态新兴产业进行讨论和交流，分享海峡两岸生态产业发展经验，探讨全球视野下的生态农业发展路径。在交流会期间还进行农业产业项目推介，共签约9个项目，涉及资金20.7亿元。

4月20日 省委办公厅印发《贵州省"33668"扶贫攻坚行动计划》，明确了贵州省在3年时间内减少贫困人口300万人以上，实施"六个到村到户"和"六个小康建设"，使贫困县农村居民人均可支配收入达到8000元以上的行动计划，确保全省在"十三五"期间消除绝对贫困现象。

同日 省政府办公厅印发《贵州省公募扶贫款物管理暂行办法》，提出对每年"扶贫日"所募集社会捐赠资金的管理与使用，加强对公募扶贫款物的管理，充分发挥其使用效益，维护捐赠人和受益人的合法权益，促进社会力量参与扶贫开发。

4月21日 省扶贫开发领导小组印发《关于建立贫困县约束机制的工作意见》，明确了从必须作为、禁止作为、提倡作为等三个方面引导贫困县党委、政府切实把工作重心放在扶贫开发上。

4月22日 省政府办公厅印发《关于建立财政专项扶贫资金安全运行机制的意见》，提出进一步加强财政专项扶贫资金管理，防范资金使用管理中存在的违规违纪行为，确保财政专项扶贫资金安全、有效运行。

同日 省政府办公厅印发《贵州省创新发展扶贫小额信贷实施意见》，提出进一步推进贵州省扶贫小额信贷工作创新发展，切实解决建档立卡贫困户贷款难、贷款贵、还款难的问题，破解扶贫融资瓶颈。

4月25日 青岛市党政代表团到贵州，深入安顺市和贵阳市部分城镇、乡村、园区和企业考察，并在安顺召开会议，就进一步深化对口帮扶和两地交流合作进行座谈。期间，省委书记、省人大常委会主任赵克志，省委副书记、省长陈敏尔在贵阳会见该代表团。

4月27日 省扶贫开发办公室、省民政厅印发《关于进一步做好扶贫开发与农村低保有效衔接的指导意见》，明确了扶贫开发与农村低保有效衔接的贫困人口识别要求和3项管理措施，实现贫困人口与农村低保对象信息数据有效衔接，做到应保尽保、应扶尽扶。

5月4日 省委办公厅、省人民政府办公厅印发《关于进一步动员社会各方面力量参与扶贫开发的意见》，进一步动员社会各方面力量参与扶贫开发，创新完善人人皆愿为、人人皆可为、人人皆能为的社会扶贫参与机制。

5月11日 省委常委会召开会议，传达学习中共中央政治局委员、国务院副总理汪洋5月6日—9日在贵州省考察调研时的重要讲话精神，研究我省贯彻落实意见，听取全省水利工作情况汇报。会议指出，汪洋副总理到我省调研和发表的重要讲话，传达了习近平总书记关于扶贫开发的最新指示精神，对我省扶贫开发工作取得的成绩和探索的经验给予充分肯定，对我省做好下一步扶贫开发工作提出了明确要求，全省各级党委政府要认真学习贯彻执行。

5月13日 省委、省政府在黔西南自治州晴隆县召开扶贫开发重点县结对帮扶工作座谈会，研究加快望谟、册亨、晴隆、榕江、赫章、紫云、沿河、关岭、纳雍、道真、务川、从江等 12 个扶贫开发重点县经济社会发展和扶贫攻坚有关问题，部署国有企业结对帮扶工作。省委书记、省人大常委会主任赵克志出席会议并讲话，他对扶贫开发重点县加速发展、同步小康提出五点要求：第一，增强扶贫攻坚决战决胜的信心和决心，把同步小康的重任扛在肩上、抓在手上；第二，大力推进城乡发展一体化，让农民群众共享发展成果；第三，深入实施精准扶贫、精准脱贫，真正扶到点上、扶到根上；第四，创新扶贫开发体制机制，激发贫困地区发展活力；第五，精心组织实施企业对口帮扶困难县工作，确保整县脱贫工作取得实效。省委副书记、省长陈敏尔出席会议。

5 月 16 日—18 日 江苏省委副书记、省长李学勇率江苏省党政代表团到铜仁市、贵阳市考察，并在铜仁出席江苏省苏州市对口帮扶铜仁工作座谈会，共谋两省交流合作，深入推进对口帮扶工作。省委书记、省人大常委会主任赵克志，省委副书记、省长陈敏尔分别陪同考察。

6 月 12 日 省委办公厅、省政府办公厅印发《关于动员国有企业结对帮扶贫困县整县脱贫的指导意见》。

6 月 16 日—18 日 中共中央总书记、国家主席、中央军委主席习近平抵黔，在省委书记、省人大常委会主任赵克志，省委副书记、省长陈敏尔陪同下，深入遵义、贵阳和贵安新区部分农村、企业、学校、园区、红色教育基地视察，就做好扶贫开发工作、谋划好"十三五"时期经济社会发展规划做出重要指示。王沪宁、栗战书和中央有关部门负责人陪同考察。17 日，在贵州清镇职教城，习近平了解了贵州省教育"9+3"计划实施情况、清镇职教城规划建设和教育扶贫情况，肯定重点招收贫困学生入学，通过技术培训、学历教育、职业指导、校企合作等方式支持农村脱贫的实践。18 日，习近平在贵阳召开部分省（区、市）党委主要负责人座谈会，听取对"十三五"时期扶贫开发工作和经济社会发展的意见和建议，要求贵州打赢科学治贫、精准扶贫、有效脱贫的攻坚战，决不让一个民族、一个地区掉队，走出一条不同于东部、有别于西部其他地区的扶贫开发路子，确保与全国同步全面建成小康社会。

6月19日 省委召开常委（扩大）会议，传达学习中共中央总书记、国家主席、中央军委主席习近平视察我省时的重要讲话精神，研究贯彻落实意见。会议指出，习近平总书记视察我省时的重要讲话和沿途所作的重要指示，对全省经济社会发展取得的成绩和各项工作给予充分肯定，对我省加快扶贫开发、谋划"十三五"经济社会发展提出了明确要求，为我们做好当前和今后一个时期各项工作提供了根本遵循、理论指导和行动指南。会议强调，各地各部门要进一步统一对省情的认识，深刻认识贫困落后是我省的主要矛盾，加快发展是根本任务，坚持加速发展、加快转型、推动跨越，不断缩小同全国的差距；要进一步统一对发挥比较优势，把有质量有效益的发展作为"发展是硬道理"战略思想内在要求的认识，推动新型工业化、新型城镇化、农业现代化、旅游产业化四个轮子一起转；要进一步统一对做好"三农"工作，扎实推进扶贫开发，争取与全国同步全面建成小康社会的认识，把"三农"工作作为全省工作的重中之重，把扶贫开发作为"三农"工作的重中之重，抓细抓实抓好；要进一步统一对坚守生态和发展"两条底线"的认识，正确处理生态环境保护和发展的关系，大力实施"绿色贵州建设三年行动计划"，力争到2020年使全省森林覆盖率达到60%左右；要进一步统一对后发赶超、跨越发展，努力走出一条不同于东部、有别于西部其他省份的发展新路的认识，培植后发优势，挖掘发展潜力，培育发展动力，拓展发展空间。会议还强调，要紧密结合实际，紧紧围绕"后发赶超、跨越发展，努力走出一条不同于东部、有别于西部其他省份的发展新路"的重要指示和要求，研究贯彻落实意见和政策措施：一要扎实推进经济持续健康、又好又快发展；二要扎实做好农业农村农民工作，卓有成效地推进扶贫开发；三要扎实推进生态文明建设；四要扎实做好保障和改善民生工作；五要扎实做好公共安全工作；六要扎实加强基层基础工作。省委书记、省人大常委会主任赵克志主持会议并传达习近平总书记在部分省（区、市）党委主要负责同志座谈会和贵州工作汇报会上的重要讲话精神。省委副书记、省长陈敏尔传达习近平总书记视察贵州有关情况及沿途重要指示精神。

6月27日—28日　以"走向生态文明新时代——新议程、新常态、新行动"为主题的生态文明贵阳国际论坛2015年年会在贵阳举行。来自全球50多个国家和地区的1000余名海内外嘉宾，就全球低碳转型与可持续发展、生物多样与绿色发展、生态文明与开放式扶贫、国家公园、横向生态补偿等全球性、区域性重点难点问题，深入开展前瞻性、趋势性、务实性探讨。国务院扶贫办主任刘永富在论坛上发表了演讲。

7月1日—4日　宁波市党政代表团到贵阳和黔西南州考察，并举行宁波市、黔西南州对口合作座谈会暨签约仪式，双方签约帮扶项目64个，投入帮扶资金5694万元，力求双方共同搭建经贸、旅游文化、产业发展、教育合作等平台，实现双方共赢。省委副书记、省长陈敏尔等陪同考察。

7月6日—10日　上海市党政代表团到遵义市部分县区、乡村、园区和学校，查看援建项目，慰问上海援黔干部，并在遵义市召开会议，就进一步深化对口帮扶和两地交流合作进行座谈。期间，省委书记、省人大常委会主任赵克志，省委副书记、省长陈敏尔等在贵阳会见上海市代表团一行。

7月11日—14日　全国政协民宗委调研组赴我省就"集中连片贫困地区精准扶贫"进行专题调研。14日举行了全国政协集中连片贫困地区精准扶贫调研座谈会。

7月23日—25日　省委书记、省人大常委会主任赵克志深入遵义市务川仡佬族苗族自治县、正安县、道真仡佬族苗族自治县调研"三农"和扶贫开发等工作，强调要深入学习贯彻习近平总书记视察贵州重要讲话精神，按照省委部署，牢牢把握扶贫攻坚目标，解放思想，更新观念，大力发展山地特色高效农业，大力推进精准扶贫、精准脱贫。

8月6日—7日　国家发展改革委会同财政部、国家林业局、农业部、国土资源部等部门，在毕节召开全国退耕还林还草工作现场经验交流会，总结交流各地实施退耕还林还草的经验和做法，安排部署新一轮退耕还林还草工作。全国22个省（区、市）和新疆生产建设兵团的发展改革、财政、林业、农业、国土资源部门负责人参加会议，贵州毕节等7个相关单位负责人作典型发言。

8月11日—12日　全省现代高效农业示范园区建设推进会在毕节召开，总结交流园区建设经验，部署下一阶段工作。省委书记、省长陈敏尔作出批示：全省现代高效农业示范园区建设三年来，发展势头良好，工作成效明显，已经成为"三农"领域新增长点的主平台、主载体、主战场。面对新形势、新任务，要认真贯彻落实习近平总书记视察贵州时关于"三农"工作的重要讲话精神，念好"山字经"，种好"摇钱树"，打好特色牌，大力推进农业结构调整，发展农业优势产业和农村第二、第三产业，实现农业"接二连三"。加快培育新型主体，构建品牌市场体系，着力打造农业园区升级版，引领和助推无公害绿色有机农产品大省建设。

8月14日　省委书记、省长、省扶贫开发领导小组组长陈敏主持召开省扶贫开发领导小组第二次会议，传达学习中央财经领导小组第十次会议和国务院扶贫开发领导小组第六次全体会议精神，安排部署当前和今后一段时期全省扶贫开发重点工作。

8月19日 省委书记、省长陈敏尔在贵阳会见南方电网公司总经理曹志安一行。曹志安表示，要加强南方电网"十三五"规划与贵州"十三五"规划的有效衔接，充分发挥电网平台的优势和作用，大力实施电力扶贫，帮助解决贵州农村贫困地区电网运行中的困难和问题，推动贵州资源优势转化为经济优势，在做大做强企业的同时，更好地服务保障贵州经济社会发展。

8月21日 国务院扶贫开发领导小组办公室、中央组织部、中央统战部、中央直属机关工委、中央国家机关工委、解放军总政治部、教育部、中国人民银行、国务院国有资产监督管理委员会联合下发《关于进一步完善定点扶贫工作的通知》（国开办发〔2015〕27号），明确中央统战部定点扶贫晴隆县、望谟县，公安部定点扶贫兴仁县、普安县，民进中央定点扶贫安龙县，中国黄金集团公司定点扶贫贞丰县，中国联合网络通信集团公司定点扶贫册亨县。

8月25日—26日 中国科学院院士、国家自然科学基金委员会副主任刘丛强率出席"建言贵州'十三五'规划暨石漠化治理与区域发展院士专家论坛"的中国科学院、俄罗斯科学院6名院士和国内著名专家学者代表共45人，赴黔西南"星火计划、科技扶贫"试验区，就石漠化治理与区域发展情况进行调研。

9月7日—12日 全国政协委员、浙江省政协主席乔传秀率住浙全国政协委员考察团对我省生态建设和扶贫开发等进行考察调研。

9月8日 省扶贫办在荔波县启动"三片六山"中瑶山腹地的巴平村、力书村共304户1189人的整体搬迁工程，总投资1.1亿元。

9月9日 中共中央总书记习近平在给参加"国培计划（2014）"

北京师范大学贵州研修班参训教师的回信中提出："扶贫必扶智。让贫困地区的孩子们接受良好教育，是扶贫开发的重要任务，也是阻断贫困代际传递的重要途径。""发展教育事业，广大教师责任重大、使命光荣。希望你们牢记使命，不忘初衷，扎根西部，服务学生，努力做教育改革的奋进者、教育扶贫的先行者、学生成长的引导者，为贫困地区教育事业发展、为祖国下一代健康成长继续做出自己的贡献。"

9月10日—13日 河北省考察团到贵阳市、遵义市、安顺市和贵安新区，深入乡村、企业、产业园区、生态移民安置点，实地了解精准扶贫、"四在农家·美丽乡村"建设、产业发展、群众工作体制机制创新的做法和成效。期间，省委书记、省长陈敏尔在筑会见考察团一行。

9月11日 省委召开常委（扩大）会议。会议就深入学习贯彻习近平总书记给"国培计划（2014）"北师大贵州研修班参训教师的回信和重要指示精神、进一步做好我省教育改革发展工作提出四点要求：一要实施好教育优先发展、跨越发展的战略举措；二要进一步加大落实扶贫必扶智的工作力度；三要在全省教育系统开展争做"四有""三者"教师的主题教育实践活动；四要切实把加强教师队伍建设作为基础工作抓好。省委书记、省长陈敏尔主持会议并讲话。

9月25日 省委召开常委（扩大）会议，进一步研究部署我省扶贫开发工作。会议指出，党的十八大以来，党中央高度重视扶贫开发工作，习近平总书记多次赴贫困地区考察并作出重要指示，为做好新形势下扶贫开发工作提供了根本遵循和行动指南。今年6月18日，习近平总书记在我省召开部分省（区、市）党委主要负责同志座谈会，就做好扶贫开发工作作了重要讲话，强调要分类分批抓好精准扶贫、精准脱贫工作，把扶贫攻坚上升为国家战略。我省是全国扶贫开发任务最为繁重的省份，是全国扶贫攻坚的主战场和决战区。当前，我省农村扶贫进入了新的攻坚期、深水区，扶贫对象容易脱贫的大都实现了脱贫，剩下的都是"硬骨头"。现在距实现全面建成小康社会只有五年时间，时不我待。我们要深刻领会习近平总书记关于扶贫开发的重大战略思想，深刻理解打赢扶贫攻坚战的重大意义，深刻把握我省扶贫开发面临的形势任务，进一步增强使命感、责任感、紧迫感，下定决心，坚定信心，立下军令状，倒排时间表，坚决打赢扶贫攻坚战，确保与全国同步全面建成小康社会。省委书记、省长陈敏尔主持会议并讲话。

10月9日 省扶贫开发办公室、中国人民银行贵阳中心支行、贵州省农村信用社联合社印发《贵州省精准扶贫"特惠贷"实施意见》，明确了"特惠贷"的内容，切实解决建档立卡贫困农户贷款难、担保难、抵押难、贷款贵、还款难的问题。

10月15日—19日 国家审计署党组书记、审计长刘家义来黔，深入田间地头、建筑工地、企业车间和机关学校，就定点帮扶黔东南州丹寨县有关工作进行专题调研，并了解黔东南州经济社会发展及扶贫工作进展情况，期间，省委书记、省长陈敏尔，省委副书记、省政府党组书记孙志刚在贵阳会见刘家义一行。

10月16日 为深入贯彻落实党中央、国务院新阶段扶贫开发决策部署，省委印发《中共贵州省委 贵州省人民政府关于坚决打赢扶贫攻坚战 确保同步全面建成小康社会的决定》。明确打赢扶贫攻坚战的总体要求，通过大力实施"十项行动"，全力推进精准扶贫，坚决打赢扶贫攻坚战，确保贵州省与全国同步全面建成小康社会。

同日 省委办公厅、省政府办公厅印发《〈关于扶持生产和就业推进精准扶贫的实施意见〉等扶贫工作政策措施的通知》，明确从扶持生产和就业、加大扶贫生态移民力度、加强农村贫困学生资助、提高农村贫困人口医疗救助保障水平、全面做好金融服务、开展社会保障兜底、动员社会力量对贫困村实行包干扶贫、加快少数民族特困地区和人口数量较少民族发展、充分发挥各级党组织战斗堡垒作用和共产党员先锋模范作用、贫困县退出实施方案 10 个方面的扶贫政策推进精准扶贫、精准脱贫。

10 月 17 日 省委书记陈敏尔，省委副书记、代省长孙志刚在贵阳会见国务院扶贫办主任刘永富和中央财经领导小组办公室、中央农村工作领导小组办公室相关负责人一行。刘永富指出，贵州经济社会发展的好状态、好势头引人关注，扶贫开发的好经验、好做法值得总结，连续多年走在全国扶贫开发的前列，为全国提供了有益借鉴。国务院扶贫办将继续帮助支持贵州打造全国扶贫开发示范区、样板省，为全国扶贫开发探索新路。

同日 省委、省政府在贵阳举行全省扶贫开发成就展暨"扶贫日"现场募捐活动。省委书记陈敏尔、代省长孙志刚等省领导参观全省扶贫开发成就展，并带头捐款。省有关领导宣读《扶贫济困·你我同行倡议书》，并公布公募账号。

10 月 18 日 全省扶贫开发大会在贵阳召开。会议强调，要深入贯彻落实习近平总书记的重要讲话精神，始终把扶贫开发作为"第一民生工程"，举全省之力，集全省之智，冲破贫困的桎梏，撕掉贫困的标签，坚决打赢科学治贫、精准扶贫、有效脱贫这场输不起的攻坚战，奋力闯出一条贫困地区全面建成小康社会的新路子。省委书记陈敏尔作了《深入贯彻落实习近平总书记的重要讲话精神，坚决打赢科学治贫、精准扶贫、有效脱贫攻坚战》的讲话。要求大家深刻领会省委、省政府的决策和意图，把精准扶贫的政策要义领会好，把精准扶贫的思路举措谋划好，把精准扶贫的目标任务完成好。国务院扶贫办主任刘永富等出席会议并讲话，省委副书记、代省长孙志刚主持会议并作总结讲话。

10月19日 省委印发《中共贵州省委关于调整部分议事机构领导成员的通知》，明确省委书记陈敏尔，省委副书记、代省长孙志刚任贵州省扶贫开发领导小组组长。12月3日，贵州省扶贫开发领导小组印发《关于调整贵州省扶贫开发领导小组成员的通知》，重新调整充实了省级扶贫开发领导小组，成员单位从原来的42家增加至52家。

10月24日 各民主党派中央、全国工商联黔西南"星火计划、科技扶贫"试验区联合推动组在京召开2015年第三次全体会议，专题研究统一战线参与黔西南试验区25周年座谈会筹备工作。

10月28日 草海生态环境保护与综合治理启动大会暨首批治理项目集中开工仪式在威宁举行。省委书记陈敏尔，省委副书记、代省长孙志刚作批示，对启动草海生态环保、综合治理作出安排部署。

11月11日—13日 中共贵州省第十一届委员会第六次全体会议在贵阳召开，审议通过《中共贵州省委关于制定贵州省国民经济和社会发展第十三个五年规划的建议》《中国共产党贵州省第十一届委员会第六次全体会议决议》，决定在"十三五"期间，突出抓好大扶贫、大数据两大战略行动，走出一条有别于东部、不同于西部其他省份的发展新路，确保与全国同步全面建成小康社会。全会强调，推进大扶贫战略行动，核心要义是在党的领导下，强化全力扶贫、全面扶贫的大格局，动员方方面面的力量，坚决打赢科学治贫、精准扶贫、有效脱贫这场输不起的攻坚战。

11月12日 全国政协经济委员会与贵州省政协共同主办的贫困地区可持续发展理论与实践研讨会在毕节市举行，全国政协副主席、全国工商联主席王钦敏等领导出席会议并讲话。王钦敏强调，召开此次会议是贯彻落实中共十八届五中全会精神，践行党中央新的扶贫战略思想、积极推进我国扶贫事业发展的重要举措。改革开放30多年来，我国扶贫开发形势发生深刻变化，我们要自觉把思想和行动统一到党中央的认识判断和决策部署上来，坚定信心，保持定力，精心谋划，从实际出发，探索精准扶贫的新方法和新机制，着力解决深层次矛盾，创造更多改革和扶贫相融合的经验和模式。

11月14日 首届"晴隆羊"产业发展暨"西南草都"建设国际论坛在兴义隆重举行。国务院扶贫开发领导小组、国家林业局、农业部、国家发改委等部委领导和嘉宾出席开幕式。

11月23日 省委召开常委（扩大）会议，传达学习中共中央政治局委员、中央书记处书记、中央组织部部长赵乐际同志在我省考察调研扶贫和基层党建工作时的重要讲话精神，研究贯彻落实意见，讨论实施大扶贫战略行动的工作打算，以有力有效工作书写五大发展新理念的贵州篇章。省委书记陈敏尔主持会议并讲话。

11月30日 省委召开常委（扩大）会议，传达学习中央扶贫开发工作会议和习近平总书记等中央领导同志的重要讲话精神，研究我省贯彻落实意见。会议指出，这次中央扶贫开发工作会议，是在全面建成小康社会进入决胜阶段、脱贫攻坚进入冲刺阶段召开的一次重要会议，是党的十八届五中全会后第一个中央工作会议，充分体现了党中央对扶贫开发工作的高度重视。习近平总书记的重要讲话，从战略和全局高度深刻阐述了新时期扶贫开发工作的大政方针、目标任务、总体要求，充分彰显了党中央到2020年打赢脱贫攻坚战的坚定意志和坚强决心，集中体现了我们党以人为本、执政为民的深厚民生情怀，全面展示了深入推进精准扶贫的基本方略。李克强总理的重要讲话，立足经济和社会发展全局，对当前和今后一个时期扶贫重点工作进行了系统部署。会议强调，要特别用心用情用力贯彻好习近平总书记等中央领导同志的重要讲话精神，全力推动中央脱贫攻坚决策部署在贵州落地生根、开花结果。

12月2日　按照国务院统一安排部署，贵州省新一轮易地扶贫搬迁项目集中开工仪式在黔南州惠水县举行。集中开工项目14个，总投资16亿元，涉及黔南州、遵义市、六盘水市、安顺市、毕节市、铜仁市、黔东南州、黔西南州等8个市、州，计划搬迁6011户、26316人，其中整体搬迁的自然村组人口占89%。省委书记陈敏尔宣布开工，省委副书记、代省长孙志刚讲话。

12月4日　省委印发《关于落实大扶贫战略行动，坚决打赢脱贫攻坚战的意见》，制定有效措施，深入推进大扶贫战略行动，扎实抓好中央和省委扶贫开发政策的落地生根，坚决打赢科学治贫、精准扶贫、有效脱贫这场输不起的攻坚战。

12月7日　贯彻中央扶贫开发工作会议精神落实大扶贫战略行动推进电视电话大会在贵阳召开，省委书记陈敏尔出席会议并讲话。他强调，要深入贯彻落实中央扶贫开发工作会议和习近平总书记的重要讲话精神，把脱贫攻坚作为"十三五"时期头等大事和"第一民生工程"，以"扣扣子""担担子""钉钉子"的精神抓落实，用心用情用力开展工作，坚决打赢脱贫攻坚战。省委副书记、代省长孙志刚讲话。

12月8日　省委副书记、代省长孙志刚主持召开省政府常务会议，研究组建贵州扶贫开发投融资平台、构建和谐劳动关系等有关工作。他强调，要深入贯彻中央扶贫开发工作会议精神，按照全省扶贫开发大会和大扶贫战略行动推进大会的安排部署，围绕易地扶贫搬迁这个重中之重、难中之难，抓紧组建我省扶贫开发投融资平台，用好用足城乡建设用地增减挂钩政策，为脱贫攻坚首战告捷提供有力保障。

12月9日　贵州民营企业"千企帮千村"精准扶贫行动动员大会在贵阳召开。省委书记陈敏尔作出重要批示，省委副书记、代省长孙志刚讲话。省有关部门和各市（州）党委统战部、工商联主要负责人和省工商联直属商会、签约民营企业、结对村代表参加会议。会上发布了《贵州省民营企业"千企帮千村"精准扶贫行动倡议书》。

12月11日—13日 统一战线参与黔西南试验区建设25周年座谈会在兴义市召开。民革中央、中华全国总工会、民进中央等有关领导出席会议。

12月12日—13日 省委副书记、代省长孙志刚赴黔西南州就贯彻落实中央扶贫开发工作会议和全省扶贫开发大会、大扶贫战略行动推进大会精神，确保民族地区打赢脱贫攻坚战进行调研，并征求基层对省政府工作意见建议，强调要按照中央和省委部署要求，充分发挥黔西南州独特优势，加快发展壮大特色优势产业，打赢脱贫攻坚战。

12月17日 省扶贫开发办公室、省农村信用社联合印发《关于支持贫困地区农民专业合作社贷款的实施意见》，提出要进一步加大对贵州省贫困地区农民专业合作社信贷支持力度，带动贫困农户增收致富。

同日 省扶贫开发办公室、省农村信用社联合社印发《关于"特惠贷"风险补偿金的实施意见》，明确了风险补偿资金来源、管理、范围和方式，推动"特惠贷"扶贫小额信贷工作，规范扶贫小额贷风险补偿资金管理。

12月27日 由中共中央统战部、各民主党派中央、全国工商联、黔西南"星火计划、科技扶贫"试验区联合推动组、国务院扶贫办开发指导司、国家旅游局规划财务司、省扶贫办、省旅游局、省体育局和州政府联合主办的黔西南试验区"山地旅游与旅游扶贫"研讨会在北京举行，来自全国政、学、研、企等诸多领域的专家学者共聚一堂，为黔西南山地旅游扶贫开发"问诊把脉"。

12月29日—31日 乌蒙山片区国土资源精准脱贫政策座谈研讨会在贵州省毕节市召开，会议传达了《中共中央国务院关于打赢脱贫攻坚战的决定》、习近平总书记等中央领导同志重要指示精神、国土资源部党组对扶贫工作的部署，遵义市、毕节市及贵州省乌蒙山片区县（市）人民政府汇报贯彻实施国土资源部支持乌蒙山片区15条政策措施情况、国土资源部门履行职能和利用行业资源做好"十三五"精准脱贫攻坚工作的意见建议。省发改委、省扶贫办、省水库和生态移民局参加会议。

12月30日 国家民委印发《关于支持黔西南"星火计划、科技扶贫"试验区建设的意见》，从全力推进试验区脱贫攻坚、加快试验区基础设施建设和产业发展、支持试验区民族文化事业发展、支持试验区民族教育发展、加强干部人才队伍建设、深入开展民族团结进步创建活动等方面支持黔西南试验区建设。

12月31日 省扶贫开发领导小组印发《省级单位和贵阳市经济强区结对帮扶贫困县实施方案》，明确了12个省直单位与贵阳市6区、3平台帮扶全省12个贫困县，充分发挥省级单位的职能、行业资源等优势和经济强县的经济辐射带动作用帮助贫困县改善基础设施条件、发展产业，助推贫困县脱贫奔小康。

同日 贵州成为西部第一个"县县通高速"的省，也是全国实现"县县通高速"的为数不多的省份之一。

是年 全省减少贫困人口130万人，10个县160个乡（镇）脱贫摘帽，780个贫困村"整村推进"，贫困发生率下降14.3%。

是年 组建了贵州扶贫开发投融资平台，设立省政府"扶贫专线"，建成"扶贫云"。

是年 全省各级共投入武陵山、乌蒙山、滇桂黔石漠化集中连片特困地区财政专项扶贫资金42.9亿元，其中，中央财政扶贫资金投入35.86亿元，省级配套财政扶贫资金投入7.04亿元。

是年 全省扶贫生态移民工程总投资38亿元。全年完成建设扶贫移民住房 4.5987 万套，扶贫生态移民搬迁 20 万人。

是年　贵州省投入财政扶贫资金 1.5 亿元，全年共完成培训（助学）39.35 万人。其中，投入 3200 万元，完成"雨露计划·圆梦行动"1.4 万人次；投入 7474 万元，完成"雨露计划·助学工程"8.9 万人次；投入 1150 万元，完成"雨露计划·'三女'"培训 1.2 万人次；投入 1500 万元，完成贫困村创业致富带头人培训 1.5 万人次；投入 480 万元，完成"雨露计划·三位一体培训"6.85 万人次；投入 1150 万元，完成"雨露计划·农技培训"19.5 万人次。

是年　国家和省共投入中央专项彩票公益金及财政扶贫资金支持革命老区小型公益设施扶贫项目资金 1.1 亿元，项目覆盖 12 个革命老区县。

是年　贵州省出台《关于进一步加强农村贫困学生资助，推进教育精准扶贫的实施方案》，从 2016 年起，压缩行政经费 6% 用于支持贫困地区教育发展，对 14.2 万贫困学生实行"两助三免（补）"补助政策。出台《关于提高农村贫困人口医疗救助保障水平推进精准扶贫的实施方案》，加快推进"健康贵州"建设工程，全面推行大病保险，把贫困人口全部纳入重特大疾病救助范围，对 73.8 万贫困人口提供基本医疗保险、大病保险、医疗救助"三重医疗保障"。出台《关于开展社会保障兜底推进精准扶贫的实施意见》，稳步推进民政低保标准与扶贫标准"两线合一"，对 158 万无业可扶、无力脱贫人口实行政策性兜底保障。

是年　省、市、县、乡四级共选派驻村队员 5.7 万余人，组建 1.1 万余个同步小康工作组，赴全省 1.1 万个村（含 9000 个贫困村）开展为期一年的帮扶工作。39 个中央单位对 50 个重点县开展定点扶贫工作。全省 39 名省领导每人牵头联系 1 个重点县，定点扶贫 1 个贫困乡，拓展扶贫 1 个贫困乡；101 个省直部门对全省 88 个县进行整体挂钩帮扶。

是年 全省共安排集团帮扶项目资金 2 亿元，其中，安排 2014 年度 19 个乡镇第二批集团帮扶项目资金 0.95 亿元，安排 2015 年 21 个拓展乡镇集团帮扶项目资金 1.05 亿元。

是年 上海、青岛等 8 个对口帮扶城市共投入帮扶资金 3.33 亿元。5 月，启动对口帮扶"十三五"贵州总体规划和 8 个子规划的编制工作。上海—遵义、青岛—安顺、苏州—铜仁、深圳—毕节、大连—六盘水共建园区取得新进展，帮扶双方签订了共建园区合作协议。

是年 完成日本政府贷款贵州环境与社会发展项目投资 8.64 亿元，占总目标任务的 96.2%。世界银行贷款贫困片区产业扶贫试点示范项目正式启动，世界银行贷款贵州农村发展项目贷款协议已于 3 月 13 日生效。

是年 省委、省政府坚持问题导向和民生导向，注重运用专题调研和遍访活动成果，以"守底线、走新路、奔小康"为指导，整合政策资源，细化工作举措，统筹攻坚力量，研究制定了打好扶贫攻坚的政策"组合拳"，形成了"1+N"政策体系。在出台以《贵州省"33668"扶贫攻坚行动计划》为主要内容的"1+6"文件的基础上，出台《中共贵州省委 贵州省人民政府关于坚决打赢扶贫攻坚战 确保同步全面建成小康社会的决定》以及 10 个配套文件。印发《中共贵州省委 贵州省人民政府关于落实大扶贫战略行动坚决打赢脱贫攻坚战的意见》，全面推动全省扶贫开发工作再上新台阶。

是年 贵州省扶贫开发工作获中央领导批示 3 次，省委主要领导批示 19 次，省政府主要领导批示 24 次。先后接待重庆、四川、湖南、湖北、广西、云南、新疆、深圳等 20 多个省、区、市党政代表团到贵州省考察扶贫工作 24 次。各级新闻媒体报道扶贫新闻 4178 条。

是年 贵州省科协制定下发《贵州省科协"百会千企万众创新行

动"工作方案》，号召全省各级科协所属学会组织专家积极服务我省社会经济建设，助力地方、企业创新发展，助力"大众创新""人人创新""万众创业"。以多种形式为地方、园区、企业搭建创新发展平台。

二〇一六年

1月2日 省委副书记、代省长孙志刚深入黔东南州调研时强调，要深入贯彻中央和省委、省政府决策部署，自觉落实五大发展理念，因地制宜，创新举措，做强长板，补齐短板，坚决打赢脱贫攻坚战，确保与全国同步全面建成小康社会。

1月6日 省委副书记、代省长孙志刚主持召开省政府常务会议，研究全省"十三五"规划纲要编制工作，审议落实发展新理念推动"三农"新跨越实现全面小康目标、加快推进残疾人同步小康进程等政策文件。

1月9日 省委书记陈敏尔在黔东南州台江县调研党建扶贫工作时强调，要深入学习领会习近平总书记关于脱贫攻坚系列重要讲话精神，认真贯彻落实中央组织部部长赵乐际考察我省时的重要指示精神，积极探索一条党建扶贫的新路子，为大扶贫战略行动提供有力保障。

1月12日 全国网络媒体"脱贫攻坚看贵州"主题采访暨首批全国网络媒体记者"走转改"活动启动仪式在贵阳举行。

1月13日 省委农村工作会议在贵阳召开，省委书记陈敏尔，省委副书记、代省长孙志刚作出重要批示。会议传达贯彻中央农村工作会议精神，总结我省"十二五"时期"三农"工作，分析当前农业农村形势，部署2016年和"十三五"时期农业农村工作。

同日 全省农村"三变"改革试点推进会暨试验区试点县工作交流汇报会在贵阳召开。省委书记陈敏尔，省委副书记、代省长孙志刚作出批示。农业部门有关负责同志传达全国农村改革试验区工作交流汇报会精神。

1月14日 全省易地扶贫搬迁工作会议在贵阳召开，对易地扶贫搬迁工作有关政策作了解读。省委副书记、代省长孙志刚出席会议并讲话。他强调，要深入学习贯彻习近平总书记、李克强总理关于易地扶贫搬迁的重要指示精神，认真落实党中央、国务院和省委、省政府决策部署，采取超常规举措，在精准上下足功夫，挂图作战，挂牌督办，逐一销号，坚决打赢易地扶贫搬迁关键一仗。

2月15日 省委书记、省人大常委会主任陈敏尔到黔东南州从江县和榕江县等地调研时强调，要用足用好民族文化这个宝贝，大力发展乡村旅游，加快民族地区脱贫致富奔小康步伐，努力让乡亲们的日子越过越红火。

2月17日 省委副书记、省长孙志刚在全省县以上党政主要领导干部学习贯彻十八届五中全会、习近平总书记视察贵州重要讲话暨省委十一届六次全会精神专题研讨班上作辅导报告。他强调，要深入学习贯彻党的十八届五中全会精神和习近平总书记在省部级主要领导干部专题研讨班上的重要讲话精神，按照陈敏尔书记在开班式上的重要讲话要求，积极主动适应经济发展新常态，认真践行五大新发展理念，顺应新一轮科技革命和产业变革的历史潮流，强力推进供给侧结构性改革，全面落实"三去一降一补"五大任务，推动三次产业全面提升，为脱贫攻坚、同步小康提供有力有效供给保障。

2月17日—19日 省委副书记、省长孙志刚到安顺市调研。他强调，要深入贯彻中央和省委、省政府决策部署，自觉践行五大新发展理念，抓住用好决战决胜脱贫攻坚历史机遇，充分发挥安顺市的独特优势，因地制宜壮大特色优势产业，因势利导优化发展空间布局，采取超常规举措坚决打赢脱贫攻坚战，确保与全国同步全面建成小康社会。

2月22日—24日　全国政协副主席、全国工商联主席王钦敏一行赴全国工商联定点扶贫县织金县专题调研扶贫工作。

2月23日　省扶贫开发领导小组召开会议，研究部署2016年脱贫攻坚工作，省委书记、省人大常委会主任、省扶贫开发领导小组组长陈敏尔主持会议并讲话。他强调，要深学笃用习近平总书记关于脱贫攻坚的系列重要讲话精神和中央决策部署，发扬"钉钉子"的精神，全力抓好工作落实，确保大扶贫战略行动取得扎实成效。省委副书记、省长、省扶贫开发领导小组组长孙志刚讲话。

2月27日　省委书记、省人大常委会主任陈敏尔在贵阳会见国家审计署党组书记、审计长刘家义，万达集团董事长王健林，并与省委副书记、省长孙志刚共同出席万达集团、杭州市滨江区、贵州电网公司、农发行贵州省分行与丹寨县签署协议仪式及帮扶丹寨县脱贫工作座谈会。28日，刘家义一行到丹寨县专题调研脱贫工作，并与当地干部群众进行深入交流座谈。

3月14日　贵州省政府与农业部在北京签署《共同推进现代山地特色高效农业试点省建设合作协议》。省委书记、省人大常委会主任陈敏尔，农业部部长韩长赋，省委副书记、省长孙志刚出席签约仪式并讲话。韩长赋、孙志刚分别代表农业部和省政府签署合作协议。

3月15日　共青团中央助力脱贫攻坚对接暨农村青年电商培育工作推进会在贵州省惠水县召开，团中央书记处书记徐晓出席会议。

3月19日　省委书记、省人大常委会主任陈敏尔，省委副书记、省长孙志刚在贵阳会见根据国务院扶贫开发领导小组统一部署，由国家发展改革委、国家开发银行、中国农业发展银行组成的易地扶贫搬迁政策宣讲组一行。20日，宣讲组在贵阳举行工作座谈会，传达中央领导同志近期关于易地扶贫搬迁工作的重要指示精神，并就新时期易地扶贫搬迁政策作宣讲。省委副书记、省长孙志刚出席会议并讲话，省委常委、常务副省长秦如培汇报我省易地扶贫搬迁工作。

3月22日 中国农业发展银行贵州省分行与贵州扶贫开发投资有限责任公司在贵阳签署授信600亿元的易地扶贫搬迁项目政策贷款金融合作协议。

3月22日—24日 全国人大常委会副委员长、民建中央主席陈昌智率考察组赴毕节试验区开展脱贫攻坚工作调研时强调，"十三五"期间，民建将进一步全力参与脱贫攻坚工作，凝聚共识，统筹推进扶贫工作，为毕节试验区同步小康做出更大贡献。

3月23日 统一战线聚力脱贫攻坚暨多党合作参与毕节试验区建设座谈会在毕节市召开。中共中央政治局委员、中央统战部部长孙春兰强调，聚力脱贫攻坚是统一战线的重要政治任务，为发挥多党合作优势作用提供了广阔空间，要认真学习贯彻习近平总书记关于扶贫开发的重要讲话精神，按照中央统一部署，落实精准扶贫、精准脱贫基本方略，认真做好定点扶贫工作，坚决打赢脱贫攻坚战。全国人大常委会副委员长、民建中央主席陈昌智，全国政协副主席、民进中央常务副主席罗富和等作会议发言，省委书记、省人大常委会主任陈敏尔汇报了我省精准扶贫、精准脱贫工作情况。

3月24日 全省骨干水源工程项目推进暨2016年第一批30个水利项目集中开工仪式在麻江县上寨水库工地举行。

同日 全省农村"资源变资产、资金变股金、农民变股东"改革试点工作推进暨培训会在六盘水市举行。

3月25日 省委召开常委会议，专题听取毕节市工作汇报，研究指导毕节市经济社会发展，省委书记、省人大常委会主任陈敏尔主持会议并讲话。会议强调，毕节市要深学笃用习近平总书记对毕节试验区作出的重要批示精神，坚守两条底线，坚持三大主题，全力建设精准扶贫、精准脱贫的高地，建设生态保护、绿色发展的高地，建设对口帮扶、多党合作的高地，建设实干作风、奋斗精神的高地，与时俱进打造毕节试验区改革发展升级版。

3月28日 全省统一战线传达学习孙春兰同志在贵州考察时的重要讲话精神座谈会召开，安排部署全省统一战线参与毕节试验区建设和精准扶贫工作。

3月30日 省委副书记、省长孙志刚在贵阳主持召开省第十二届人民政府第四次民族工作联席会议，专题研究扶持我省人口较少民族脱贫工作。他强调，要认真落实中央和省委决策部署，自觉践行五大新发展理念，深入贯彻精准扶贫、精准脱贫基本方略，以脱贫攻坚统揽经济社会发展全局，强力推进大扶贫战略行动，把人口较少民族脱贫攻坚作为我省民族工作的重要任务，因地制宜，精准施策，坚决打赢脱贫攻坚战，确保各族群众如期全面实现小康。

4月1日 省政府召开第四次廉政工作会议，省委副书记、省长孙志刚出席会议并讲话。他强调，要认真学习贯彻落实十八届中央纪委六次全会、国务院第四次廉政工作会议和省纪委十一届五次全会精神，把政府系统党风廉政建设和反腐败工作不断推向深入，为决战脱贫攻坚、决胜同步小康提供坚强保障。

4月9日 省委、省政府在贵阳召开会议，总结2016年第一次项目建设现场观摩情况，分析当前经济形势，安排部署二季度经济工作。会议听取了各组观摩情况小结，通报了2015年度贫困县党政领导班子和领导干部经济社会发展实绩考评结果。省委书记、省人大常委会主任陈敏尔，省委副书记、省长孙志刚讲话。省有关领导宣读有关表彰决定。

4月14日—18日　全国政协副主席李海峰一行赴贵州省就"全面推进农村贫困人口精准脱贫问题"进行专题调研。

4月18日　水利部、国家林业局组织有关部委及广西、云南、贵州3省区，在安顺市召开滇桂黔石漠化片区区域发展与扶贫攻坚现场推进会，深入贯彻落实习近平总书记扶贫开发战略思想和中央扶贫开发工作会议精神，现场考察片区扶贫开发典型，总结推广扶贫脱贫经验，分析面临的形势任务，部署"十三五"片区扶贫工作，齐心协力打赢片区脱贫攻坚战。水利部部长陈雷、国家林业局局长张建龙讲话，省委副书记、省长孙志刚致辞，广西壮族自治区、云南省、贵州省有关领导分别介绍本省区石漠化片区区域发展与扶贫攻坚工作情况。

同日　全省国资委系统企业落实大扶贫战略行动现场推进会在务川自治县召开，省委书记、省人大常委会主任陈敏尔，省委副书记、省长孙志刚等作批示。

4月20日—22日　省委副书记、省长孙志刚到遵义市湄潭县、务川仡佬族苗族自治县、道真仡佬族苗族自治县、正安县调研。他强调，要深入贯彻习近平总书记关于脱贫攻坚系列重要讲话精神，按照中央和省委、省政府决策部署，坚持以脱贫攻坚统揽经济社会发展全局，坚决打赢脱贫攻坚战，全力推动各项事业上档次、上水平、上台阶，确保山区群众彻底脱贫、全面小康。

5月3日　省委全面深化改革领导小组召开第二十二次会议。省委书记、省人大常委会主任、省委全面深化改革领导小组组长陈敏尔强调，要认真学习贯彻习近平总书记在中央全面深化改革领导小组第二十三次会议和农村改革座谈会上的重要讲话精神，自觉向中央看齐，坚持从本地实际出发，突出问题导向抓改革，加强对改革的组织领导，确保改革部署落地生根，给人民群众带来更多获得感。省委副书记、省长、省委全面深化改革领导小组副组长孙志刚等参加会议。

5月4日—7日 全国政协副主席王正伟率全国政协视察团一行赴贵州就"特色优势产业发展问题"开展调研。王正伟一行在调研中分别走访了铜仁市玉屏自治县、松桃自治县等地，深入到乡（镇）、村、户调研，与当地干部群众和企业家代表召开座谈会，认真听取有关情况汇报和意见建议，实地了解当地产业发展、脱贫攻坚、全域旅游等方面的特色优势产业发展情况。

5月13日 省委书记、省人大常委会主任陈敏尔深入黔东南州台江县实地调研党建扶贫工作，出席全省党建扶贫工作座谈会并讲话。他强调，要深入贯彻习近平总书记重要指示精神，把开展"两学一做"学习教育与推进脱贫攻坚结合起来，充分发挥党建扶贫在脱贫攻坚中的关键作用，着力扶出好班子、好思路、好机制、好作风，充分发挥基层党组织战斗堡垒作用和党员干部先锋模范作用，为打赢脱贫攻坚战提供坚强组织保证。

同日 省委副书记、省长孙志刚到黔南州惠水县调研指导"两学一做"学习教育，并为基层党员干部上党课。他强调，要深入贯彻习近平总书记关于开展"两学一做"学习教育的重要指示精神，按照中央决策部署和省委要求，切实履行主体责任，认真抓好组织实施，充分发挥基层党组织的战斗堡垒作用和广大党员的先锋模范作用，为决战脱贫攻坚、决胜全面小康提供坚强保证。

5月18日—19日 省委副书记、省长孙志刚深入黔西南州安龙县、册亨县、望谟县对脱贫攻坚工作进行专题调研。他强调，要认真贯彻习近平总书记关于脱贫攻坚系列重要指示，全面落实党中央、国务院决策部署，按照省委要求，抢抓机遇，用好政策，坚定信心，卧薪尝胆，苦干实干，通过"两学一做"学习教育锤炼过硬作风，坚决打赢脱贫攻坚战。

5月22日 贵州脱贫攻坚投资基金获国家发展改革委批筹。基金计划募集规模3000亿元左右，通过创新融资方式，为全省推动开发式扶贫、决战决胜脱贫攻坚提供有力资金保障。

5月30日 正式启动实施贵州省国土资源大扶贫行动，明确以"大扶贫战略"引领国土资源新常态，以"十三五"规划谋划扶贫工作路径，以"国土资源云"为载体实施精准扶贫挂图作战，在政策、项目、资金等方面细化决战措施，真抓实干，苦干巧干，通过五年艰苦努力，完成省委、省政府安排部署的国土资源大扶贫工作。

6月9日—10日 省委书记、省人大常委会主任陈敏尔到黔西南布依族苗族自治州兴义市、安龙县调研。他强调，要充分依托丰富的山地旅游资源，注重发挥旅游对扶贫的带动作用，加快推进扶贫脱贫攻坚，让贫困群众更多地分享旅游发展成果。

6月13日 "国酒茅台·国之栋梁——2016希望工程圆梦行动"暨"参与贵州大扶贫，助推实现小康梦"新闻发布会在贵阳孔学堂举行。

6月16日 由国务院扶贫办和贵州省委、省政府联合主办的"深入学习贯彻习近平总书记关于扶贫开发重要讲话精神座谈会"在贵阳召开。省委书记、省人大常委会主任陈敏尔出席会议并讲话，国务院扶贫办主任刘永富作主题发言，省委副书记、省长孙志刚主持，中央文献研究室副主任陈晋、中央党史研究室副主任冯俊、北京大学党委书记朱善璐等发言，省委常委，省人大常委会、省政府有关领导同志出席，并汇报一年来我省推进精准扶贫、精准脱贫工作情况。

同日 全省第二次大扶贫战略行动推进大会在贵阳市召开，省委书记、省人大常委会主任陈敏尔，国务院扶贫办主任刘永富，省委副书记、省长孙志刚出席会议并讲话。会议强调，要深入贯彻习近平总书记视察贵州重要讲话精神和对脱贫攻坚的重要指示要求，思想认识再提升，工作措施再精准，攻坚重点再强化，扶贫责任再压实，作风方法再改进，更加科学、精准、有效地打赢这场输不起的脱贫攻坚战。

6月25日—27日 省委书记、省人大常委会主任陈敏尔深入毕节市威宁彝族回族苗族自治县石门乡蹲点调研，看望慰问各族干部群众并召开基层党组织和党员干部座谈会。他强调，要深入学习贯彻习近平总书记关于扶贫开发重要讲话精神，扎实开展"两学一做"学习教育，聚焦"硬骨头"，攻克"决战点"，全力打赢脱贫攻坚这场输不起的硬仗。

6月29日 全省农村土地承包经营权确权登记颁证工作推进会在水城县召开，部署推进全省农村承包地确权登记颁证各项重点工作。省委书记、省人大常委会主任陈敏尔，省委副书记、省长孙志刚作出重要批示。

7月4日—5日 省委副书记、省长孙志刚在黔东南州剑河县、台江县调研脱贫攻坚工作时强调，要深入学习贯彻习近平总书记系列重要讲话精神，认真落实赵乐际部长考察贵州时的重要指示和省委部署要求，抓住用好国家决战脱贫攻坚重大历史机遇，自觉践行五大新发展理念，以超常规举措狠抓产业扶贫，因地制宜发展生态经济，奋力走出一条符合中央要求、契合贵州实际的脱贫攻坚新路。

7月22日 省委召开常委会议，传达学习习近平总书记在东西部扶贫协作座谈会上的重要讲话精神，学习贯彻习近平总书记、李克强总理关于加强防汛抗洪救灾和安全生产工作的重要指示和重要批示精神，研究我省贯彻落实意见。省委书记、省人大常委会主任陈敏尔主持会议并讲话。

7月23日 省委书记、省人大常委会主任陈敏尔到铜仁市玉屏自治县、黔东南州岑巩县调研脱贫攻坚工作和农业农村发展等情况。他强调，要认真学习贯彻习近平总书记在东西部扶贫协作座谈会上的重要讲话精神，抢抓机遇，真抓实干，攻坚克难，做到真扶贫、扶真贫、真脱贫，加快民族地区脱贫攻坚步伐，绝不能让一个少数民族在同步小康进程中掉队。

7月23日—24日　省委副书记、省长孙志刚深入黔东南州丹寨县、雷山县、麻江县调研脱贫攻坚工作。他强调，要深入贯彻习近平总书记关于脱贫攻坚系列重要指示，按照省委的部署要求，保护好、发挥好、发展好民族文化和生态环境两个宝贝，全力打造群众持续增收、稳定脱贫的聚宝盆，带动经济社会快速发展，加快实现后发赶超、同步小康。

7月28日　省扶贫开发领导小组召开会议，研究部署当前全省脱贫攻坚重点工作，省委书记、省人大常委会主任、省扶贫开发领导小组组长陈敏尔主持会议并讲话。他强调，要深入贯彻习近平总书记在东西部扶贫协作座谈会上的重要讲话精神，精准聚焦极贫乡镇，创新扶贫资金筹措机制、对口帮扶机制和责任落实机制，以超常规的力度和办法打赢脱贫攻坚战，推动大扶贫战略行动取得新的更大成效。省委副书记、省长、省扶贫开发领导小组组长孙志刚讲话。

8月1日　在全国率先出台《关于用好用活增减挂钩政策积极支持易地扶贫搬迁的实施意见》。同年8月23日，时任国务院副总理汪洋同志在贵阳召开的全国易地扶贫搬迁现场会上，对我省增减挂钩支持易地扶贫搬迁做法给予充分肯定。

8月4日　省委书记、省人大常委会主任陈敏尔到黔南自治州惠水县，调研易地扶贫搬迁工作情况。他强调，要全面贯彻中央部署要求，精准聚焦易地扶贫搬迁这块"硬骨头"，统筹搬出地和迁入地资源造福移民群众，注重解决好搬迁农户的就学就业就医问题，切实做到搬得出、稳得住、有保障、能致富。

8月5日　贵州省"脱贫攻坚·党员先锋"先进事迹报告会在贵

阳举行。省委书记、省人大常委会主任陈敏尔出席报告会并讲话。省委副书记、省长孙志刚主持报告会。

8月18日 省委副书记、省长孙志刚深入黔南州惠水县、长顺县，调研易地扶贫搬迁和产业脱贫工作。他强调，要深入学习贯彻习近平总书记系列重要讲话精神，按照中央和省委部署要求，紧盯脱贫目标，压紧压实责任，扎实推进易地扶贫搬迁，加快发展特色优势产业，确保贫困群众如期脱贫、同步小康。

8月22日 贵州省人民政府与中国农业发展银行在贵阳签订《共创省级政策性金融扶贫实验示范区合作协议》，双方将建立长期、稳定、共赢的全面战略合作伙伴关系，在易地扶贫搬迁、粮食保障体系、产业脱贫发展、基础设施建设、教育扶贫、生态环境建设等方面开展合作，共同实施脱贫攻坚工程，实现同步小康。

8月22日—23日 全国易地扶贫搬迁现场会在贵阳召开，中共中央政治局常委、国务院总理李克强作出重要批示。批示指出：易地扶贫搬迁是打赢脱贫攻坚战、提升特困地区民生福祉的重点关键。各地区、各部门要充分认识这项工作的艰巨性、复杂性和紧迫性，进一步增强责任感和使命感，认真贯彻中央扶贫开发工作会议精神，按照《中共中央国务院关于打赢脱贫攻坚战的决定》要求，落实新发展理念，在前期已取得积极进展和经验的基础上，针对易地扶贫搬迁工作中存在的薄弱环节和突出问题，尤其要聚焦增强搬迁群众后续发展能力，创新思路机制，持续着力攻坚，切实落实省负总责和部门加大支持，充分调动广大干部群众的主动性和创造性，统筹有效用好宝贵的扶贫资金和资源，确保实现精准扶贫、稳定脱贫。中共中央政治局委员、国务院副总理、国务院扶贫开发领导小组组长汪洋出席会议并讲话。他强调，要深刻学习领会习近平总书记扶贫开发重要战略思想，认真落实李克强总理重要批示要求，进一步明确目标，严格标准，理顺机制，扎实做好易地扶贫搬迁工作，坚决打好脱贫攻坚的关键之仗。省委书记、省人大常委会主任陈敏尔致辞，中央财办副主任、中央农办主任唐仁健出席会议，国家发改委党组副书记、副主任何立峰主持会议，国务院副秘书长江泽林宣读李克强总理重要批示，省委副书记、省长孙志刚介绍了贵州的经验和做法，湖北省、江西省、广西壮族自治区、甘肃省有关领导先后作了交流发言，与会代表观看了我省易地扶贫搬迁作战图演示。会后，参加现场会的代表分4个组，分赴遵义、毕节、安顺和黔西南、铜仁实地考察易地扶贫搬迁工作进展。

8月24日 省委副书记、省长孙志刚主持召开省政府专题会议，研究部署防灾救灾和灾后恢复重建工作。他强调，防灾减灾救灾事关人民群众生命财产安全，事关社会和谐稳定，事关全省决战脱贫攻坚、决胜同步小康大局，要深入学习贯彻习近平总书记关于防灾减灾救灾系列重要指示精神，按照中央要求和省委部署，把防灾救灾和灾后恢复重建作为决战脱贫攻坚的重要任务，与推进大扶贫、大数据战略行动紧密结合起来，以"寝食难安"的责任感和紧迫感，持之以恒做好防灾减灾救灾各项工作，集中精力抓好灾后恢复重建各项任务落实，不让人民群众因灾致贫、因灾返贫，为全省打赢脱贫攻坚战提供有力保障。

8月26日 省委副书记、省长孙志刚主持召开省政府常务会议，研究部署设立贵州脱贫攻坚投资基金、极贫乡镇定点脱贫攻坚和鼓励企业吸纳易地扶贫搬迁贫困人口就业等工作。他强调，要认真贯彻中央关于脱贫攻坚决策部署和全国易地扶贫搬迁现场会精神，按照省委要求，筹好、用好、管好脱贫攻坚投资基金，以超常规的力度和办法推动极贫乡镇脱贫攻坚，鼓励企业吸纳更多易地扶贫搬迁贫困人口就业，切实增强搬迁群众后续发展能力，推动大扶贫战略行动取得更大成效。

9月3日 贵州·广东扶贫协作工作联席会议在毕节举行。中央政治局委员、广东省委书记胡春华出席并讲话，贵州省委书记、省人大常委会主任陈敏尔主持会议并讲话，省委副书记、省长孙志刚介绍贵州省脱贫攻坚情况。两省有关同志参加会议。

9月6日—7日 东部十省市民盟组织参与毕节试验区精准扶贫"同心助学"工作经验交流会在南京市举行，民盟中央、贵州省有关领导出席会议并讲话。

9月8日 全省极贫乡镇定点包干脱贫攻坚启动部署会在贵阳召开。会议强调，要认真学习贯彻习近平总书记在东西部扶贫协作座谈会上的重要讲话精神和全国易地扶贫搬迁现场会精神，牢牢把握"选准打实"的工作方针和"定点包干"的责任要求，拿出超常规的力度和办法，啃下"硬骨头"，攻克"决战点"，坚决打赢全省极贫乡镇脱贫攻坚战。

9月10日 全省高速公路建设攻坚决战动员大会在贵阳召开，省委副书记、省长孙志刚出席会议并讲话。他强调，要认真贯彻中央和省委、省政府决策部署，坚决打赢高速公路建设攻坚决战，力争到"十三五"末或"十四五"初全省高速公路通车里程突破1万公里，巩固提升贵州西南重要陆路交通枢纽地位，为决战脱贫攻坚、决胜同步小康提供强力支撑。

9月19日—20日 全省现代山地高效农业示范园区建设推进会在盘县召开，总结推广六盘水市利用"三变"引领农业园区全面发展的经验。

9月21日—23日 全国人大常委会副委员长、民革中央主席万鄂湘一行就"脱贫攻坚情况"在贵州省展开民主监督调研并召开座谈会。

9月27日 "对话锦绣·巧手脱贫"系列活动在贵阳举行，全国妇联、贵州省委领导出席活动并致辞。

10月4日—7日 省委副书记、省长孙志刚深入铜仁市石阡县、印江自治县、思南县、江口县调研。他强调，要深入学习贯彻习近平总书记关于脱贫攻坚系列重要指示精神，按照中央和省委要求，坚持把脱贫攻坚作为头等大事和"第一民生工程"，因地制宜培育壮大特色优势产业，扎实推进易地扶贫搬迁，推动脱贫攻坚各项决策部署落细落小落实，确保贫困群众持续增收、稳定脱贫。

10月9日 东西部扶贫协作和对口帮扶贵州工作联席会议在贵阳召开，省委书记、省人大常委会主任陈敏尔，国务院扶贫办主任刘永富出席会议并讲话。会议强调，要深入贯彻习近平总书记在东西部扶贫协作座谈会上的重要讲话精神，认真总结对口帮扶好经验、好做法，深刻把握扶贫协作新形势、新要求，齐心协力打造东西部扶贫协作升级版，携手推动"十三五"对口帮扶贵州工作落地生根、开花结果。

10月9日—11日 省委副书记、省长孙志刚到黔西南州晴隆县三宝彝族乡蹲点调研。他强调，要认真贯彻习近平总书记关于脱贫攻坚系列重要指示要求，全面落实省委决策部署，坚持把脱贫攻坚作为头等大事和"第一民生工程"，始终把定点包干脱贫攻坚使命扛在肩上，齐心协力，共同努力，坚决打赢极贫乡镇脱贫攻坚战，让山区群众过上幸福生活。

10月15日 全省20个极贫乡镇之一的石阡县国荣乡召开脱贫攻坚誓师大会，大会突出"发动群众、组织群众、造福群众"的主题，吹响了决战国荣乡脱贫攻坚的冲锋号。

10月16日 黔货进京——中信国安助推贵州扶贫启动仪式在北京举行。省委副书记、省长孙志刚，国务院扶贫办国际合作和社会扶贫司、中信集团有关负责人等出席仪式并致辞。

10月19日　贵州省自然资源厅出台《贵州省土地整治服务就地脱贫工作的指导意见》（黔国土资发〔2016〕25号），明确"十三五"期间，通过实施土地整治项目为全省50万就地贫困人口每人整治1亩优质农田，自2016年至2020年，每年为10万就地贫困人口每人整治1亩优质农田。2016—2018年，投资41.04亿元，实施"一人一亩"土地整治项目1083个，惠及贫困人口30.79万人，为贫困群众整治优质农田36.15万亩，获得劳务收入4.16亿元，形成农田基础设施资产26.24亿元。

10月30日　全省脱贫攻坚产业发展暨脱贫攻坚基金启动工作电视电话会议在贵阳召开，省委副书记、省长孙志刚作出批示。省有关领导出席会议并为贵州脱贫攻坚投资基金有限公司揭牌。

11月11日　人力资源社会保障部、国务院扶贫办追授姜仕坤同志"全国脱贫攻坚模范"荣誉称号大会暨姜仕坤同志先进事迹报告会在京举行。国务院扶贫开发领导小组副组长、国务院扶贫办主任刘永富主持会议并讲话。省委书记、省人大常委会主任陈敏尔，省委副书记、省长孙志刚等同志在贵州分会场参加会议。

11月13日—16日　全国政协副主席韩启德赴我省调研教育和脱贫攻坚工作。

11月16日　省委副书记、省长孙志刚主持召开省政府常务会议，专题听取全省大扶贫、大数据两大战略行动推进情况汇报，研究部署下步重点工作。他强调，要深入学习贯彻习近平总书记系列重要讲话精神，按照中央和省委决策部署，全面落实五大新发展理念，坚定不移强力推进大扶贫、大数据两大战略行动，坚决打赢脱贫攻坚战，坚决做强大数据长板，为贵州守底线、走新路、奔小康提供坚强保障。

11月22日—23日　在省委书记、省人大常委会主任陈敏尔，省委副书记、省长孙志刚先后陪同下，中共中央书记处书记、全国政协副主席杜青林就深入贯彻党的十八届六中全会精神和习近平总书记关于扶贫开发的重要思想、推进脱贫攻坚工作在我省进行调研。

11月23日 2016年全省第三次项目建设暨易地扶贫搬迁现场观摩督查会启动。省委书记、省人大常委会主任陈敏尔，省委副书记、省长孙志刚等分别率领8支观摩队伍走进毕节、遵义、六盘水、安顺、黔东南、黔南、黔西南、铜仁等8个市（州），走村进户，开展观摩督查。

11月24日 2016年全省第三次项目建设暨易地扶贫搬迁现场观摩督查总结会在黔南州惠水县召开，省委副书记谌贻琴主持会议。省委书记、省人大常委会主任陈敏尔出席会议并讲话，强调要深入学习贯彻党的十八届六中全会和习近平总书记关于脱贫攻坚系列重要讲话精神，以超常规的举措实施大扶贫战略行动，以更大力度推进易地扶贫搬迁，在精准落实上下功夫，努力让搬迁群众一步住上新房子、快步过上好日子。省委副书记、省长孙志刚讲话。

12月3日 省委副书记、省长孙志刚主持召开专题会议，深入研究产业扶贫工作。他强调，要深入学习贯彻习近平总书记关于脱贫攻坚系列重要讲话精神，按照中央和省委部署，全面落实精准扶贫、精准脱贫基本方略，下更大力气狠抓产业扶贫，精准带动更多贫困群众稳定脱贫致富，加快走出一条产业扶贫的新路子，为决战脱贫攻坚、决胜全面小康提供有力支撑。

12月23日 中央统战部在京召开统一战线参与贵州脱贫攻坚联席会议，深入学习贯彻习近平总书记扶贫开发重要战略思想，总结2016年统一战线参与贵州脱贫攻坚工作情况。全国政协副主席、民进中央第一副主席罗富和等出席会议。

二〇一七年

1月8日 省委农村工作会议暨全省扶贫开发工作会议在贵阳召开。会议深入学习贯彻习近平总书记关于"三农"和扶贫开发工作的重要讲话和指示精神，全面贯彻中央农村工作会议、全国扶贫开发工作会议精神，总结2016年全省"三农"和扶贫开发工作，分析当前形势，部署2017年工作。会议传达了省委书记、省人大常委会主任陈敏尔在省委常委会研究"三农"和扶贫开发工作时的重要讲话精神。

2月3日 省扶贫开发领导小组召开会议，传达学习习近平总书记在河北考察脱贫攻坚工作时的重要讲话精神，结合前期脱贫攻坚暗访督查情况，研究部署今年脱贫攻坚工作，并发布2017年脱贫攻坚春季攻势行动令。省委书记、省人大常委会主任、省扶贫开发领导小组组长陈敏尔主持会议并讲话。他强调，要深入学习贯彻习近平总书记的重要讲话精神，以精准扶贫、精准脱贫为主线，组织发动一场脱贫攻坚的春季攻势，确保今年脱贫攻坚再战告捷，确保我省贫困人口如期实现脱贫。

2月6日—8日 省委书记、省人大常委会主任陈敏尔深入毕节市威宁彝族回族苗族自治县石门乡蹲点调研，看望慰问各族干部群众并召开座谈会，发出脱贫攻坚春季攻势动员令。他强调，全省上下要更加深入贯彻习近平总书记精准扶贫战略思想，更加扎实推进大扶贫战略行动，以精准为基本攻略，以问题和项目为导向，进一步提高脱贫攻坚精准度，增强贫困群众获得感，组织发动好脱贫攻坚春季攻势。

2月14日 贵州省自然资源厅制定《贵州省20个极贫乡（镇）整乡推进土地整治三年行动计划》，安排11.74亿元重点围绕产业发展需要实施农村综合整治，覆盖27.42万农村人口，惠及9.87万贫困群众，为贫困群众整治耕地 16.68 万亩。按"土地整治+"的理念，采取"村民自建"方式，让当地村民在实施土地整治中"获得优质耕地增产出，获得劳务收入鼓腰包，获得资源资产变股东"。

2月22日 省委副书记、省长孙志刚主持召开省政府常务会议，专题研究部署脱贫攻坚春季攻势有关工作。他强调，要深入学习贯彻习近平总书记关于脱贫攻坚系列重要讲话精神，按照中央和省委部署要求，把脱贫攻坚作为头等大事和"第一民生工程"，坚持以脱贫攻坚统揽经济社会发展全局，一环紧扣一环抓，一锤接着一锤敲，进一步掀起脱贫攻坚春季攻势热潮，更好推进精准扶贫、精准脱贫，确保2017年脱贫攻坚再战告捷。

2月24日 省委召开常委会议，学习习近平总书记在中央政治局第三十九次集体学习时的重要讲话精神，听取省总工会、团省委、省妇联工作汇报，研究贯彻落实举措。省委书记、省人大常委会主任陈敏尔主持会议并讲话，省委副书记、省长孙志刚，省委常委，有关副省长参加会议。会议指出，习近平总书记在中央政治局第三十九次集体学习时发表重要讲话，全面肯定了党的十八大以来脱贫攻坚工作取得的显著成绩，精辟总结了脱贫攻坚实践中形成的有益经验，科学分析了当前脱贫攻坚战面临的形势任务，要求我们集中力量攻坚克难，确保如期实现脱贫攻坚目标。总书记的重要讲话，充分体现了党中央对脱贫攻坚的高度关注，对贫困地区的极大关心，对贫困群众的亲切关怀，为更好推进精准扶贫、精准脱贫指明了主攻方向，提供了科学方法，注入了强大动力。全省上下要把总书记的重要讲话精神学习深、领会透、落实好，用心用情用力推动大扶贫战略行动取得新成效。

2月28日 省政府召开全省脱贫攻坚春季攻势推进会议。省委副书记、省长孙志刚出席会议并讲话。他强调，要深入学习贯彻习近平总书记关于脱贫攻坚系列重要讲话精神，按照中央和省委决策部署，进一步掀起脱贫攻坚春季攻势热潮，坚决打赢易地搬迁扶贫、产业扶贫两场硬仗，确保 2017 年脱贫攻坚再战告捷。

3 月 21 日 省委书记、省人大常委会主任陈敏尔深入安顺市平坝区考察调研。他强调，要与时俱进深化农村改革，切实建强基层组织，充分激活农村内生动力，带动更多贫困群众脱贫增收致富。

4 月 1 日 省委副书记、省长孙志刚主持召开省政府专题会议，听取产业扶贫推进情况汇报。他强调，要认真学习贯彻习近平总书记关于精准扶贫、精准脱贫系列重要讲话精神，按照中央和省委部署，高度重视产业扶贫，用新的理念、新的思路、新的办法坚决打好产业扶贫这场硬仗，确保实现脱贫攻坚工作目标任务。

4 月 1 日—3 日 中共中央政治局委员、中组部部长赵乐际在贵州调研抓党建促脱贫攻坚、党的建设制度改革落实情况时强调，要深入学习贯彻习近平总书记治国理政新理念、新思想、新战略，增强政治意识、大局意识、核心意识、看齐意识，发挥好党的组织优势、组织功能、组织力量，发挥好基层党组织、党员干部在脱贫攻坚中的战斗堡垒作用和先锋模范作用，确保全面建成小康社会目标如期实现。

4 月 5 日 省委召开常委会议，学习贯彻习近平总书记脱贫攻坚重要讲话、中央政治局听取 2016 年省级党委和政府脱贫攻坚工作成效考核情况汇报有关精神，传达学习赵乐际同志在我省考察时的重要讲话精神，研究我省贯彻落实意见。省委书记、省人大常委会主任陈敏尔主持会议并讲话。

4 月 7 日—8 日 省委副书记、省长孙志刚深入遵义市桐梓县、绥阳县、凤冈县、余庆县调研。他强调，要深入学习贯彻习近平总书记关于脱贫攻坚系列重要讲话精神，按照中央和省委部署要求，全面落实精准扶贫、精准脱贫方略，纵深推进大扶贫战略行动，用"绣花"的功夫抓实各项任务，以优异成绩迎接党的十九大和省第十二次党代会胜利召开。

4月16日—20日 中国共产党贵州省第十二次代表大会在贵阳召开。陈敏尔代表中共贵州省第十一届委员会向大会作了题为《紧密团结在以习近平同志为核心的党中央周围，决胜脱贫攻坚，同步全面小康，奋力开创百姓富、生态美的多彩贵州新未来》的报告。陈敏尔同志在报告中指出，中国共产党贵州省第十二次代表大会是在党的十九大即将召开，我省脱贫攻坚、同步小康关键时期召开的一次十分重要的会议。大会的主题是：紧密团结在以习近平同志为核心的党中央周围，高举中国特色社会主义伟大旗帜，深入贯彻习近平总书记系列重要讲话精神和治国理政新理念、新思想、新战略，牢记嘱托，不忘初心，走好新的长征路，决胜脱贫攻坚，同步全面小康，奋力开创百姓富、生态美的多彩贵州新未来。大会由孙志刚同志主持。大会通过了《中国共产党贵州省第十二次代表大会关于中共贵州省第十一届委员会报告的决议》，充分肯定了中共贵州省第十一届委员会的工作，高度评价了陈敏尔同志代表中共贵州省第十一届委员会所作的《紧密团结在以习近平同志为核心的党中央周围，决胜脱贫攻坚，同步全面小康，奋力开创百姓富、生态美的多彩贵州新未来》报告。大会通过了《中国共产党贵州省第十二次代表大会关于中共贵州省第十一届纪律检查委员会工作报告的决议》。

5月3日 省委书记、省人大常委会主任陈敏尔到遵义市播州区平正仡佬乡团结村看望黄大发，并与前来参观学习的青年座谈交流，代表省委向全省各族各界青年致以五四青年节问候。陈敏尔强调，青春是用来奋斗的，全省广大青年要向时代楷模学习，坚守信仰，勤于学习，接续奋斗，让奋斗的青春更加美丽。

5月3日—5日 全国政协副主席、全国工商联主席王钦敏一行赴我省大方县、织金县开展民营企业精准扶贫、精准脱贫专题调研。

5月9日 省委副书记、省长孙志刚到安顺市西秀区、普定县、安顺经济技术开发区调研。他强调，要深入学习贯彻习近平总书记关于脱贫攻坚系列重要讲话精神，全面落实省第十二次党代会部署，坚持精准扶贫、精准脱贫基本方略，深入推进大扶贫战略行动，把产业扶贫摆在突出位置，选准产业主攻方向，迅速扩大产业规模，创新产销对接机制，带动更多贫困群众持续增收、稳定脱贫，以优异成绩迎接党的十九大胜利召开。

5月13日 全省第三次大扶贫战略行动推进大会在贵阳召开，省委书记、省人大常委会主任陈敏尔，省委副书记、省长孙志刚出席会议并讲话。会议强调，全省上下要深入学习贯彻习近平总书记关于脱贫攻坚重要讲话精神和指示要求，更加精准扎实推进大扶贫战略行动，来一场脱贫攻坚"大比武"，比责任担当，比路径方法，比干部作风，比精神状态，比群众获得感，确保今年脱贫攻坚再战告捷，以优异成绩迎接党的十九大胜利召开。省委常委、省人大常委会副主任，省政府副省长，省政协副主席，省级脱贫攻坚督导组组长参加会议。

5月14日—18日 全国政协扶贫监督性调研专题调研组分"深化农村综合改革""落实金融扶贫政策""创新生态扶贫和建立健全生态补偿机制""发挥市场机制作用，强化产业发展支撑"四个专题在我省开展调研。18日下午，调研组出席在贵阳召开的专题调研座谈会，听取情况介绍，总结调研工作，反馈调研意见。

5月24日 为深入推进农业供给侧结构性改革，大力发展现代山地特色高效农业，充分发挥我省资源丰富和生态良好优势，推动绿色农产品"泉涌"发展，省委办公厅、省人民政府办公厅印发《贵州省绿色农产品"泉涌"工程工作方案（2017—2020年）》明确，通过加大农村"三变"改革力度，重点发展"十大类绿色农产品"，大力实施"八项发展任务"，促进农产品生产规模化、质量标准化、营销网络化、利益股份化，确保到 2020 年实现建成无公害绿色有机农产品大省的总体目标，实现农业生产增效、农民生活增收、农村生态增绿，为决胜脱贫攻坚、同步全面小康，开创百姓富、生态美的多彩贵州新未来做出新贡献。

5月25日 国家发改委网络扶贫合作框架协议签约仪式暨"数聚华夏·创享未来"中国数据创新行活动启动仪式在贵阳举行。会上，国家发展改革委、中国农业发展银行、贵州人民省政府签订了《全面支持网络扶贫合作框架协议》。按照《协议》约定，三方将围绕"十三五"时期脱贫攻坚网络扶贫建设目标、任务、重点领域和重大项目，开展全方位合作，助力国家脱贫攻坚战略。

5月27日 贵州省首次省级脱贫攻坚督导工作启动会在贵阳举行，省有关领导就开展省级脱贫攻坚督导工作的背景、重大意义及具体安排作了说明。首次督导共安排 8 个督导组，分赴除贵阳市、贵安新区以外的 8 个市（州），对当地扶贫攻坚工作开展督导。今年我省将开展两次督导工作，每次 15 个工作日左右。第一次督导工作定于 6 月 16 日前完成，第二次督导工作定于 10 月中下旬开展。

6月5日 全省高校思想政治工作会议在贵阳召开。省委书记、省人大常委会主任陈敏尔出席会议并讲话。他强调，要深入贯彻习近平总书记在全国高校思想政治工作会议上的重要讲话精神，认真落实省第十二次党代会部署要求，扎根贵州大地办大学，全面提升高校思想政治工作水平，更好地推动高等教育事业改革发展，为我省决胜脱贫攻坚、同步全面小康、开创多彩贵州新未来做出更大贡献，以优异成绩迎接党的十九大胜利召开。省委副书记、省长孙志刚主持会议。

6月7日—8日 省委副书记、省长孙志刚到黔西南州晴隆县三宝彝族乡调研。他强调，要深入学习贯彻习近平总书记扶贫开发重要战略思想，按照中央和省委决策部署，坚持把脱贫攻坚作为头等大事和"第一民生工程"，强力推进大扶贫战略行动，深入开展脱贫攻坚"大比武"，在精准上下功夫，在创新上下功夫，在落实上下功夫，坚决打赢脱贫攻坚战，以优异成绩迎接党的十九大胜利召开。

6月14日　国务院常务会议决定在贵州、浙江、江西、广东、新疆5省（区）选择部分地方，建设绿色金融改革创新试验区，在体制机制上探索可复制、可推广的经验。

6月19日—21日　中财办调研组在剑河县开展定点帮扶调研，并与华润集团共同启动建设剑河华润希望小镇。

6月27日　省委召开常委会议，学习贯彻习近平总书记在深度贫困地区脱贫攻坚座谈会和在山西考察工作时的重要讲话精神，传达学习全国扶贫办主任会议精神，研究部署脱贫攻坚和改革发展稳定工作。省委书记、省人大常委会主任陈敏尔主持会议并讲话，省委常委，省人大常委会、省政府、省政协和省检察院有关领导参加会议。

6月28日　黄大发同志先进事迹报告会在省委大会堂举行。

7月3日　省委书记、省人大常委会主任陈敏尔深入黔东南州凯里市下司古镇，调研旅游产业发展和脱贫攻坚工作。他强调，要深入学习贯彻习近平总书记在深度贫困地区脱贫攻坚座谈会上的重要讲话精神，认真落实省第十二次党代会部署要求，充分发挥旅游业在脱贫攻坚中的重要作用，做足做好旅游扶贫这篇大文章，让旅游红利更多更好地惠及人民群众。

7月2日—4日　国家审计署党组书记、审计长胡泽君一行来黔就定点帮扶黔东南州丹寨县和审计工作进行调研，听取贵州省审计厅、市（州）、县审计局有关工作情况汇报，看望基层审计干部，走访慰问贫困户。

7月3日　省委副书记、省长孙志刚来到黔南州三都水族自治县调研。他强调，要深入学习贯彻习近平总书记扶贫开发重要战略思想，认真落实中央和省委、省政府决策部署，强力实施大扶贫战略行动，扎实开展脱贫攻坚"大比武"，加快民族地区脱贫攻坚步伐，绝不能让一个少数民族在全面小康进程中掉队。

7月7日 省委召开常委会议，深入学习贯彻习近平总书记在深度贫困地区脱贫攻坚座谈会上的重要讲话精神，听取省级脱贫攻坚督导组工作情况汇报，审议《贵州深度贫困地区脱贫攻坚行动方案》，研究部署全省深度贫困地区脱贫攻坚工作。省委书记、省人大常委会主任陈敏尔主持会议并讲话，省委副书记、省长孙志刚，省委常委，省人大常委会、省政府、省政协有关领导，省级脱贫攻坚督导组组长出席会议。会上，听取了省级脱贫攻坚督导工作和深度贫困地区脱贫攻坚行动方案情况汇报。

7月27日 全省脱贫攻坚农村公路"组组通"大决战培训会议在贵阳举行，会议从政治高度、群众维度、发展角度阐述了"为什么要干"的问题，从坚持科学性、精准性、统筹性三个方面就"怎么样干好"提出了明确要求，强调要统筹做好政策设计、工作部署、干部培训、监督检查和激励问责等工作。

8月5日—7日 中央统战部副部长、全国工商联党组书记、常务副主席徐乐江率队到毕节考察，并召开"万企帮万村"精准扶贫行动（毕节）座谈会。

8月6日—7日 全省深度贫困地区脱贫攻坚工作推进大会在贵阳召开，省委书记、省长孙志刚出席会议并讲话。他强调，要深入学习贯彻习近平总书记系列重要讲话精神和治国理政新理念、新思想、新战略，全面落实习近平总书记在深度贫困地区脱贫攻坚座谈会上的重要讲话要求，牢固树立"四个意识"，切实扛起政治责任，落实基本方略，转变工作作风，实干苦干加油干，坚决打赢深度贫困地区脱贫攻坚这场硬仗，决不辜负习近平总书记的牵挂嘱托和人民群众的殷切期盼，以优异成绩迎接党的十九大胜利召开。省委常委，省人大常委会、省政府、省政协领导班子成员和党组成员，省军区、省法院、省检察院、省武警总队主要负责同志参加会议。省委办公厅、省政府办公厅下发《贵州省深度贫困地区脱贫攻坚行动方案》，明确着力打好"七大战役"，攻克我省深度贫困最后堡垒，确保同步实现全面小康。

8月20日—21日　中共中央政治局委员、上海市委书记韩正，上海市委副书记、市长应勇率上海市党政代表团到我省考察，并在遵义举行沪遵扶贫协作第六次联席会议。韩正在会上讲话。省委书记、省长孙志刚陪同考察并讲话。

8月29日　省委召开常委会议，学习贯彻习近平总书记关于群团改革工作重要指示和中央群团改革工作座谈会精神，研究部署全省脱贫攻坚秋季攻势行动等有关工作。省委书记、省长孙志刚主持会议并讲话。省委常委，省人大常委会、省政府、省政协有关领导同志参加会议。

8月30日　全省2017年脱贫攻坚秋季攻势暨农村"组组通"公路三年大决战启动大会召开。省委书记、省长孙志刚出席大会并讲话。他强调，要深入学习贯彻习近平总书记系列重要讲话精神特别是关于脱贫攻坚重要讲话精神，认真落实全省深度贫困地区脱贫攻坚工作推进大会精神，深入推进大扶贫战略行动，坚决打好脱贫攻坚秋季攻势，以优异成绩迎接党的十九大胜利召开。

9月7日　省委召开常委会议，学习贯彻习近平总书记在东西部扶贫协作座谈会上的重要讲话和东西部扶贫协作经验交流会精神，传达学习习近平总书记对河北塞罕坝林场建设者感人事迹的重要指示和学习宣传河北塞罕坝林场生态建设范例座谈会精神，传达学习深度贫困地区抓党建促脱贫攻坚工作经验交流座谈会精神，研究我省贯彻落实意见。省委书记孙志刚主持会议并讲话。省委副书记、代省长谌贻琴，省委常委，省人大常委会、省政府有关领导同志参加会议。

同日　由中国农工民主党中央委员会和贵州省政协共同主办，主题为"绿色发展与脱贫攻坚"的第十二届中国生态健康论坛在贵州省黔西南州兴义市召开。全国政协副主席、农工党中央常务副主席刘晓峰讲话。

9月14日　省直机关选派到贫困县挂职干部座谈会在省委党校举行，省委书记孙志刚出席会议并讲话。他强调，脱贫攻坚志在必胜，挂职干部要俯下身子，带领群众，攻坚克难，不负重托，奋发有为，在脱贫攻坚一线建功立业、增长才干，为决胜脱贫攻坚、同步全面小康奉献青春、贡献力量。省委常委、省委组织部部长李邑飞主持座谈会并在开班仪式上作专题辅导报告。副省长刘远坤出席座谈会。

9月15日　《贵州省发展蔬菜产业助推脱贫攻坚三年行动方案（2017—2019年）》出台，明确到2019年全省蔬菜种植面积达2000万亩（次），建成标准化、规模化基地300万亩，产量2600万吨，产值1000亿元，带动建档立卡贫困户20万户90万人脱贫。

9月15日—16日　全国农村电子商务精准扶贫经验交流会在我省召开。中共中央政治局委员、国务院副总理汪洋出席会议并讲话。他强调，电商扶贫是精准扶贫的有效抓手，也是利用新技术、新模式助推脱贫攻坚的创新举措。要认真落实党中央、国务院关于电商扶贫的决策部署，坚持精准方略，把握市场导向，创新发展模式，完善利益联结机制，不断提高电商扶贫精准度和实效性，让电商扶贫惠及更多贫困群众。省委书记孙志刚致辞。国务院副秘书长江泽林，中央农办主任韩俊，省委副书记、代省长谌贻琴出席会议。

9月18日　省委书记孙志刚深入安顺市平坝区、普定县考察调研。他强调，要深入学习贯彻习近平总书记系列重要讲话精神和对精准扶贫、精准脱贫的重要指示要求，认真落实中央和省委关于脱贫攻坚的决策部署，深入推进大扶贫战略行动，迅速掀起脱贫攻坚秋季攻势高潮，以优异成绩迎接党的十九大胜利召开。省直有关部门和安顺市负责同志参加调研。

同日　经省人民政府推荐，并经农村改革试验区工作联席会议各成员单位审议通过，农业部正式批复同意增补六盘水市为全国农村改革试验区，主要承担农村"三变"改革试验任务。

9月20日　全省农村"组组通"公路三年大决战工作调度会召开，同时调度推进全省高速公路、普通国省干线、农村公路项目建设，确保完成或超额完成年度交通投资目标任务。

9月20日—21日　省委书记孙志刚深入铜仁市调研。他强调，要深入贯彻落实习近平总书记扶贫开发重要战略思想，坚决落实中央和省委脱贫攻坚决策部署，深入推进大扶贫战略行动，打好秋季攻势，全力攻坚克难，以超常规举措坚决打赢脱贫攻坚战，以优异成绩迎接党的十九大胜利召开。

9月20日—21日　省委副书记、代省长谌贻琴到毕节市威宁彝族回族苗族自治县、赫章县调研。她强调，要深入学习贯彻习近平总书记扶贫开发重要战略思想，全面落实中央和省委部署要求，打好"四场硬仗"，决胜秋季攻势，确保脱贫攻坚再战告捷，以优异成绩迎接党的十九大胜利召开。

9月26日　省委召开常委会议，传达学习李克强总理对全国易地扶贫搬迁现场会的重要批示精神，传达学习全国易地扶贫搬迁现场会、第三次全国改善农村人居环境工作会议和全国农村电子商务精准扶贫经验交流会精神，研究我省贯彻落实意见。省委书记孙志刚主持会议并讲话。省委副书记、代省长谌贻琴出席会议。

同日　"精准扶贫院士专家行"咨询服务活动启动仪式在贵阳举行。省委书记孙志刚讲话并宣布活动启动。省委副书记、代省长谌贻琴致欢迎辞，简要介绍了贵州经济社会发展和脱贫攻坚工作情况。国务院扶贫办副主任欧青平讲话，省委常委、省委组织部部长李邑飞主持，副省长何力出席仪式。

9月28日 省委副书记、代省长谌贻琴到省扶贫办调研脱贫攻坚工作，代表省委、省政府和孙志刚书记向全省扶贫战线广大干部职工致以诚挚问候。她强调，要提高政治站位，增强政治自觉，肩负历史使命，当好全省脱贫攻坚的参谋部、作战部、尖刀连、督战队，实干苦干加油干，坚决打赢脱贫攻坚战。

10月19日 习近平同志在参加党的十九大贵州省代表团讨论时强调，党的十九大报告进一步指明了党和国家事业的前进方向，是我们党团结带领全国各族人民在新时代坚持和发展中国特色社会主义的政治宣言和行动纲领。要深刻学习领会中国特色社会主义进入新时代的新论断，深刻学习领会我国社会主要矛盾发生变化的新特点，深刻学习领会分两步走全面建设社会主义现代化国家的新目标，深刻学习领会党的建设的新要求，激励全党全国各族人民万众一心，开拓进取，把新时代中国特色社会主义推向前进。贵州省代表团孙志刚、谌贻琴、余留芬、潘克刚、周建琨、钟晶、杨波、张蜀新、黄俊琼等9位代表分别结合实际，对报告发表了意见，畅谈了认识体会。大家认为，党的十九大报告是一个实事求是、与时俱进、凝心聚力、催人奋进的报告，是一个动员和激励全党为决胜全面建成小康社会、夺取新时代中国特色社会主义伟大胜利、实现中华民族伟大复兴的中国梦不懈奋斗的报告，一致表示拥护这个报告。

10月27日 省委召开全省领导干部大会，传达学习贯彻党的十九大精神和习近平总书记在参加贵州省代表团讨论时的重要讲话精神。省委书记孙志刚主持会议并讲话。他强调，要牢固树立"四个意识"，更加紧密团结在以习近平同志为核心的党中央周围，迅速掀起学习宣传贯彻落实党的十九大精神和习近平总书记重要讲话精神的高潮，牢记嘱托，感恩奋进，续写新时代贵州发展新篇章，奋力开创百姓富、生态美的多彩贵州新未来，决不辜负习近平总书记对贵州的殷切期望。

同日　中国扶贫开发协会协调广东省中山市浩源净水设备有限公司向贵州省9000个贫困村捐赠净水器和节能照明灯仪式在贵阳举行。

11月8日　全省旅游工作推进会在黔南州平塘县召开，省委书记孙志刚出席会议并讲话，省委副书记、代省长谌贻琴主持。孙志刚强调，要深入贯彻党的十九大精神和习近平总书记在贵州省代表团重要讲话精神，推进旅游业井喷式增长，加快旅游业转型升级，为决胜脱贫攻坚、同步全面小康做出新贡献，齐心协力谱写贵州旅游发展新篇章，开创百姓富、生态美的多彩贵州新未来。

11月29日　"六盘水市全国农村改革试验区启动大会"在水城县召开。

11月30日　全省就业脱贫暨贫困劳动力培训输出工作推进会在龙里县召开。

12月1日　2017年贵州省现代山地特色高效农业招商引资暨产业扶贫项目签约大会在贵阳召开，总签约项目771个，总签约金额1414亿元。

12月7日　省委书记孙志刚到贵阳市修文县调研实体经济发展情况。孙志刚强调，要深入学习贯彻党的十九大精神和习近平总书记在贵州省代表团重要讲话精神，把发展经济的着力点放在实体经济上，大力发展实体经济，切实防止"脱实向虚"，推动全省经济持续健康较快发展。

同日　省委副书记、代省长谌贻琴到省财政厅调研。她强调，要深入学习贯彻党的十九大精神和习近平总书记在贵州省代表团重要讲话精神，全面落实省委、省政府决策部署和孙志刚书记对财政工作的指示，按照新时代要求打造发展型、民生型、绩效型财政，为决战脱贫攻坚、决胜同步小康提供坚强财力保障。

12月9日 省委书记、省扶贫开发领导小组组长孙志刚主持召开省扶贫开发领导小组会议，总结今年脱贫攻坚工作，研究谋划明年工作。孙志刚强调，要深入学习贯彻党的十九大精神和习近平总书记在贵州省代表团重要讲话精神，坚持把脱贫攻坚作为头等大事和"第一民生工程"，以脱贫攻坚统揽经济社会发展全局，鼓足干劲，再接再厉，真抓实干，坚决打好脱贫攻坚"四场硬仗"，推动脱贫攻坚工作不断取得新的更大成效。

12月19日—20日 全国人大常委会副委员长、农工党中央主席、中国红十字会会长陈竺在贵州调研脱贫攻坚及红十字会相关项目推进情况。他强调，要认真总结帮扶毕节市的成功经验，发挥农工党特色优势，为贫困地区打赢脱贫攻坚战做出积极贡献。

12月20日 全省脱贫攻坚投资基金扶贫产业子基金现场推进会暨"扶贫云"平台应用推广会在威宁召开。会议传达了省委书记孙志刚，省委副书记、代省长谌贻琴的批示。

12月26日 全省脱贫攻坚表彰暨秋季攻势总结电视电话会议在贵阳召开，省委书记、省扶贫开发领导小组组长孙志刚出席会议并讲话。他强调，要深入学习贯彻党的十九大精神和习近平总书记在贵州省代表团重要讲话精神，在习近平新时代中国特色社会主义思想指引下，坚决贯彻落实党中央决策部署，全力实施大扶贫战略行动，巩固扩大秋季攻势战果，总结推广"四场硬仗"中的成功做法，正视存在的问题和困难，不断解决问题，破解难题，集中优势兵力，聚焦主攻方向，在新的一年打出一个崭新天地，让更多农民告别贫困、走向小康，决不辜负习近平总书记的嘱托和期望。省委副书记、代省长、省扶贫开发领导小组组长谌贻琴主持会议，省有关领导宣布表彰决定。

二〇一八年

1月2日　省委召开常委会，省委书记孙志刚主持会议并讲话。会议传达学习中央农村工作会议精神和全国扶贫开发工作会议精神，研究我省贯彻落实意见。会议要求，要把实施乡村振兴战略作为做好新时代"三农"工作的总抓手，结合实际，编制全省乡村振兴战略规划，打造"四在农家·美丽乡村"小康行动升级版，开启乡村振兴新征程，推动农业全面升级、农村全面进步、农民全面发展，奋力开创新时代"三农"工作新局面。

1月9日　贵州省人民政府办公厅关于印发《贵州省生态扶贫实施方案（2017—2020年）》的通知提出了实施退耕还林建设扶贫工程、实施森林生态效益补偿扶贫工程等十项重点任务，明确了完成该重点任务的省直责任部门（单位），提出到2020年，通过实施生态扶贫，助推全省30万以上贫困户、100万以上建档立卡贫困人口实现增收。

1月10日　全国工商联、国务院扶贫办、贵州省政府联合主办的全国"万企帮万村"消费扶贫启动仪式在安顺大兴东大健康产业园举行。通过开展此项消费扶贫活动，积极利用东西部扶贫协作机制支持我省发展，助推我省优质农特产品出山，推动"万企帮万村"精准扶贫行动取得更大成效。

2月2日　省委组织部印发《关于全面推行"五步工作法"进一步提升抓党建促脱贫攻坚工作质量的通知》。《通知》全面推行政策设计、工作部署、干部培训、监督检查、追责问责"五步工作法"，

228

具体提出了"聚焦目标任务，提高政策设计的质量""聚焦工作重点，提高工作部署的质量"等 6 个方面 14 条措施。

2 月 9 日 省委农村工作会议在贵阳召开。会议深入学习贯彻党的十九大精神和习近平总书记在贵州省代表团重要讲话精神，贯彻落实中央农村工作会议、全国扶贫开发工作会议精神，总结我省"三农"和扶贫开发工作，对我省实施乡村振兴战略作出安排部署。会议讨论了《中共贵州省委 贵州省人民政府关于乡村振兴战略的实施意见（讨论稿）》。省委书记、省人大常委会主任孙志刚，省委副书记、省长谌贻琴出席会议并讲话。

2 月 13 日 省委召开常委会，传达学习贯彻习近平总书记在打好精准脱贫攻坚战座谈会上的重要讲话精神，研究部署相关工作。会议强调，贵州是全国脱贫攻坚的主战场，打好精准脱贫攻坚战是一项重大政治任务、重大政治责任。全省各地各部门要认真学习、深刻领会，牢固树立"四个意识"，坚决贯彻落实党中央关于打好精准脱贫攻坚战的决策部署，坚持以习近平新时代中国特色社会主义思想为指导，牢记嘱托，感恩奋进，坚持把脱贫攻坚作为头等大事和"第一民生工程"，以脱贫攻坚统揽经济社会发展全局，确保如期脱贫不掉队、冲刺在前当先锋。会议强调，今年是决战脱贫攻坚、决胜同步小康的关键之年，脱贫攻坚"四场硬仗"是关键之年的关键之战，必须高度重视、全力以赴，在去年取得显著成绩的基础上，确保再战再捷。省委书记、省人大常委会主任孙志刚主持会议并讲话。

2 月 14 日 贵州省委、贵州省人民政府发布《2018 年脱贫攻坚春风行动令》，指出行动时间为 2 月 24 日—6 月 30 日，目标任务为：一是产业扶贫；二是农村公路"组组通"；三是易地扶贫搬迁；四是教育医疗住房"三保障"。举措为：一是全面推行"五个到村到户到人"，全力推动农业产业结构调整取得革命性突破；二是高质量打好以农村公路"组组通"为重点的基础设施建设硬仗，进一步夯实贫困地区脱贫基础；三是高质量打好易地扶贫搬迁硬仗，确保"一方水土养不起一方人"地区困难群众迁居发展致富；四是高质量打好教育医疗住房"三保障"硬仗，兜实兜牢脱贫攻坚网底。

2月24日　全省扶贫开发工作会议暨脱贫攻坚"春风行动"启动会议召开。会议要求，全省各地各部门要立即行动起来，认真学习，深刻领会，坚决贯彻落实党中央关于打好精准脱贫攻坚战的决策部署，切实把思想和行动统一到省委、省政府的要求和部署上来，切实担负起脱贫攻坚历史使命，认真谋划实施"春风行动"，确保脱贫攻坚各项举措的贯彻落实。切实推动思想观念、发展方式和工作作风转变，以"五个到村到户到人"为抓手，坚决打好脱贫攻坚"四场硬仗"，确保"春风行动"取得实效。以脱贫攻坚"作风建设年"为契机，强化执纪监督，强化追责问责，确保脱贫攻坚取得扎扎实实的成果。省委书记、省人大常委会主任孙志刚，省委副书记、省长谌贻琴作批示。

2月27日　贵州省住房和城乡建设厅出台《2018年脱贫攻坚春风行动农村危房改造和住房保障实施方案》，指出行动时间为2月24日—6月30日。《方案》要求，全省各级住建部门要结合实际，认真抓好《方案》的贯彻落实，确保2018年上半年实现20.64万户农村危房"危改""三改"开工率达到80%，竣工率达到20%，其中建档立卡贫困户、低保户等4类重点对象和深度贫困地区存量危房"危改""三改"开工率要达到100%。

3月3日　"脱贫攻坚看贵州"图片展在北京2018年全国两会贵州代表团驻地展出，展示了全省上下牢记嘱托、感恩奋进、只争朝夕、苦干实干，决战脱贫攻坚、决胜同步小康的思路举措以及脱贫攻坚"四场硬仗"取得的突出成就和经验。

3月15日　贵州省委办公厅、贵州省人民政府办公厅印发《〈贵州省支持事业单位专业技术人员助力脱贫攻坚三年行动计划（2018—2020 年）〉》，明确提出了"三年行动计划"的总体目标任务为：紧紧围绕 2020 年与全国同步全面小康社会的总目标，深化人才供给侧改革和人才发展体制机制改革，进一步激发和释放事业单位专业技术人员的创新创业活力，促进人才向贫困地区流动、知识向贫困地区传播、科技成果在贫困地区转化、经验在贫困地区推广，鼓励和引导万名事业单位专业技术人员助力全省脱贫攻坚。实施范围是支持全省各级各类事业单位（参公事业单位除外）专业技术人员积极投身到我省贫困地区开展各类创业和服务活动；时限截止到 2020 年 12 月 31 日。《三年行动计划》还提出了 3 大项 17 条工作措施和有关奖励办法（6 条）、考核管理办法（7 条）。

3 月 17 日 中共贵州省委、贵州省人民政府印发《关于实施乡村振兴战略的实施意见》。《意见》提出了实施乡村振兴战略的重大意义、指导思想、基本原则、目标任务等 11 项 45 条措施和办法。《意见》号召，全省各级各部门要以习近平新时代中国特色社会主义思想为指导，积极投身新时代乡村振兴的宏伟事业，团结奋进，拼搏创新，苦干实干，后发赶超，为开创百姓富、生态美的多彩贵州新未来而努力奋斗。

3 月 30 日—4 月 3 日 全国政协副主席、全国工商联主席、全国工商联第一联系调研组组长高云龙率队赴我省就全国工商联对口帮扶工作、联系基层工商联工作和脱贫攻坚工作等进行深入调研。省有关领导陪同调研或出席相关活动。

3 月 31 日—4 月 1 日 省委书记、省人大常委会主任孙志刚深入黔东南州岑巩县、镇远县就推进脱贫攻坚"春风行动"开展考察调研。孙志刚在调研中强调，要扎扎实实推进"春风行动"，坚决打好"四场硬仗"，确保 2018 关键之年取得决定性胜利。

4月3日 省委召开常委会，传达学习贯彻中央政治局会议听取2017年省级党委和政府脱贫攻坚工作成效考核情况汇报和中央财经委员会第一次会议精神，研究部署我省贯彻落实意见。会议强调，贵州是全国脱贫攻坚的主战场，是习近平总书记最牵挂的地方，决不能有丝毫的含糊犹豫。要牢固树立"四个意识"，坚决扛起脱贫攻坚战重大政治责任，落实脱贫攻坚一把手负责制，省、市、县、乡、村五级书记一起抓，为脱贫攻坚提供坚强政治保障。要坚决打赢打好脱贫攻坚"四场硬仗"，扎扎实实推进脱贫攻坚"春风行动"，来一场振兴农村经济的深刻的产业革命，彻底转变思想观念，转变发展方式，转变工作作风，牢牢把握结构调整"八要素"，推行"五步工作法"，确保2018年关键之年取得决定性胜利。省委书记、省人大常委会主任孙志刚主持会议并讲话。省委副书记、省长谌贻琴等省领导出席会议。

4月9日—11日 中央政治局委员、中组部部长陈希在黔东南州台江县调研定点扶贫工作时强调，要深入学习贯彻习近平新时代中国特色社会主义思想，牢固树立"四个意识"，切实增强政治担当，认真履行帮扶责任，充分发挥基层党组织战斗堡垒作用和党员先锋模范作用，不断提高脱贫质量，为全面打好精准脱贫攻坚战提供坚强组织保证。

4月10日—11日 2018年贵州省就业扶贫工作首次现场观摩会在毕节市召开。10日，会议安排对赫章县、七星关区相关就业扶贫车间、示范基地、易地扶贫安置点劳动力就业等项目进行现场观摩。11日，在毕节举行观摩会大会。会上观看了毕节市就业扶贫工作视频专题片和"毕节就业云"大数据展示，通报了全省就业扶贫和全员培训工作推进情况。

4月11日 省委召开常委会，听取2017年市、县两级党委和政府扶贫开发工作成效考核情况汇报，研究部署我省脱贫攻坚工作。会议指出，当前我省脱贫攻坚取得明显成效，但从考核情况看，我省脱贫攻坚领域存在的突出问题仍然不少。这些问题必须引起高度重视，深刻剖析原因，从严整改落实。会议强调，一要结合脱贫攻坚进展和考核情况，用好考核成果。必须较真碰硬，真抓实干，让扶贫脱贫成效真正获得群众认可，经得起实践的检验；二要深入推进扶贫领域腐败和作风问题专项治理，对脱贫领域的突出问题，坚决追查到底。对不担当、不作为的坚决问责，对搞突击脱贫、虚假脱贫、数字脱贫的，对帮扶工作不扎实、脱贫结果不真实的必须严肃查处，对违法违纪的严肃惩处；三要建立长效机制，强化纪律保障，将全面从严治党要求贯穿脱贫攻坚全过程各环节。省委常委会议还传达学习中共中央政治局委员、中央组织部部长陈希同志在贵州台江考察时的重要讲话精神，研究我省贯彻落实意见。省委书记、省人大常委会主任孙志刚主持会议并讲话。省委副书记、省长谌贻琴等省领导出席会议。

4月14日—16日 全国人大常委会副委员长、民建中央主席郝明金率民建中央调研组到黔西县进行脱贫攻坚专题调研。调研组先后深入黔西县基层村寨、同心商贸城等进行调研，实地视察民建天津市委帮扶养蜂项目、民建"京津冀"组织帮扶深度贫困村、农业产业结构调整等情况。16日，调研组参加了在黔西县召开的调研座谈会，听取民建帮扶黔西县工作和黔西县脱贫攻坚进展情况等工作汇报。期间，调研组企业代表向黔西县捐赠了2344万元资金用于脱贫攻坚工作。

4月15日—17日 全国政协副主席、农工党中央常务副主席何维率领农工党中央调研组在贵州省就"深入开展精准健康扶贫、助力实施乡村振兴战略"展开调研。

4月16日—17日 省委书记、省人大常委会主任孙志刚深入六盘水市六枝特区、钟山经济开发区、盘州市就推进农业结构调整进行调研。他强调，要深入学习贯彻党的十九大精神和习近平总书记在贵州省代表团重要讲话精神，牢记嘱托、感恩奋进，抓紧抓实脱贫攻坚"春风行动"，扎实推进农村产业革命，优化利益联结，确保贫困群众持续增收、稳定脱贫。各级领导干部要切实强化"四个意识"，提高政治站位，始终坚持以人民为中心，以对贫困群众的深厚感情，狠刹脱贫攻坚中的形式主义、官僚主义、弄虚作假歪风，确保脱贫攻坚取得实实在在的成效，让扶贫脱贫成效真正获得群众认可，经得起历史的检验。

4月21日 民革中央在贵阳召开脱贫攻坚民主监督 2018 年第一次工作推进会，学习贯彻中共中央有关精神，考察了解贵州脱贫攻坚工作进展，研究部署今年对口贵州脱贫攻坚民主监督工作。2018 年，民革中央将继续坚持"寓监督于帮扶之中、寓帮扶于监督之中"的工作思路，按照聚焦监督重点、明确监督导向、创新监督方式的新要求，将脱贫攻坚民主监督工作认真抓好，助推贵州打赢脱贫攻坚战。

4月23日 省委书记、省人大常委会主任孙志刚主持召开专题会议，研究部署全省易地扶贫搬迁工作。他强调，要深入贯彻落实习近平总书记的重要指示精神和党中央决策部署，坚持以人民为中心的发展思想，强化"六个坚持"，即要坚持省级统贷统还，坚持自然村寨整体搬迁为主，坚持城镇化集中安置，坚持县为单位集中建设，坚持不让贫困户因搬迁而负债，坚持以产定搬、以岗定搬。进一步加强项目建设管理，全面提升制度化、规范化、标准化水平，确保易地扶贫搬迁扎实有力有效推进。要坚持问题导向，对全省易地扶贫搬迁项目来一次大检查，切实解决部分项目建设进度滞后、政策执行不严格、后续工作不到位、盘活"三块地"工作不力、基础工作不扎实、资金闲置率高等问题，对不担当不作为、乱作为和整改不力的坚决问责，更精准实施易地扶贫搬迁工程，坚决打赢打好易地扶贫搬迁硬仗。

4日28日 贵州省农村人居环境整治暨"厕所革命"推进大会在贵阳召开。省委书记、省人大常委会主任孙志刚，省委副书记、省长谌贻琴作批示。会议要求，各地各部门要下大力气抓好村庄规划管理、农村生活垃圾全面治理、农村生活污水治理梯次推进、村容村貌整治等四大工程。要坚持统分结合推进厕所建设、建管并举加强厕所管理维护、久久为功培育厕所文明。要强化组织领导、资金筹措和考核督查，着力形成改善农村人居环境和"厕所革命"的强大合力。省农委、黔西南州政府、湄潭县政府负责同志作了发言。省有关部门负责人在主会场参会，各市（州）政府、贵安新区管委会，各县（市、区、特区）政府负责同志在分会场参会。

5月2日—4日 浙江省委书记、省人大常委会主任车俊率浙江省代表团来我省考察调研对口扶贫协作及帮扶等工作，贵州省委书记、省人大常委会主任孙志刚，省委副书记、省长谌贻琴参加活动。2日—3日，浙江省代表团先后考察了黔东南州、黔西南州和贵阳市的产业园区、医院、学校、乡村等；4日，考察了贵州大数据综合试验区展示中心。4日上午，两省举行了扶贫协作和合作发展座谈会。会上，车俊表示，将全面落实习近平总书记关于脱贫攻坚工作的重要讲话精神，坚决担起政治责任，切实加大帮扶力度，继续协同打好贵州脱贫攻坚战，加强对口帮扶各项工作精准对接和密切合作，进一步加大人才支持、企业合作和社会帮扶、劳务协作的力度；坚持资源共享、优势互补，特别是加强旅游、信息和企业间的合作，加强文化交流交往，全面提升两省合作交流的层次和水平，实现共赢发展。孙志刚代表贵州省委、省政府和全省各族人民，对浙江省长期以来给予贵州的帮助支持表示感谢。他表示，将继续认真贯彻落实党的十九大精神和习近平总书记在贵州省代表团重要讲话精神，深入开展"牢记嘱托、感恩奋进"教育，以脱贫攻坚统揽经济社会发展全局，奋力打好脱贫攻坚战。将进一步用好浙江宝贵的帮扶资源，积极做好协作及配合，全力加快脱贫和发展步伐，决不辜负习近平总书记的殷切希望，决不辜负浙江各级各方的深情厚谊。

5月4日 国开行广东分行、国开行贵州分行、广州市协作办公室与黔南州、毕节市相关部门在贵阳分别签署《东西部扶贫协作合作协议》。国开行将发挥开发性金融优势与作用，融资、融智和融制多措并举，为广州市与黔南州、毕节市东西部扶贫协作提供支持与服务。

5月6日 "2018中国·贵州国际茶文化节暨茶产业博览会"在遵义市湄潭县举行，省委副书记、省长谌贻琴讲话并宣布开幕。中国国际茶文化研究会会长周国富、中国茶叶流通协会会长王庆、联合利华北亚区副总裁曾锡文、肯尼亚商务代表团团长以马利·贝特·凯穆泰致辞。

5月7日 省委召开常委会，专题研究2017年贵州省党委和政府扶贫开发工作成效考核国家反馈问题整改落实措施，对打赢打好精准脱贫攻坚战提出要求。会议指出，打赢打好精准脱贫攻坚战，是以习近平同志为核心的党中央向国内外作出的庄严承诺。贵州是全国脱贫攻坚的主战场，我们要坚持以习近平新时代中国特色社会主义思想为指导，牢固树立"四个意识"，提高政治站位，强化责任担当，把脱贫攻坚作为重中之重，坚决在关键之年打赢打好脱贫攻坚关键之仗，以苦干实干业绩诠释对党的绝对忠诚，决不辜负习近平总书记对我们的殷切期望。会议强调，要用好考核结果，强化执纪问责，坚持较真碰硬，对考核结果好的，给予表扬和奖励；对不作为的坚决问责；对问题严重的、违法违纪的严肃查处。要扎实开展脱贫攻坚作风建设年活动，深入推进扶贫领域腐败和作风问题专项治理。要充分发挥考核的指挥棒和巡视利剑作用，加强警示教育，对搞虚假脱贫、数字脱贫，脱贫结果不真实的，严肃查处。省委书记、省人大常委会主任孙志刚主持会议并讲话。省委副书记、省长谌贻琴等省领导出席会议。

5月8日—10日 湖南省政协调研组来我省调研产业扶贫及大数据建设应用情况。8日下午，在贵阳举行调研座谈会。会上，省扶贫办、省大数据发展管理局有关负责同志分别介绍了我省产业扶贫和大数据建设应用情况。双方与会同志就共同关心的问题进行了交流。

5月9日—11日 2018年贵州省第一次项目建设现场观摩会启动。省委书记、省人大常委会主任孙志刚，省委副书记、省长谌贻琴等省领导分率9个观摩组同时出发，对全省9个市州及贵安新区贯彻落实脱贫攻坚"春风行动令"及推进脱贫攻坚"四场硬仗"有关情况进行观摩。11日，召开观摩总结会。孙志刚书记在会上强调，2018年是决战脱贫攻坚、决胜同步小康的关键之年，全省各级各部门要坚定信心、乘势而上，坚决夺取决定性胜利。要认真抓好国务院扶贫办考核反馈问题的整改落实，坚决扛起政治责任，落实主体责任，层层制定方案，切实抓好漏评错评、错退、危房改造不到位、扶贫领域腐败和不正之风等重点专项治理，确保整改到位。要坚定不移抓好脱贫攻坚"四场硬仗"等重点工作，打好决战决胜的关键之战。要开展对"八要素"系统培训，引导各级干部全面把握"八要素"的系统思维、科学方法，按照"八要素"要求制定结构调整方案，围绕产业发展落实"八要素"，夯实基层党建这个"八要素"根本点，推动农村产业革命取得重大突破。要做好当前改革发展稳定各项工作，保持好来之不易的良好发展态势。省委副书记、省长谌贻琴要求，要坚持问题导向，紧盯国务院扶贫办考核反馈问题，狠抓整改落实，努力使各项工作精准精准再精准、务实务实再务实、从严从严再从严，确保今年脱贫攻坚连战连捷。会上，9个市州和贵安新区负责同志作了交流发言。

5月11日 省委书记、省人大常委会主任孙志刚，省委副书记、省长谌贻琴在贵阳参观了贵州扶贫领域形式主义、官僚主义突出问题专项警示教育展。展览旨在教育警醒全省干部群众全面认识这些问题的表现、危害和后果，在全省上下迅速形成揭露、整治扶贫领域形式主义、官僚主义突出问题的强大声势与合力，坚决遏制类似问题再次发生，为决战决胜脱贫攻坚提供坚强作风保障。展览由省纪委监委联合省委巡视工作领导小组、省扶贫开发工作领导小组举办，在省、市、县三级联动举行。

5月12日　全省扶贫办主任会议在贵阳召开。会议认真学习贯彻近期省委常委会、全国扶贫办主任座谈会和2018年全省第一次项目建设现场观摩总结会议精神，通报省对2017年度市、县两级党委和政府脱贫攻坚工作成效考核结果，研究部署整改落实工作和近期脱贫攻坚重点工作。会议要求，全省扶贫系统要聚焦重点、补齐短板，全力以赴推进"春风行动"，抓好2017年我省14个拟退出贫困县迎接国家实地考核验收的各项准备工作。要深入推进"春风行动"，坚定不移按照产业扶贫"八要素"要求，进一步加大产销衔接，进一步强化利益联结，进一步强化要素保障，按照"五个到村到户到人"要求，全力推动农业产业结构调整取得革命性突破。同时要细化"五个一批"、深化东西扶贫协作、促进帮扶干部真蹲实驻、扎实开展作风专项治理等工作。

5月14日　海外贵州商会促进开放助推脱贫座谈会在贵阳召开。2013年以来，省委统战部、省侨联相继在五大洲23个国家引导成立了26家海外贵州商会。座谈会上，法国、斯洛伐克、葡萄牙、德国、北美、英国等海外贵州商会负责人作了发言，介绍了宣传推介贵州、助推黔货出海、在黔投资兴业等情况。

5月17日　省委副书记、省长谌贻琴主持召开省政府常务会议，研究脱贫攻坚存在问题专项治理工作，部署我省2018年地质灾害防治工作，听取2018中国国际大数据产业博览会和生态文明贵阳国际论坛 2018 年年会筹备工作情况汇报，审议大数据云计算人工智能创新发展、安全生产责任制、经济发达镇行政管理体制改革等文件。会议审议通过了《关于促进大数据云计算人工智能创新发展　加快建设数字贵州的意见》，还审议了《贵州省党政领导干部安全生产责任制实施细则》《贵州省经济发达镇行政管理体制改革工作实施方案》，决定修改完善后提请省委审定。

5 月 17 日—18 日　上海市委副书记、市长应勇率上海市代表团到我省考察，并在赤水市举行沪遵扶贫协作第八次联席会议。省委副书记、省长谌贻琴陪同。在沪遵扶贫协作第八次联席会议上，应勇表示，中央把对口帮扶遵义的任务交给上海，体现了对上海的充分信任。上海市一定继续坚决贯彻落实习近平总书记聚焦深度贫困地区、提高脱贫质量、全面打好脱贫攻坚战的要求，采取更加集中、更加有力的举措，全力做好沪遵扶贫协作工作，更好地助推贵州、遵义打赢脱贫攻坚战。受孙志刚书记委托，谌贻琴代表贵州省委、省政府和全省各族人民，向上海市代表团一行表示热烈欢迎和感谢。她表示将继续深化与上海的扶贫协作，在已经开展的帮扶协作项目基础上，更好地把上海与贵州的优势结合起来，推动两地交流合作不断迈上新台阶。会上，遵义市政府与上海市有关部门、企业和金融机构签订了《合作框架协议》。

5 月 20 日　新华通讯社与贵州省政府在北京签署《战略合作协议》，双方联合打造民族文化产业集群——"黔系列"民族文化产业品牌，同时宣布"新华社民族品牌工程·'黔系列'民族文化产业品牌行动"正式启动。该民族文化产业集群计划将具有地方民族特色的传统工艺、民族刺绣、民族医药、银饰等资源进行整合提升，推出"黔酒""黔茶""黔药""黔银""黔绣"等"黔系列"品牌，并将整合新华社丰富的媒体资源，运用全球网络和传播渠道，面向海内外宣传推广"黔系列"品牌，为"黔系列"民族文化产业发展提供智力支撑、品牌打造等系列服务，为贵州省决战决胜脱贫攻坚和实现全面小康贡献力量，助力贵州品牌走向世界。

5月22日 省政府与澳门特别行政区政府、中央人民政府驻澳门特别行政区联络办公室（简称"澳门中联办"）在贵阳举行《扶贫合作框架协议》签字仪式。省委书记、省人大常委会主任孙志刚，省委副书记、省长谌贻琴会见澳门特别行政区行政长官崔世安，澳门中联办主任郑晓松一行，共同见证协议签订。

5月22日—24日 澳门特别行政区政府、中央人民政府驻澳门特别行政区联络办公室到我省开展对口帮扶，澳门特区行政长官崔世安、澳门中联办主任郑晓松率队。中国贸促会党组书记、会长姜增伟等参加帮扶活动。省委书记、省人大常委会主任孙志刚，省委副书记、省长谌贻琴等参加有关活动。

5月23日 澳门特别行政区政府、中央人民政府驻澳门特别行政区联合办公室到我省从江县开展帮扶，并举行澳门特区帮扶从江项目签约仪式，现场签署9份帮扶协议，澳门对口帮扶从江"扬帆启航"。澳门特区行政长官崔世安、澳门中联办主任郑晓松等讲话，省委副书记、省长谌贻琴讲话。

5月30日 全省林业产业助推脱贫攻坚现场推进会召开。会议提出，2018年我省林业产业总产值的目标是突破3000亿元，到2020年全省林业产业总产值将实现5000亿元。我省林业资源丰富，森林覆盖率已达55.3%，森林面积1.46亿亩，森林蓄积达到4.17亿立方米，拥有巨大的产业开发空间。

5月31日 全省易地扶贫搬迁社区民族工作现场推进会在惠水县召开。会议要求，全省各级民宗部门要强化使命担当，积极主动作为，奋力推动易地扶贫搬迁社区民族工作彰显新品牌，紧紧围绕"中华民族一家亲、同心共筑中国梦"的目标任务，突出"共同团结奋斗、共同繁荣发展"的时代主题，以帮助易地扶贫搬迁少数民族群众融入城镇生活为重点，狠抓以帮助引导群众搬迁、帮助融入城市生活、帮助实现就业创业、帮助解决实际困难为主要内容的"四帮"服务，切实解决少数民族群众搬迁难、融入难、就业难等问题，扎实推动共居、共学、共事、共乐、共建"五共"社区建设，努力推动易地扶贫搬迁社区民族工作迈向新台阶，为推动全省脱贫攻坚、同步小康和民族团结进步繁荣发展示范区建设做出新的更大的贡献。

6月3日—6日　省委、省政府组成四个组到全省各地暗访脱贫攻坚问题整改工作。省委副书记、省长谌贻琴到黔南州龙里县、安顺市平坝区贫困发生率最高、位置最偏远的贫困村暗访，并召开脱贫攻坚工作督导检查推进会。会议强调，各地要认真学习贯彻习近平扶贫思想，全面落实中央和省委、省政府的部署要求，坚定信心，聚焦问题，精准施策，实干担当，深入扎实开展脱贫攻坚"五个专项治理"，确保如期完成减贫摘帽任务，确保脱贫结果经得起群众和历史检验。省有关部门和有关市州以及14个拟出列贫困县负责人参加会议。

6月4日—5日　省委书记、省人大常委会主任孙志刚深入黔东南州黄平县、施秉县、凯里市调研脱贫攻坚等工作。他强调，各级干部要深入学习贯彻党的十九大精神和习近平总书记在贵州省代表团的重要讲话精神，认真学习贯彻习近平总书记扶贫思想，坚决扛起脱贫攻坚的重大政治责任，坚持把脱贫攻坚作为头等大事和"第一民生工程"，以脱贫攻坚统揽经济社会发展全局，全力打赢打好脱贫攻坚战，实现新时代脱贫攻坚新担当、新作为。

6月5日—6日　香港港区妇联代表联谊会考察团来我省考察调研。6日，考察团在贵阳参加座谈会，与省委统战部、省妇联、省扶贫办等部门负责同志共话助推贵州脱贫攻坚工作。考察团表示，将继续积极加强港区妇联代表联谊会与贵州省妇联各方面交流合作，助推贵州脱贫攻坚取得新成效。

6月6日—8日 省委书记、省人大常委会主任孙志刚深入毕节市走访调研。他在毕节威宁彝族回族苗族自治县、赫章县、七星关区的乡村、学校、企业、自然保护区、高效农业示范园和新时代农民讲习所等地走访调研后，召开调研座谈会，听取了毕节市工作汇报并给予充分肯定，现场协调解决有关问题。他强调，习近平总书记非常关心毕节发展，毕节是全省贫困人口最多的地方，打赢脱贫攻坚战是重大政治责任，是历史性机遇，是光荣使命，也是严峻考验。毕节市要坚决打好脱贫攻坚"四场硬仗"等关键战役，着力解决农村饮水安全问题，切实抓好"五个专项治理"，着力解决精准基础不扎实的问题。要全面对照结构调整"八要素"找差距、补短板，转变思想观念、发展方式，运用"五步工作法"，高标准推动农村产业革命取得重大突破。要切实转变作风，强化"四个意识"、宗旨意识、风险防范意识，坚持勤俭办一切事业，坚持抓具体抓深入，坚持只争朝夕、苦干实干，持之以恒、正风肃纪，以过硬战斗力夺取脱贫攻坚全胜。要切实加强和改善党的领导，确保各项工作聚焦脱贫攻坚主战场，激励各级干部在新时代有新担当、新作为，夯实基层基础，用好帮扶资源，为脱贫攻坚提供坚强保障，确保毕节市到2020年与全国全省同步小康。

6月13日 省委召开常委会议，传达学习习近平总书记对脱贫攻坚工作的重要指示，强调要深入贯彻落实习近平扶贫思想，坚决扛起脱贫攻坚重大政治责任，牢记嘱托，感恩奋进，把脱贫攻坚作为重中之重，真抓实干，埋头苦干，坚定不移打好决战决胜关键战役，夺取脱贫攻坚全面胜利。会议同时传达学习李克强总理对打赢脱贫攻坚战三年行动的批示要求、5月31日中央政治局会议精神、胡春华副总理在6月11日打赢脱贫攻坚战三年行动电视电话会议上的讲话精神。

省委书记、省人大常委会主任孙志刚主持会议并讲话。会议指出，打赢脱贫攻坚战，对全面建成小康社会、实现"两个一百年"奋斗目标具有十分重要的意义。贵州是全国脱贫攻坚的主战场，贫困人口多，脱贫难度大，打赢脱贫攻坚战是历史性机遇，是光荣使命，也是严峻考验，必须牢固树立"四个意识"，扛起脱贫攻坚重大政治责任，坚定不移地贯彻落实好习近平总书记关于脱贫攻坚的重要指示精神，坚决打赢脱贫攻坚战。会议强调，要坚决打好脱贫攻坚决战决胜的关键战役，提高战略定力，集中火力，集中精力，排除万难，全面推进，全力以赴打好"四场硬仗"，着力解决农村饮水安全问题，确保到2020年与全国同步全面小康。要抓好"五个专项治理"，实施经常性的督查巡查和暗访工作，加大突出问题整改力度，不折不扣地把习近平总书记的指示要求和党中央的决策部署落到实处。

同日 贵州省单株碳汇精准扶贫签约仪式在贵阳举行，由贵州省发改委主办。为充分发挥贵州生态优势，推动"大生态＋大扶贫"融合，省发改委联合相关单位和部门，充分运用"互联网＋生态建设＋精准扶贫"新模式，切实推进低碳扶贫，助力扶贫攻坚，为实现减缓气候变化、促进生态文明建设和精准扶贫做出应有的贡献。仪式举行标志着我省单株碳汇精准扶贫试点正式拉开序幕。

6月24日 省委书记、省人大常委会主任孙志刚，省委副书记、省长谌贻琴在贵阳会见对口帮扶六盘水市的、由辽宁省委副书记、省长唐一军率领的辽宁省党政代表团一行。会见时，双方表示将继续深入贯彻落实习近平总书记在东西部扶贫协作座谈会上的重要讲话精神，用好东西部扶贫协作机遇，全力打好脱贫攻坚战。要进一步拓展辽宁与贵州全方位、各领域的交流合作，实现协同发展、共赢发展。

6月25—26日 中共贵州省十二届三次全会在贵阳召开。出席全会的有省委委员65人、候补委员13人。全会由省委常委会主持，省委书记、省人大常委会主任孙志刚作了讲话。全会听取和讨论了孙志刚同志受省委常委会委托作的工作报告，审议通过了《中共贵州省委关于深入实施打赢脱贫攻坚战三年行动发起总攻夺取全胜的决定》《中国共产党贵州省第十二届委员会第三次全体会议决议》。省委副书记、省长谌贻琴就《决定（讨论稿）》向全会作了说明，省委书记、省人大常委会主任孙志刚作了讲话。

7月1日　全省脱贫攻坚"七一"表彰大会在贵阳隆重举行。省委书记、省人大常委会主任孙志刚宣读《中共中央关于追授郑德荣等7名同志"全国优秀共产党员"称号的决定》并讲话。孙志刚强调，脱贫攻坚大浪淘沙、英雄辈出，全省上下要牢记嘱托，感恩奋进，以先进典型为榜样，只争朝夕，苦干实干，努力创造出无愧于时代、无愧于人民的出色业绩，向党和人民交上一份发起总攻夺取全胜的优异答卷。孙志刚要求，全省上下要以先进典型为榜样，大力学习先进典型的优良品质和作风，奋力在脱贫攻坚主战场和各条战线建功立业，实现新时代、新担当、新作为。省委副书记、省长谌贻琴宣读《中共贵州省委关于表彰全省脱贫攻坚优秀共产党员、优秀党组织书记、优秀村第一书记和先进党组织的决定》。

7月4日　省委副书记、省长谌贻琴主持召开省政府常务会议，传达学习贯彻全国深化"放管服"改革转变政府职能电视电话会议精神，研究贯彻落实"六个坚持"，进一步加强和规范易地扶贫搬迁工作，决定实施贵州省市场主体培育"四转"工程。会议审议通过了《贵州省市场主体培育"四转"工程实施方案》，还审议了《关于加强生态环境保护坚决打赢污染防治攻坚战的实施意见》《贵州省全民阅读促进条例（草案）》《贵州省无线电管理条例（草案）》。

7月4日—7日　全国政协副主席、台盟中央主席苏辉率队到台盟中央对口帮扶的毕节市赫章县调研脱贫攻坚工作，并出席台盟第十届中央常务委员会第三次全体会议。

7月21日 自然资源部同意支持贵州省乌蒙山区域"兴地惠民"土地整治重大工程，涉及毕节市、遵义市的7个县（区），中央安排补助资金4.54亿元，建设规模21.72万亩，建成高标准农田11.52万亩，新增耕地1.08万亩，生态修复1.8万亩，治理水土流失5.02万亩，惠及10余万人，其中贫困群众4万人。

7月16日 全省旅游扶贫工作推进会在黔东南州从江县召开。省委书记、省人大常委会主任孙志刚出席会议并讲话。他强调，要深入贯彻落实党的十九大精神和习近平总书记在贵州省代表团重要讲话精神，全面贯彻落实十九届二中、三中全会精神，认真贯彻落实省委十二届三次全会精神，牢记嘱托，感恩奋进，只争朝夕，苦干实干，推进旅游扶贫在新时代取得新突破，为发起总攻夺取全胜做出新贡献。省委副书记、省长谌贻琴在主持会议时对贯彻落实会议精神提出四点要求：一要提高政治站位抓落实，从打赢脱贫攻坚战的政治高度，真正把旅游扶贫重视起来，持续为贫困群众谋增收，为农村发展添活力；二要加强规划统筹抓落实，系统全面创新推进旅游扶贫，继续保持全省乡村旅游和全域旅游"井喷式"增长的良好势头；三要突出利益联结抓落实，建立股份合作型、劳动就业型、经营型等分享机制，确保贫困群众能够长期受益、持续增收、稳定致富；四要细化措施责任抓落实，紧盯脱贫攻坚时间节点，完善旅游扶贫工作推进机制，确保旅游扶贫各项决策部署落地见效。

同日 以"发展乡村旅游·助推脱贫攻坚"为主题的第十三届贵州旅游产业发展大会在黔东南州从江县銮里举行，会上发布了100个旅游招商项目。大会向第十四届贵州旅游产业发展大会承办地毕节市授旗。会上还举行了以"美了乡村、富了百姓"为主题的黔东南州乡村旅游民族文化展示活动。省委副书记、省长谌贻琴出席会议并作推介讲话。国际山地旅游联盟副主席、国家旅游局原局长邵琪伟致辞。

7月18日—19日 全国政协副主席、致公党中央主席万钢来我省出席统一战线参与毕节试验区建设座谈会并在毕节调研。全国人大常委会环境与资源保护委员会副主任委员、致公党中央副主席吕彩霞参加调研。

7月18日—20日 全国政协副主席、全国工商联主席高云龙来我省出席统一战线参与毕节试验区建设座谈会并在毕节调研。

7月18日—21日 全国人大常委会副委员长、民进中央主席蔡达峰来我省出席统一战线参与毕节试验区建设座谈会并在黔西南州调研。

7月19日 中共中央总书记、国家主席、中央军委主席习近平日前对毕节试验区工作作出重要指示指出，30年来，在党中央坚强领导下，在社会各方面大力支持下，广大干部群众艰苦奋斗、顽强拼搏，推动毕节试验区发生了巨大变化，成为贫困地区脱贫攻坚的一个生动典型。在这一过程中，统一战线广泛参与、倾力相助，做出了重要贡献。习近平总书记强调，现在距2020年全面建成小康社会不到3年时间，要尽锐出战、务求精准，确保毕节试验区按时打赢脱贫攻坚战。同时，要着眼长远、提前谋划，做好同2020年后乡村振兴战略的衔接，着力推动绿色发展、人力资源开发、体制机制创新，努力把毕节试验区建设成为贯彻新发展理念的示范区。统一战线要在党的领导下继续支持毕节试验区改革发展，在坚持和发展中国特色社会主义实践中不断发挥好中国共产党领导的多党合作的制度优势。

同日 统一战线参与毕节试验区建设座谈会在贵州省毕节市召开，中共中央政治局常委、全国政协主席汪洋出席会议并讲话。汪洋强调，中国特色社会主义进入新时代，毕节试验区建设也进入新阶段。

要以习近平新时代中国特色社会主义思想为指导，认真贯彻习近平总书记重要指示精神，适应新形势，瞄准新目标，实现新跨越。统一战线要发挥人才荟萃、智力密集、联系广泛的优势，帮助培育特色脱贫产业，协调解决重点难点问题，搞好脱贫攻坚民主监督，助推试验区按时打赢脱贫攻坚战。要围绕事关试验区长远发展的重大问题开展前瞻性研究，推动有关方面实施好重大环保工程和生态建设工程，大力协助培养人才，助力试验区建设成为贯彻新发展理念示范区。要通过参与毕节试验区建设，进一步增强拥护中国共产党领导的坚定性，增强参政党自身建设的自觉性，增强多党合作的有效性，积累中国共产党领导多党合作服务党和国家工作大局的新经验。中共中央书记处书记、中央统战部部长尤权在会上传达了习近平总书记的重要指示，并主持会议。会上，各民主党派中央和全国工商联主席、无党派人士代表和贵州省、毕节市党委主要负责同志作交流发言。

7月19日—20日　全国人大常委会副委员长、民革中央主席万鄂湘一行深入贵州毕节市七星关区、纳雍县调研，了解当地产业结构调整、产业扶贫等情况。

7月23日　省委召开常委会，传达学习贯彻习近平总书记对毕节试验区工作的重要指示精神、汪洋同志在统一战线参与毕节试验区建设座谈会上的重要讲话精神和在贵州考察调研时的重要指示精神，研究我省贯彻落实意见。省委常委会还学习传达贯彻习近平总书记、李克强总理对防汛抢险救灾工作做出的重要指示精神，分析研究上半年经济形势，谋划部署下半年经济工作。省委书记、省人大常委会主任孙志刚主持会议并讲话。省委副书记、省长谌贻琴参会。

7月24日　省委副书记、省长谌贻琴出席省长与省政协委员座谈会，围绕深度贫困县、极贫乡镇、深度贫困村脱贫攻坚主题，听取政协委员意见建议,就委员们普遍关注的问题与大家进行深入交流探讨。

7月27日 全省深入实施"文军扶贫"脱贫攻坚三年行动动员大会在贵阳召开。会议要求，全省"文军"队伍要提高政治站位，增强政治自觉，深入学习领会宣传贯彻习近平新时代中国特色社会主义思想、对毕节试验区重要指示精神和省委全会精神，以有力有效的宣传推动习近平新时代中国特色社会主义思想和省委全会精神深入人心、落地生根。要围绕中心服务大局，开展最强势的正面宣传，激发最高昂的战斗士气，提供最坚实的文化支撑，汇聚最广泛的社会合力，全力营造发起总攻夺取全胜的浓厚氛围。要聚焦贫困地区、贫困家庭，巩固提升基础教育，大力发展职业教育，发掘高等教育潜力，全面推广"校农结合"，坚决打赢教育脱贫这场关键战役。要做表率走前列，咬定目标不放松，坚持精准不失焦，集中力量不分散，多出实招不走样，确保各项工作任务落地生效，为确保按时打赢脱贫攻坚战做出新的更大贡献。会上还签订了《中央广播电视总台 中共贵州省委宣传部2018年下半年"国家品牌计划——精准扶贫"项目合作书》。省委书记、省人大常委会主任孙志刚，省委副书记、省长谌贻琴作批示。

同日 省委召开常委会，传达学习贯彻习近平总书记、李克强总理对实施乡村振兴战略的重要指示批示精神及全国实施乡村振兴战略工作推进会议、全国东西部扶贫协作工作推进会议精神，学习贯彻中央《乡村振兴战略规划（2018—2022年）》，研究我省贯彻落实意见。省委常委会还研究部署进一步做好中央巡视组巡视反馈意见整改工作，传达学习习近平总书记在同团中央新一届领导班子集体谈话时的重要讲话精神，研究部署相关工作。省委书记、省人大常委会主任孙志刚主持会议并讲话。省委副书记、省长谌贻琴等省领导出席会议。

8月2日 省委书记、省人大常委会主任孙志刚到贵阳市白云区、息烽县调研。孙志刚强调，省委十二届三次全会发出了向脱贫攻坚发起总攻、夺取全胜的动员令，全省生态环境保护大会暨国家生态文明试验区（贵州）建设推进会对我省生态文明建设作出了全面部署。我们要深学笃用习近平总书记对贵州工作的重要指示要求，认真贯彻落实省委十二届三次全会、全省生态环境保护大会暨国家生态文明试验区（贵州）建设推进会精神，牢记嘱托，感恩奋进，牢牢守好发展和生态两条底线，大力推动经济高质量发展，更好地发挥全省经济重要增长极作用。贵阳市在全省各方面条件较好，发展优势明显，要坚持以高端化、绿色化、集约化为主攻方向，大力推进"双千工程"，加快新旧动能转换，推动大数据与实体经济深度融合，坚决打好污染防治攻坚战，切实加强生态环境保护，在守好发展和生态两条底线上走前列、做表率，为全省脱贫攻坚做出更大贡献。

同日 贵州省第十三届人大常委会第四次会议通过《贵州省人民代表大会常务委员会关于深入贯彻落实省委十二届三次全会精神依法推动打赢脱贫攻坚战的决议》。《决议》强调，全省各级国家机关要深入贯彻落实党的十九大精神和习近平总书记在贵州省代表团重要讲话精神，认真贯彻落实中共贵州省委十二届三次全会精神，把脱贫攻坚作为头等大事和"第一民生工程"，坚持以脱贫攻坚统揽经济社会发展全局，围绕打赢脱贫攻坚战积极依法履职，压实责任，尽锐出战，推进脱贫攻坚在新时代取得新突破，为发起总攻夺取全胜做出新贡献。会议提出决议如下：一是坚持党对脱贫攻坚工作的领导；二是坚决扛起打赢脱贫攻坚战的重大政治责任；三是建立健全严格的脱贫攻坚法规制度；四是大力推动脱贫攻坚法律法规制度全面有效实施；五是充分发挥人大代表在脱贫攻坚中的参与带动作用；六是聚焦脱贫攻坚做好人大帮扶工作；七是广泛动员人民群众积极参与脱贫攻坚工作。

8月5日 近日，我省农村"三变"改革经验被写入中央、国务院印发的《关于打赢脱贫攻坚战三年行动的指导意见》。这是六盘水试验区农村"三变"改革成功经验继 2017 年、2018 年写入《中共中央 国务院关于深入推进农业供给侧结构性改革加快培育农业农村发展新动能的若干意见》《中共中央 国务院关于实施乡村振兴战略的意见》文件后,第三次写入中央文件。

8 月 7 日 联合国开发计划署"百城万村"家政扶贫示范国际合作家政扶贫项目首期培训班在独山县举办,为此,"百城万村"家政扶贫示范国际合作家政扶贫项目贵州试点启动。

8 月 10 日 省委召开常委会,传达贯彻全面深化司法体制改革推进会精神,审议《中共贵州省委 贵州省人民政府关于支持毕节试验区按时打赢脱贫攻坚战夯实贯彻新发展理念示范区建设基础的意见》等。省委书记、省人大常委会主任孙志刚主持会议并讲话。

同日 全省民营企业"千企帮千村"精准扶贫行动工作推进会在贵阳召开。会议深入学习贯彻习近平总书记对毕节试验区工作的重要指示精神,认真落实省委十二届三次全会精神,组织动员全省民营企业家发挥社会扶贫主力军作用,为打好发起总攻、夺取全胜的关键战役,按时打赢脱贫攻坚战贡献力量。截至 6 月,全省共有 4091 家民营企业结对帮扶 4221 个贫困村,帮扶资金 185 亿元,惠及贫困人口 95.8 万人。

同日 从贵州省 2018 年东西部扶贫协作推进暨项目观摩会上获悉,今年广州、宁波、大连、上海、杭州、苏州、青岛 7 个东部帮扶城市均加大财政资金帮扶力度,预计投入财政资金 19.14 亿元。拟安排启动实施扶贫项目 691 个,直接惠及贫困户 21.24 万余人。今年以来,按照"五步工作法"的要求,我省制定了《贵州省东西部扶贫协作 2018 年工作要点》,明确 2018 年的 11 项重点任务。

8 月 14 日 贵州省政府新闻办正式发布《贵州省精准扶贫标准体系》,全国尚属首家。《体系》具有"充分体现贵州特色、注重全过程规范、系统完备、科学适用"四个鲜明特点,由基础通用、项目管理、基础设施、社会保障4个部分构成,首批发布贵州省地方标准26个。《体系》对精准扶贫的工作要求、工作方法、工作行为和流程进行了统一规范,基本涵盖了"六个精准"的要求,系统梳理了产业扶贫、农村"组组通"公路建设、易地搬迁、教育医疗住房"三保障"、党建扶贫等精准扶贫政策和工作内容,提炼和规范了工作措施。

8月17日 支持毕节试验区按时打赢脱贫攻坚战建设贯彻新发展理念示范区推进大会在毕节召开。省委书记、省人大常委会主任孙志刚出席会议并讲话,强调要深入学习贯彻习近平总书记重要指示精神,认真落实汪洋同志在统一战线参与毕节试验区建设座谈会上的讲话要求,全力支持毕节试验区,确保按时打赢脱贫攻坚战,努力建设贯彻新发展理念示范区。

8月20日—21日 江苏省代表团到贵州考察,推动扶贫协作和合作发展。20日上午,两省在贵阳举行经济社会发展暨苏铜对口帮扶座谈会。会后,两省签署了总体合作协议,在东西部扶贫协作、农业、装备制造业、电子信息、医药、旅游、金融等11个领域开展合作;签订了27个项目合作协议,总投资135.42亿元。

8月25日 省委副书记、省长谌贻琴主持召开省政府专题会议,传达学习国务院西部地区开发领导小组会议精神,研究部署我省补短板扩内需增后劲工作。谌贻琴强调,国务院西部地区开发领导小组会议根据党的十九大精神对深入推进西部开发作出全面部署,充分表明了党中央、国务院对西部地区发展的高度重视和特别关怀,为推动贵州经济发展、基础设施建设和民生改善提供了重大机遇。全省各地区、各部门要认真贯彻落实会议精神,强化机遇意识,突出重点,补短板,加快谋划推进一批全省急需、符合国家规划的重大工程项目建设;全面深化改革,持续扩大开放,以自我革命的勇气担当深化"放管服"

改革，营造一流的营商环境，培育壮大新兴产业，改造提升传统产业；坚持尽力而为、量力而行，切实抓好民生工程和民生实事，扎实推进脱贫攻坚，推动全省发展动力增强、产业结构升级、民生不断改善。我们要用足用好国家补短板扩内需增后劲、加大对西部地区支持力度的机遇，要聚焦"四场硬仗"，精准争取支持，精准落地落实，确保按时打赢脱贫攻坚战。

8月27日—29日　贵州省党政代表团赴广东省学习考察，深入贯彻落实习近平总书记关于推进东西部扶贫协作的重要指示要求，共商扶贫协作和合作发展事宜。27日，广东·贵州扶贫协作工作座谈会在广州举行。广东省委书记李希主持会议并讲话。省委书记、省人大常委会主任孙志刚讲话，省委副书记、省长谌贻琴介绍贵州经济社会发展情况。28日，贵州·深圳经贸交流座谈会在深圳举行，贵州省政府、深圳市政府共同签署了合作框架协议。在广州期间，代表团深入琶洲互联网创新集聚区、珠江新城中央商务区，详细了解城市规划建设、科技创新、产业升级等情况；分组考察了南方航空股份有限公司、南方电网有限公司、广州无线电集团有限公司等，推动企业与我省项目合作；与广东农产品营销企业进行恳谈，考察了贵州（广州）绿色优质农产品分销中心，促进更多"黔货出山"。

8月30日　省委副书记、省长谌贻琴主持召开省政府常务会议，传达学习国务院扶贫开发领导小组第三次会议及全国扶贫办主任座谈会精神，听取贵州省脱贫攻坚存在问题"五个专项治理"情况汇报；研究全省禁毒工作；审议《贵州省财政综合考核奖励办法》等文件。

8月30日—31日　全省14个深度贫困县"一县一业"产业扶贫现场交流会在三都水族自治县举行。会议要求，按照"上规模、强龙头、创品牌、带农户"的总体部署，围绕产业革命"八要素"，对标对表，查找差距，分析原因，加快项目实施，尽快发挥项目的扶贫效益；通过完善"产业链、价值链、利益链"，做大做强深度贫困县"一县一业"，助推 13.9 万农村贫困人口增收脱贫。同时，要求围绕全产业链发展短板，着力谋划 2019 年"一县一业"产业扶贫项目；开展相关前期工作，确保项目资金一到位就能开工建设并有序推进，尽早取得实效。

9 月 11 日 全国人大农委来黔开展乡村振兴和脱贫攻坚专题调研座谈会在贵阳召开。会上，调研组听取了贵州省农委、省扶贫办等有关部门负责人关于全省乡村振兴战略实施情况、全省脱贫攻坚工作情况的汇报，并与省直部门座谈交流。

9 月 12 日 省委副书记、省长谌贻琴主持召开省政府常务会议，研究部署我省深度贫困县按时打赢脱贫攻坚战工作，听取全省产业大招商、优化营商环境集中整治和"千企引进""千企改造"工作情况汇报。会议审议通过了《省人民政府关于深入推进"千企改造"工程的实施意见》《贵州省推动企业沿着"一带一路"方向"走出去"行动计划（2018—2020 年）》《贵州省生态环境保护条例（草案）》《贵州省河道管理条例（修订草案）》《贵州省电梯安全管理条例（草案）》等，研究有关资金安排事项。

9 月 19 日—20 日 省委副书记、省长谌贻琴到全省极贫乡镇威宁彝族回族苗族自治县石门乡调研深度贫困地区脱贫攻坚"夏秋攻势"开展情况。她强调，要深入学习贯彻习近平总书记关于扶贫工作的重要论述和对毕节试验区的重要指示精神，增强感恩意识，尽锐出战、务求精准，攻克重点难点，确保深度贫困地区按时打赢脱贫攻坚战。

9 月 20 日 由全国政协副主席何厚铧任团长的澳门特别行政区全国政协委员考察团出席从江县脱贫攻坚情况汇报会，并宣布集体捐赠 1000 万元帮助从江县精准脱贫。

9 月 25 日 省人民政府已正式批复《关于呈请批准桐梓等 14 个

县（区）实现贫困退出的请示》，并发布《贵州省人民政府关于桐梓等 14 个县（区）退出贫困县的通告》。《通告》指出，根据中办、国办《关于建立贫困退出机制的意见》精神，按照国家贫困县退出标准以及贫困县退出的有关审批程序，经研究审定、批复：同意桐梓县、凤冈县、湄潭县、习水县、西秀区、平坝区、黔西县、碧江区、万山区、江口县、玉屏侗族自治县、兴仁县、瓮安县和龙里县 14 个县（区）退出贫困县。

9 月 26 日 全国工会脱贫攻坚工作推进会在贵阳召开，会上，东部 7 城市工会与贵州 8 市（州）工会正式签订了对口帮扶协议，涉及对口帮扶资金超 2000 万元。根据协议，上海市总工会对口帮扶遵义市总工会，大连市总工会对口帮扶六盘水市总工会，青岛市总工会对口帮扶安顺市总工会，广州市总工会对口帮扶毕节市总工会、黔南州总工会，苏州市总工会对口帮扶铜仁市总工会，杭州市总工会对口帮扶黔东南州总工会，宁波市总工会对口帮扶黔西南州总工会。

9 月 26 日—27 日 全国政协副主席、民革中央常务副主席郑建邦率调研组到贵州，就"脱贫攻坚民主监督""民革中央参与毕节试验区建设、定点扶贫"进行调研。

9 月 27 日 省委副书记、省长谌贻琴主持召开省政府常务会议，传达学习国务院扶贫开发领导小组第四次会议精神，听取桐梓等 14 个县（区）脱贫退出工作情况汇报，研究我省近期脱贫攻坚工作。会议还听取了全省安全生产工作情况汇报；研究省属国有企业战略性重组有关事宜；审议《贵州省市（州）生产总值统一核算改革实施方案》等文件。

10 月 2 日 近日，中共中央、国务院印发《乡村振兴战略规划（2018—2022 年）》，我省六盘水市发端的"三变"改革被写入其中。《规划》的第十三章提到："深入推进农村集体产权制度改革，推动资源变资产、资金变股金、农民变股东,发展多种形式的股份合作。""三变"改革连续写入 2017 年、2018 年中央 1 号文件,写入《中共中央国务院关于打赢脱贫攻坚战三年行动的指导意见》。

10 月 8 日 澳门特别行政区政府、中央人民政府驻澳门特别行政区联络办公室与贵州省政府扶贫合作工作会议在澳门召开。澳门特别行政区行政长官崔世安,中央人民政府驻澳门特别行政区联络办公室主任郑晓松,省委副书记、省长谌贻琴出席会议并讲话。双方表示,要继续深入贯彻落实好由澳门特区政府、澳门中联办和贵州省政府签署的《扶贫合作框架协议》,加强沟通协调,进一步抓好有关项目的贯彻落实,并取得更大的成效。

10 月 9 日 日前,贵州省民政厅、省财政厅、省扶贫办联合印发《关于支持社会工作专业力量参与脱贫攻坚的实施意见》。《意见》明确提出了支持社会工作专业力量参与全省脱贫攻坚的主要任务,以及实施贫困地区社会工作专业人才队伍培养计划等10项计划和细则,为社会工作助力全省脱贫攻坚提供制度保障。

同日 省委副书记、省长谌贻琴在香港会见了香港特别行政区行政长官林郑月娥。双方表示,要进一步深化经贸投资、科技、金融、绿色农业、文化旅游、教育医疗等重点领域合作,开启贵州与香港各领域全面深化合作新局面。香港特区政府愿积极参与贵州脱贫攻坚,充分发挥香港优势,助力贵州按时打赢脱贫攻坚战。

10 月 15 日 省委书记、省人大常委会主任孙志刚,省委副书记、省长谌贻琴在贵阳会见中国民生银行董事长洪崎、行长郑万春一行,并共同出席《贵州省人民政府 中国民生银行股份有限公司战略合作协议》签约仪式。根据协议,中国民生银行将与我省在实施大扶贫、大数据、大生态三大战略行动,支持基础设施建设,服务实体经济,助推国有企业改革发展,支持能源行业产业升级,发展普惠金融等方面进一步加强合作。

10月16日　省委常委会召开会议，专题研究部署全省深度贫困地区脱贫攻坚工作。会议听取了望谟、册亨、晴隆、剑河、榕江、从江、紫云、纳雍、赫章、威宁、沿河、水城、三都、正安深度贫困县和贫困发生率较高的罗甸、锦屏等16个县脱贫攻坚工作情况汇报，分析研究解决存在的困难问题，部署推进按时打赢脱贫攻坚战工作。16个县所在市（州）党委书记作书面发言。会议还听取了2017年14个县（区）脱贫摘帽和下步巩固脱贫情况，及2018年18个拟退出县评估工作打算。会议强调，攻克深度贫困这个坚中之坚、难中之难，要有优秀的指挥员、得力的战斗员，才能为攻坚克难提供坚强的组织保证。要把"精兵强将"调整充实到一线攻坚，对16个县党政一把手和党政领导班子进行综合评估，关心爱护脱贫攻坚一线干部，把最会打硬仗、最能打胜仗的精锐部队派上去，真正做到尽锐出战。要突出确保按时打赢这个目标导向，紧盯短板和薄弱环节，制订好按时打赢脱贫攻坚战的行动方案，聚焦"四场硬仗"、"四个聚焦"、农村产业革命等重点部署，项目化、工程化、清单化推进。省直相关部门和所在市、州也要制订支持16个县脱贫攻坚的方案，一个问题一个问题地解决，真正做到务求精准。要以更加扎实有力的举措深入推进农村产业革命，全面落实产业结构调整"八要素"，认真总结成功的经验做法，突出抓好"短平快"的产业和项目，抓好500亩以上大坝农业产业结构调整，抓好市场渠道建设，确保明年产业结构调整取得更大成绩。会议要求，在脱贫攻坚特殊关键时刻，要持续强化深度贫困地区脱贫攻坚的组织领导。各级党政主要负责同志作为第一责任人，要亲自部署、亲自推动、亲自核查，各级各部门要强化主战场意识，聚焦脱贫攻坚，聚力深度贫困，做到集中精力、形成合力。要坚持抓具体、抓深入，深入推进工作作风转变，突出问题导向，善于发现问题，勇于正视问题，有效解决问题，做到整改不到位不放过、成效不达标不放过、群众不满意不放过。要坚持抓基层强基础，选优配强基层党组织书记，加强基层干部培训，提高基层党组织带领群众打赢脱贫攻坚战的能力。省委书记、省人大常委会主任孙志刚主持会议并讲话。省委副书记、省长谌贻琴等省领导出席会议。

10月17日　上午，省委、省政府在贵阳市筑城广场举行全省脱贫攻坚志愿服务接力活动暨"扶贫日"现场募捐仪式，组织全社会向贫困家庭残疾儿童奉献爱心，号召社会各界发扬志愿服务精神，积极参与"脱贫攻坚·志愿黔行"全省脱贫攻坚志愿服务接力活动，为决战脱贫攻坚，决胜同步小康，开创百姓富、生态美的多彩贵州新未来贡献力量。省委书记、省人大常委会主任孙志刚，省委副书记、省长谌贻琴等省领导来到活动现场，并带头捐款。

同日　我省"健康扶贫——大病慢病关怀行动"扶贫日活动在安顺紫云启动。活动将对全省范围内建档立卡贫困人口和残疾人等特殊困难群体开展大病专项救治和慢病管理服务，旨在推进我省精准实施健康扶贫工作，切实提高救治的精准度和疾病治疗效果，避免困难地区群众因病致贫、因病返贫。

10月20日　根据《贵州省深度贫困地区教育精准脱贫三年攻坚行动（2018—2020年）计划》，为确保全省深度贫困地区如期完成"发展教育脱贫一批"任务，我省启动实施深度贫困地区教育精准脱贫三年攻坚行动，以补齐教育短板为突破口，以解决瓶颈制约为方向，教育新增资金、新增项目、新增举措，进一步向全省深度贫困地区倾斜，切实打好深度贫困地区教育脱贫攻坚战。

10月21日　省委常委会召开会议，传达学习贯彻习近平总书记对脱贫攻坚工作所做的重要指示精神和李克强总理批示要求，进一步部署推进我省脱贫攻坚工作。会议强调，脱贫攻坚进入最为关键的阶段，越到紧要关头，越要坚定必胜的信念，越要有一鼓作气"攻城拔寨"的决心。贵州是全国脱贫攻坚的主战场，脱贫攻坚时间紧迫、任务艰巨，必须坚决扛起重大政治责任，牢牢抓住关键阶段，一天也不耽误，一刻也不懈怠，只争朝夕，苦干实干，驰而不息推进脱贫攻坚。要咬定脱贫攻坚目标，坚持脱贫标准，把脱贫攻坚作为乡村振兴的优先任务，始终坚持目标不变、靶心不散、频道不换，始终坚持尽锐出战、务求精准，确保按时打赢，奋力夺取脱贫攻坚战全面胜利。

10 月 24 日 全省产业大招商突破年行动推进会暨 2018 年全省第二次项目建设现场观摩总结会在贵阳召开。会议强调，要深入学习贯彻党的十九大精神和习近平总书记在贵州省代表团重要讲话精神，以产业招商带动经济结构调整、新旧动能转换，确保按时打赢脱贫攻坚战，推动我省经济高质量发展。省委书记、省人大常委会主任孙志刚，省委副书记、省长谌贻琴讲话，省委常委、省人大常委会、省政府、省政协有关负责同志出席会议。省有关单位、中央在黔有关单位、"1+8"重点开放平台、省级开发区、各县（市、区、特区）党政主要负责同志等参加会议。

10 月 25 日 2018 年全国脱贫攻坚先进事迹巡回报告会在贵阳举行。报告会前，省委书记、省人大常委会主任孙志刚，省委副书记、省长谌贻琴会见了报告团一行。报告会上，湖北先秾坛生态农业有限公司总经理闻彬军，河北省石家庄市灵寿县南营乡车谷砣村党支部书记陈春芳，福建省闽侯县人民政府副县长（挂职宁夏回族自治区隆德县委常委、副县长）樊学双，河南省兰考县委副书记、县人民政府县长李明俊，贵州娘娘山高原湿地生态农业旅游开发有限公司董事长陶正学，中国人民解放军第 302 医院肝胆外科二中心副主任朱震宇，四川省苍溪县白驿镇岫云村党支部书记李君等 7 位报告团成员从不同领域、不同角度讲述了在脱贫一线的亲身经历和感人故事。

同日 省委副书记、省长谌贻琴主持召开省政府常务会议,认真学习贯彻习近平总书记关于脱贫攻坚的重要指示精神和李克强总理批示要求,认真落实省委常委会精神,研究部署我省 2018 年 18 个拟退出贫困县脱贫摘帽工作。会议听取了省扶贫办关于 2018 年 18 个拟退出贫困县调研情况及下步退出工作打算汇报,2017 年 14 个退出县的代表介绍了工作经验,18 个拟退出贫困县逐一作了汇报,18 个县所在市(州)政府作了书面发言。会议强调,要突出问题导向,在继续打好"四场硬仗"、开展好"五个专项治理"、推进好农村产业革命的过程中,下大力气解决工作精准、住房保障、教育医疗保障、饮水安全等方面存在的问题,把各项工作做得更细更实,切实把短板补齐,着力提升群众的获得感和满意度。要坚持从严从实,高质量开展专项评估检查工作,坚决防止形式主义、官僚主义、弄虚作假,确保评估检查结果经得起检验,让干部服气、群众认可。要持续巩固脱贫成果,做到力度不减、政策不变、责任不松,健全完善持续帮扶的长效机制,推动脱贫攻坚与乡村振兴战略有机衔接、协同推进。要进一步加强组织领导,层层压实责任,层层传导压力,各级领导干部要深入一线,加强督导,形成贫困县退出的强大合力,确保按时完成脱贫摘帽任务。

10 月 26 日 省委常委会召开会议,传达学习习近平总书记关于巡视工作重要指示精神和中央脱贫攻坚专项巡视工作动员部署会精神,研究我省贯彻落实意见。会议强调,中央脱贫攻坚专项巡视是贯彻落实党的十九大重大决策部署、践行"两个维护"的具体体现,是督促落实脱贫攻坚政治责任、确保完成脱贫攻坚目标任务的重大举措。要深刻认识开展脱贫攻坚专项巡视的重大意义,强化脱贫攻坚主战场意识,主动对标对表,自觉对照脱贫攻坚专项巡视的基本定位、主要任务、监督内容,自我加压,自查自检,切实把中央巡视工作新精神、新要求贯彻落实到位。要坚持问题导向,主动排查、及时发现和推动解决脱贫攻坚工作存在的突出问题，建立台账，动态管理，限期整改，对阳奉阴违、弄虚作假、不担当不作为的严肃追责问责，确保脱贫攻坚取得实实在在的成效。要压紧政治责任，进一步向脱贫攻坚聚焦，加大巡视巡察、监督检查和警示教育力度，灵活运用点穴式、机动式等方式进行"回头看"，督促各级党委（党组）、纪检监察机关和有关职能部门在落实脱贫攻坚主体责任、监督责任、监管责任上持续发力，为确保按时打赢脱贫攻坚战提供坚强保障。

11月5日 在首届中国国际进口博览会上，世界银行行长金墉在演讲时表示，农村电子商务和淘宝村在贵州的脱贫攻坚中起到了关键作用，猕猴桃等特产得以走出大山，有效帮助了当地农民脱贫致富。他在讲话中指出，从决战脱贫攻坚到发展数字经济，贵州有许多成功范例，我们要将贵州可复制、可借鉴的发展模式推广到其他国家和地区，造福更多的人。

11月7日 十二届贵州省委脱贫攻坚"回头看"专项巡视工作动员部署会在贵阳召开。会议深入学习贯彻习近平总书记关于扶贫工作的重要论述，传达中央脱贫攻坚专项巡视工作动员部署会议精神，安排部署脱贫攻坚"回头看"专项巡视工作。此次专项巡视时间为11月中旬至11月底，省委3个巡视组对务川自治县等6个贫困县开展巡视。

11月8日 省人社厅、省财政厅印发《关于进一步加大就业扶贫政策支持力度着力提高劳务组织化程度的通知》。《通知》提出我省将多措并举加大政策支持力度，努力促进16周岁以上、有劳动能力的建档立卡贫困人口就业创业，确保我省53万贫困劳动力实现就业的目标任务。政策执行时间截至2021年12月31日。《通知》要求，各地将积极开发就业岗位，鼓励当地企业、农民专业合作社等吸纳贫困劳动力就业,扶持贫困地区发展一批就业扶贫车间、就业扶贫基地等载体，为贫困劳动力创造更多就地就近就业岗位。对各类生产经营主体吸纳贫困劳动力就业并开展以工代训的，根据吸纳人数按照原则上不超过每人每月 500 元，给予生产经营主体一定期限的职业培训补贴。

11月16日—17日　广东省委书记李希，省委副书记、省长马兴瑞率广东省党政代表团到我省考察，深入学习贯彻习近平新时代中国特色社会主义思想，坚决贯彻落实习近平总书记关于东西部扶贫协作和对口支援工作的重要指示精神，就进一步做好对毕节、黔南的扶贫协作工作进行协商交流对接。贵州省委书记、省人大常委会主任孙志刚，省委副书记、省长谌贻琴参加有关活动。17日，两省召开扶贫协作工作联席会议。李希对粤黔对口扶贫协作进展给予充分肯定，代表广东省委、省政府对贵州长期以来给予广东工作的大力支持表示感谢。李希强调，要深入贯彻习近平总书记关于东西部扶贫协作和对口支援工作重要指示精神，牢固树立"四个意识"，坚定"四个自信"，坚决践行"两个维护"，用工作体现忠诚，用发展体现担当，用解决问题体现贯彻落实，坚决完成好粤黔扶贫协作政治任务。进一步提高政治站位，不折不扣贯彻落实以习近平同志为核心的党中央决策部署，把对贵州毕节、黔南的扶贫协作工作抓好、抓实、抓出成效。孙志刚代表贵州省委、省政府和全省各族人民，对广东长期以来给予贵州的帮助支持表示衷心感谢。他表示，贵州将以广东省党政代表团此次考察为契机，倍加珍惜和切实用好广东省的帮扶资源，深入推进六个方面工作：一是深入推进结对帮扶，丰富帮扶方式、协作内容，巩固"携手奔小康"行动成果；二是深入推进产业帮扶，大力推进合作产业园建设，引进更多高质量产业项目；三是深入推进"黔货出山"，推动更多贵州农特产品销往广东，吸引更多广东农业龙头企业到贵州发展；四是深入推进教育医疗帮扶，提高受帮扶地区教育医疗服务水平；五是深入推进劳务协作，促进贵州贫困地区劳动力向广东有序输出、有效接收、稳定就业，推动两省扶贫协作取得更大成效；六是深入推进贵州全面深化改革，抓住和用好改革开放40周年、"一带一路"加快建设、粤港澳大湾区建设的重大机遇，学习广东改革开放的成功经验，全方位加强与广东的交流合作，推动互利共赢、协同发展。会上，马兴瑞、谌贻琴分别介绍了两省经济社会发展及粤黔扶贫协作工作情况。

11月19日 省委副书记、省长谌贻琴率贵州省代表团赴上海市对接扶贫协作工作。中央政治局委员、上海市委书记李强，上海市委副书记、市长应勇会见谌贻琴一行。李强表示，上海市将继续深入贯彻落实好中央要求，不断深化对口帮扶各项举措，助力贵州遵义打赢脱贫攻坚战。希望沪黔两地不断加大合作空间，加强合作对接、优势互补，携手为国家发展大局做出更大贡献。谌贻琴代表省委、省政府和孙志刚书记，对上海市近年来倾情倾力帮扶支持贵州表示衷心感谢，并表示将继续抓住用好上海帮扶机遇，全方位加强与上海的对接合作，着力在产业发展、"黔货入沪"、人才支援和劳务协作等方面取得更多标志性成果。谌贻琴一行还考察了上海市第一人民医院，看望慰问了沪遵两地对口帮扶医务人员代表；考察了百联中环广场上海市对口地区农特产品大联展，了解遵义参展企业农特产品销售情况；考察了漕河泾开发区总公司，听取沪遵两地产业帮扶合作情况介绍。

11月20日 贵州省代表团赴江苏省苏州市对接扶贫协作工作，双方举行江苏（苏州）·贵州（铜仁）扶贫协作工作座谈会。省委副书记、省长谌贻琴讲话。

11月20日—21日 省委书记、省人大常委会主任孙志刚赴六盘水市六枝特区、水城县调研。调研期间，孙志刚与20位村党支部书记、村第一书记代表座谈，听取他们推进农村产业革命、抓好产业扶贫、增加群众收入的做法和体会，并对大家的工作给予充分肯定。孙志刚强调，按时打赢脱贫攻坚战时间紧迫、任务艰巨，全省各级党组织要坚决贯彻落实习近平总书记重要指示精神，进一步增强打赢脱贫攻坚战的责任感和紧迫感，坚决担当历史使命，扛起政治责任，做到目标不变、靶心不散、频道不换，尽锐出战，务求精准，以按时打赢脱贫攻坚战的实绩体现"四个意识""四个自信""两个维护"，诠释对党的绝对忠诚。要深入推进"四场硬仗"，坚定不移抓好产业扶贫，对今年农村产业结构调整进行"回头看"，深入推进农村产业革命，全面落实"八要素"，找差距，强弱项，补短板，确保明年取得更大成绩，促进农民持续增收、稳定脱贫。要以习近平新时代中国特色社会主义思想为指导，牢记嘱托，感恩奋进，着力建强基层党组织，采取超常规措施推进农村产业革命，确保我省按时打赢脱贫攻坚战。

11 月 21 日 我省代表团赴浙江省杭州市、宁波市对接扶贫协作工作，双方举行浙江（杭州、宁波）·贵州（黔东南、黔西南）扶贫协作工作座谈会。会上，浙江省委副书记、省长袁家军表示，浙江省一定继续全面贯彻落实习近平总书记关于打赢脱贫攻坚战的重要论述，进一步深化浙、黔两省在产业、扶贫、商贸、人才等方面的合作（协作），落实对口帮扶专项规划和行动计划，合力共推浙、黔交流合作和对口帮扶工作向更深层次、更高水平、更宽领域发展，取得新的更大的成效。谌贻琴代表贵州省委、省政府和孙志刚书记向浙江省、杭州市、宁波市的帮扶支持表示衷心的感谢，并表示，贵州将继续深入学习贯彻习近平总书记关于扶贫工作的重要论述，尽锐出战，务求精准，高质量打好"四场硬仗"，奋力决战脱贫攻坚、决胜同步小康。进一步用足用好帮扶机遇，与浙江开展深度合作，在产业发展、"黔货入浙"、劳务协作、人才支援等方面取得更大成效、更多成果。

11 月 22 日 省委常委会召开会议，学习贯彻落实中共中央政治局委员、广东省委书记李希同志率广东省党政代表团赴我省对接粤黔扶贫协作工作时的重要讲话精神，研究部署和推进我省东西部扶贫协作相关工作。会议强调，开展东西部扶贫协作工作是党中央的重大决策部署，是我省打赢脱贫攻坚战的重大历史机遇。全省上下要认真学习贯彻落实习近平总书记关于东西部扶贫协作的重要指示精神，扎实抓好东西部扶贫协作工作，用足用好帮扶资源，确保按时打赢脱贫攻坚战。会议审议了《中共贵州省委办公厅　贵州省人民政府办公厅关于进一步促进民营经济发展的政策措施》，要求全省各级各部门要深入贯彻习近平总书记关于支持民营经济发展的重要指示要求，始终坚持"两个毫不动摇""三个没有变"，抢抓《措施》出台机遇，进一步加大对民营经济发展的支持力度，确保各项支持措施落实见效，进一步促进全省民营经济不断发展壮大。

11月26日　截至本日，全省已建设372个就业扶贫车间（共吸纳就业1.77万人，其中贫困劳动力7137人）、477个就业扶贫示范基地（共吸纳就业12.43万人，其中贫困劳动力1.63万人），有效促进人口便捷有效就业。

11月28日—30日　省委书记、省人大常委会主任孙志刚深入黔南州荔波县、独山县、平塘县调研。他强调，要认真贯彻落实习近平总书记对贵州脱贫攻坚工作的一系列重要指示要求，始终坚持以脱贫攻坚统揽经济社会发展全局，振奋精神，奋发有为，深入推进农村产业革命，坚决打赢脱贫攻坚战。

12月1日　贵阳市轨道交通1号线全线开通。

12月3日　省脱贫攻坚"冬季充电"进一步深化农村产业革命主题大讲习启动仪式在修文县六屯镇现代农业产业园召开。省委书记、省人大常委会主任孙志刚作出批示，指出开展脱贫攻坚"冬季充电"大讲习，十分必要。要把学习宣传贯彻习近平总书记对贵州工作的重要指示精神作为"冬季充电"的首要内容，激发全省干部群众"牢记嘱托、感恩奋进"的激情和干劲。要紧扣推进振兴农村经济的深刻的产业革命这一主题，认真总结宣传产业革命一年多来取得的成效和经验，进一步明确明年的努力方向和工作重点。要精准聚焦干部群众所需所想所盼进行教育培训,切实引导干部群众深刻领会践行"八要素"，用好用活"五步工作法"，坚持不懈、持之以恒地把农村产业革命抓下去，为决战决胜脱贫攻坚充电蓄能加劲，打下坚实基础。

12月4日 由国家自然资源部召集的乌蒙山片区区域发展与脱贫攻坚部际联系会议在毕节市召开。会议指出，近年来，在以习近平同志为核心的党中央坚强领导下，乌蒙山片区脱贫攻坚取得阶段性显著成效。会议要求，下一步，各有关部门（单位）要深入学习贯彻习近平总书记关于扶贫工作的重要论述和对毕节试验区工作的重要指示精神，聚焦脱贫攻坚的核心目标，提高各项工作与实现"两不愁三保障"要求的关联度，根据轻重缓急和现有财力确定工作次序。乌蒙山片区有关部门对口帮扶要充分尊重贫困县党委政府工作部署，多提建设性意见，及时提醒发现的偏差。要把党中央对脱贫攻坚的根本要求、关键要求与片区情况有机结合，把部门职能、行业资源与地方党委政府工作部署有机结合，完善调整政策和支持方式，突出针对性、实效性，为片区区域发展与脱贫攻坚贡献应有力量。自然资源部党组书记、部长陆昊讲话。受孙志刚书记委托，省委副书记、省长谌贻琴致辞。

12月17日 省委副书记、省长谌贻琴主持召开省政府专题会议，研究全省易地扶贫搬迁后期扶持和社区管理工作。会议强调，要深入贯彻习近平总书记关于扶贫工作的重要论述，按照省委的部署要求，以对人民高度负责的精神，统筹做好易地扶贫搬迁"后半篇文章"，扎实推进后期扶持和社区管理工作，确保搬迁群众稳得住、能致富，全面打赢易地扶贫搬迁硬仗。

12月29日 2018"贵州脱贫攻坚群英谱"发布仪式在贵阳举行。

从全省脱贫攻坚战场上集中推出了 204 名涵盖扶贫、教育、科技、交通、水利、医疗卫生、生态环保等不同行业、不同领域，具有很强时代性、真实性、代表性、群众性的先进典型。省委书记、省人大常委会主任孙志刚作出批示，指出脱贫攻坚是创造奇迹的过程，也是英雄辈出的过程。我们要广泛深入开展学习宣传脱贫攻坚群英先进事迹活动，把学习先进的激情转化为攻坚克难的品格要素和后发赶超的强大动力，把汗水挥洒在贵州大地上，把光荣镌刻在脱贫攻坚进程中！全省上下要坚持以习近平新时代中国特色社会主义思想为指引，牢记嘱托，感恩奋进，大力培育和弘扬新时代贵州精神。

是年 省地矿局在乌蒙山国家扶贫攻坚区的赫章县发现品位高、厚度大的全隐伏猪拱塘超大型铅锌矿床，提交详查资源量 275 万余吨（潜在经济价值 600 多亿元），是我省 60 余年探明铅锌资源量总和的 40%。这一矿床的发现，对地处乌蒙山腹地的赫章县乃至毕节市推进脱贫攻坚具有重大意义，其经验和成果对区域铅锌找矿同样具有重要意义。

二〇一九年

1 月 2 日 国开行贵州省分行向我省首个国家储备林扶贫项目发放首笔贷款 5000 万元，成功实现国储林市场化贷款在贵州破冰。该储备林项目建成后，将带动当地建档立卡贫困户 209 户 881 人增收，实现贫困地区生态效益、经济效益双丰收。

同日 十二届省委脱贫攻坚"回头看"专项巡视反馈会分别在盘州市、务川自治县、石阡县、雷山县、普定县、镇宁自治县 6 个市（县）

召开。会议通报了专项巡视综合情况，移交了巡视发现扶贫领域问题线索。省委巡视工作领导小组成员分别出席反馈会并讲话，被巡视党组织主要负责同志进行表态发言。

1月4日 贵州省扶贫开发领导小组下发了《贵州省巩固提升脱贫成果的指导意见》，《意见》明确了脱贫攻坚目标任务和六大工作重点，为有效防止边脱贫边返贫，进一步提升脱贫质量提供了政策保证。

同日 贵州省人社厅决定，对建档立卡贫困劳动力和易地扶贫搬迁劳动力中的就业困难人员给予每人每月400元的就业扶贫援助补贴，补贴截止时间为2021年12月。

1月16日 全省扶贫开发工作会议在贵阳召开。会议深入学习贯彻党的十九大精神和习近平总书记在贵州省代表团重要讲话精神，贯彻落实全国扶贫开发工作会议，总结和部署贵州省脱贫攻坚工作。省委书记、省人大常委会主任孙志刚，省委副书记、省长谌贻琴出席会议并讲话。会上，各市（州）、贵安新区主要负责同志签署了《2019年脱贫攻坚责任状》，省有关部门作了交流发言。

2月16日—18日 农业农村部党组书记、部长韩长赋率队赴黔，深入扶贫联系点毕节市威宁彝族回族苗族自治县小海镇松山村走访慰问困难群众，赴遵义市调研"大发渠"、辣椒产业和茶产业发展、农村集体产权制度改革、农村人居环境整治等工作。

2月23日 全省易地扶贫搬迁后续工作推进会在贵阳召开。省委书记、省人大常委会主任孙志刚出席会议并讲话，强调要认真贯彻落实习近平总书记对贵州脱贫攻坚工作系列重要指示精神，贯彻落实全国易地扶贫搬迁工作现场会精神，确保搬迁群众搬得出、稳得住、能致富，夺取脱贫攻坚决战决胜的全面胜利。省委副书记、省长谌贻琴主持会议。

同日　省委、省政府印发《中共贵州省委　贵州省人民政府关于加强和完善易地扶贫搬迁后续工作的意见》。《意见》指出，"十三五"期间，我省计划实施易地扶贫搬迁188万人，整体搬迁贫困自然村寨1.009万个。《意见》明确要求，2019年要全面完成188万人搬迁入住任务，同步建立和完善"五个体系"（基本公共服务体系、培训和就业服务体系、文化服务体系、社区治理体系、基层党建体系），强化易地扶贫搬迁后续措施，使搬迁群众生产生活条件显著改善。

2月25日　省委组织部和省生态移民局共同举办的全省易地扶贫搬迁后续工作专题培训班在省委党校开班。此次培训旨在准确把握易地扶贫搬迁面临的新形势、新任务，深入推进省委、省政府《关于加强和完善易地扶贫搬迁后续工作的意见》贯彻落实。

同日　贵州省委、贵州省人民政府印发《2019年脱贫攻坚春季攻势行动令》，要求各地区、各部门从2019年2月至6月，围绕深入推进农村产业革命、"两不愁三保障"、按时完成贫困退出专项评估检查的行动目标，扎实开展好2019年脱贫攻坚"春季攻势"。

同日　农发行贵州省分行脱贫攻坚工作会议暨中央脱贫攻坚专项巡视整改工作召开。会议决定，2019年，农发行力争投放产业扶贫贷款达到全行扶贫贷款投放量的40%，深度贫困县扶贫贷款增速高于全省农发行系统扶贫贷款增速，国家级贫困县实现扶贫贷款业务全覆盖。

4月3日　贵州省、澳门特别行政区、澳门中联办扶贫工作会议在贵阳召开，并举行2019年澳门特区帮扶从江项目签约仪式。省委副书记、省长谌贻琴，澳门特区政府社会文化司司长谭俊荣，澳门中联办副主任姚坚，国务院扶贫办社会扶贫司司长曲天军出席会议并讲话。副省长吴强主持会议。会上，举行了2019年澳门特区帮扶从江项目签约仪式。

4月11日—12日 全国易地扶贫搬迁后续扶持工作现场会在贵州省黔东南州召开。会议深入学习贯彻习近平总书记关于扶贫工作的重要论述，认真落实李克强总理重要批示要求，总结分析易地扶贫搬迁特别是后续扶持工作进展情况，交流经验做法，安排部署下一阶段重点工作。中共中央政治局常委、国务院总理李克强对易地扶贫搬迁后续扶持工作作重要批示。中共中央政治局委员、国务院扶贫开发领导小组组长胡春华出席会议并讲话。省委书记、省人大常委会主任孙志刚致辞，省委副书记、省长谌贻琴介绍贵州经验做法，湖南省、四川省、云南省、甘肃省先后作了交流发言。会上，与会代表观看了桐梓县易地扶贫搬迁后续扶持管理系统演示片。期间，胡春华深入黔东南州凯里市、麻江县、雷山县考察易地扶贫搬迁项目建设管理、农村产业发展、民族文化传承等情况，并走访看望搬迁户。参会代表分3个组，分赴安顺市、铜仁市、黔东南州、黔南州进行现场观摩。

4月25日 贵州省2018年18个贫困县脱贫摘帽新闻发布会在贵阳举行，会上宣读了贵州省人民政府批准道真自治县、务川自治县、盘州市、六枝特区、镇宁自治县、普定县、大方县、石阡县、印江自治县、丹寨县、麻江县、施秉县、镇远县、三穗县、雷山县、贵定县、惠水县和安龙县18个贫困县（市、区）正式退出贫困县序列的通告。

4月27日 东西部扶贫协作人力资源开发座谈会召开。会上，贵州省8个市（州）分别与对口帮扶城市签署《全面推进东西部扶贫协作人力资源开发战略合作协议》，全面深化对口帮扶城市人力资源开发合作，助力被帮扶城市决战脱贫攻坚。

5月10日—12日 辽宁省委书记、省人大常委会主任陈求发率团到贵州考察扶贫协作。贵州省委书记、省人大常委会主任孙志刚，省委副书记、省长谌贻琴参加活动。代表团一行深入六盘水市和贵阳市,详细了解组团式帮扶有关情况和推动大数据与实体经济融合发展、加强生态环境保护、弘扬中华优秀传统文化等方面取得的成绩，并举行两省扶贫协作工作座谈会。陈求发、孙志刚在会上作讲话，谌贻琴主持会议。

5 月 22 日—24 日 浙江省宁波市代表团到贵州考察推动扶贫协作与交流合作。省委书记、省人大常委会主任孙志刚，省委副书记、省长谌贻琴与浙江省委副书记、宁波市委书记郑栅洁一行座谈。23 日，代表团一行在贵阳市考察了云上贵州系统平台，深入黔西南州走访慰问贫困户，实地考察宁波援建项目和易地扶贫搬迁安置点，并签订了《宁波市·黔西南州 2019 东西部扶贫协作框架协议》。

5 月 30 日 滇桂黔石漠化片区区域发展与脱贫攻坚现场推进会在贵州省黔南州都匀市举行。省委副书记、省长谌贻琴介绍贵州近年来在脱贫攻坚工作中取得的成绩和有关情况。水利部党组书记、部长鄂竟平，国家林业和草原局局长张建龙分别作了讲话。贵州省、云南省、广西壮族自治区有关领导分别介绍片区区域发展与脱贫攻坚工作情况。教育部、自然资源部、住房和城乡建设部、交通运输部、农业农村部、卫生健康委等片区部际联系会议成员单位有关负责同志发言，黔南州、广西壮族自治区都安县、云南省西畴县作典型交流发言。

6 月 4 日—6 日 省委书记、省人大常委会主任孙志刚深入黔东南州从江县调研脱贫攻坚工作。他强调，要深入贯彻落实习近平总书记重要指示精神，守初心，担使命，找差距，抓落实，尽锐出战，务求精准，确保按时打赢脱贫攻坚战。

6 月 17 日—19 日 按照中央和省委"不忘初心、牢记使命"主题教育部署，省委副书记、省长谌贻琴深入毕节市纳雍县开展脱贫攻坚蹲点调研，走访慰问贫困户，与基层干部群众座谈研究打赢脱贫攻坚战的具体办法措施。她强调，要深入贯彻落实习近平总书记对毕节试验区的重要指示精神，聚焦深度贫困地区和特殊贫困群体，尽锐出战，务求精准，带着对贫困群众的深厚感情和政治责任，坚持问题导向，解决实际问题，把初心和使命写在脱贫攻坚战场上，坚决夺取脱贫攻坚全面胜利。

6月20日—22日　全国人大常委会副委员长、民建中央主席郝明金率队赴贵州黔西县开展脱贫攻坚和贯彻新发展理念示范区建设调研。

6月22日　省委、省政府召开脱贫攻坚专题座谈会，听取各市（州）、贵安新区脱贫攻坚工作情况汇报。省委书记、省人大常委会主任孙志刚主持会议并讲话，强调要进一步增强责任感、使命感、紧迫感，守初心，担使命，找差距，抓落实，尽锐出战，务求精准，确保按时打赢脱贫攻坚战。省委副书记、省长谌贻琴出席会议并讲话。

6月25日—27日　浙江省代表团到贵州考察东西部扶贫协作工作。26日，浙江省·贵州省东西部扶贫协作工作会议在贵阳召开，省委书记、省人大常委会主任孙志刚主持会议并讲话，浙江省委副书记、省长袁家军讲话，贵州省委副书记、省长谌贻琴讲话。会上，宁波市有关负责同志介绍了宁波市对口帮扶黔西南州工作情况，浙江省发展改革委主要负责同志介绍了浙黔东西部扶贫协作有关情况，黔东南州、黔西南州党委主要负责同志分别汇报了东西部扶贫协作工作情况。26日下午及27日上午，袁家军率代表团一行在谌贻琴等的陪同下，在黔西南州普安县实地考察盘水街道红星村长毛兔养殖小区、普安"白叶一号"白茶基地、江西坡镇纳茶社区易地扶贫搬迁安置点、镇海·普安高效农业示范园等情况，并看望慰问贫困群众。

7月1日　全省脱贫攻坚"七一"表彰大会在贵阳隆重举行。省委书记、省人大常委会主任孙志刚出席并讲话。他强调，全省各级党组织和广大党员要坚持以习近平新时代中国特色社会主义思想为指引，按照"不忘初心、牢记使命"主题教育部署，深入贯彻省委十二届五次全会精神，以先进典型为榜样，牢记嘱托，感恩奋进，坚守初心使命，坚定必胜信心，坚决打赢脱贫攻坚战，书写无愧于时代、无愧于人民的精彩华章。省委副书记、省长谌贻琴宣读《中共贵州省委关于表彰全省脱贫攻坚优秀共产党员、优秀基层党组织书记、优秀村第一书记和先进党组织的决定》。会上，万庆华等 8 名获表彰代表作了发言。本次大会共表彰 500 名"全省脱贫攻坚优秀共产党员"、300 名"全省脱贫攻坚优秀基层党组织书记"、300 名"全省脱贫攻坚优秀村第一书记"、500 个"全省脱贫攻坚先进党组织"。

同日　"相约达沃斯·共叙山海情——辽宁（大连）与贵州（六盘水）经济合作对口帮扶座谈会"在大连召开。会议深入贯彻落实东西部扶贫协作工作座谈会精神，推动两地进一步加强经济合作，促进两省扶贫协作和交流合作取得更大成效。来自国家有关部委、国内有关高校等单位的 20 名专家学者和企业界人士，围绕两省进一步拓宽合作领域在国家东西部扶贫协作中的重大意义、在哪些重点领域拓展经济合作等方面的内容进行探讨。与会专家还共同研讨了《辽宁省与贵州省产业合作重点研究报告》。

7 月 9 日　《贵州省大扶贫条例》《贵州省人民代表大会常务委员会关于深入贯彻落实省委十二届三次全会精神　依法推动打赢脱贫攻坚战的决议》执法检查动员会召开，会议就提高思想认识、突出检查重点、坚持问题导向、加强协调配合等提出要求。

7 月 10 日　省人民政府办公厅下发通知，进一步加强城乡建设用地增减挂钩工作，明确增减挂钩节余指标用于补办经营性用地手续和满足规划建设用地规模需求，按 25 万元 / 亩交易，其中生产节余指标的贫困县每亩收益 20 万元，另外 5 万元 / 亩由省级财政统筹用于全省脱贫攻坚和乡村振兴。通过实施增减挂钩助力脱贫攻坚三年行动，共为脱贫攻坚累计筹集资金 441.68 亿元。

7月11日—12日　省委书记、省人大常委会主任孙志刚深入安顺市紫云自治县、镇宁自治县、关岭自治县调研，并就"不忘初心、牢记使命"主题教育征求基层党员群众意见。他强调，要深入贯彻习近平总书记重要指示精神，认真落实省委十二届五次全会部署，坚决扛起政治责任，把确保按时打赢脱贫攻坚战的制胜权、主动权牢牢掌握在各级党组织手中，坚决夺取脱贫攻坚战全面胜利。

7月13日　全省脱贫攻坚"夏秋决战"行动启动会议在贵阳召开。会议强调，在脱贫攻坚"春季攻势"取得明显成效的基础上，我省应一鼓作气、乘势而上、持续攻坚，发起2019年脱贫攻坚"夏秋决战"，坚决夺取脱贫攻坚决战之年根本性胜利。此次行动从2019年7月至12月，共6个月。行动目标为：农村人均可支配收入增长10%以上，农业增加值增长6.8%以上，2019年减少农村贫困人口110万人以上；有脱贫任务的19个非贫困县剩余农村贫困人口全部脱贫；已脱贫摘帽的33个县剩余农村贫困人口全部脱贫；今年拟脱贫摘帽的县剩余农村贫困人口全部脱贫，全面完成易地扶贫搬迁188万人的搬迁入住任务。

7月23日—24日　贵州省党政代表团赴上海市学习考察，深入贯彻落实习近平总书记关于推进东西部扶贫协作重要指示要求，共商扶贫协作和加强合作等事宜。23日下午，上海·贵州扶贫协作工作座谈会在上海举行。中共中央政治局委员、上海市委书记李强主持会议并讲话。贵州省委书记、省人大常委会主任孙志刚讲话。上海市委副书记、市长应勇，贵州省委副书记、省长谌贻琴分别介绍上海市、贵州省经济社会发展情况。

7月25日　民进中央定点扶贫工作推进会在安龙县召开。全国政协副主席、民进中央常务副主席刘新成出席会议并讲话。会上，北京明伦基金会、民进南京市委、民进广东省委等共向安龙县捐赠了近

500万元的资金及物资，民进浙江省委安龙服务基地正式挂牌，北师大教育学部与兴义民族师范学院、浙江省镇海中学和安龙一中分别签署了合作帮扶协议。安龙县负责同志汇报脱贫攻坚工作情况，部分民进省级组织负责同志和有关单位代表作发言。

8月2日 省委书记、省人大常委会主任孙志刚，省委副书记、省长谌贻琴在贵阳会见中国农业发展银行党委书记、董事长解学智一行，并共同出席《贵州省人民政府·中国农业发展银行农业政策性金融支持乡村振兴发展战略合作协议》签约仪式。

8月5日 省委副书记、省长谌贻琴主持召开省政府常务会议，学习贯彻《国务院扶贫开发领导小组印发〈关于解决"两不愁三保障"突出问题的指导意见〉的通知》精神，研究《贵州省解决"两不愁三保障"突出问题工作方案》，部署开展脱贫攻坚"五个专项治理""回头看"工作。

8月7日 省委召开常委会会议暨省扶贫开发领导小组会议，学习贯彻国务院扶贫开发领导小组《关于解决"两不愁三保障"突出问题的指导意见》，审议我省工作方案。省委书记、省人大常委会主任、省扶贫开发领导小组组长孙志刚主持会议并讲话。省委副书记、省长、省扶贫开发领导小组组长谌贻琴等参加会议。

8月9日 国务院新闻办公室在北京举行以"决战脱贫攻坚中的多彩贵州"为主题的庆祝新中国成立70周年贵州专场新闻发布会。省委书记、省人大常委会主任孙志刚作主题发言并回答记者提问，省委副书记、省长谌贻琴回答记者有关提问。

8月12日—13日 省委副书记、省长谌贻琴赴深度贫困县赫章县，结合开展"不忘初心、牢记使命"主题教育，围绕贯彻落实省委十二届五次全会精神，调研脱贫攻坚工作。她强调，要深入学习贯彻习近平总书记对毕节试验区工作重要指示精神，全面落实省委部署要求，尽锐出战，务求精准，坚决打好"夏秋决战"，全力以赴攻克深度贫困堡垒，一鼓作气夺取脱贫攻坚全面胜利。

8月16日 省委常委会召开会议，重温学习习近平总书记2018年7月18日对毕节试验区的重要指示，结合"不忘初心、牢记使命"主题教育，对一年来落实习近平总书记重要指示精神情况进行"回头看"，检视存在的问题，按照"尽锐出战、务求精准"要求，进一步研究部署推进毕节试验区工作，确保按时打赢脱贫攻坚战，夯实贯彻新发展理念示范区建设基础。省委书记、省人大常委会主任孙志刚主持会议并讲话。

8月17日 "全省大数据＋农村交通管理"工作现场会在雷山县召开，会议就全省农村道路安全形势，农村道路交通安全工作好讲演、好做法进行分析和总结，对农村道路交通事故预防工作进行动员部署，全力为新中国成立70周年创造安全顺畅的道路交通环境。

8月23日 省委常委会召开会议，传达学习《中共中央国务院关于支持深圳建设中国特色社会主义先行示范区的意见》，通报广东省党政代表团到我省考察扶贫协作情况，研究我省贯彻落实措施。省委书记、省人大常委会主任孙志刚主持会议并讲话。省委副书记、省长谌贻琴等参加会议。

同日 按照我省"不忘初心、牢记使命"主题教育的部署，省委举行脱贫攻坚形势政策报告会。省委书记、省人大常委会主任孙志刚主持会议并讲话。国务院扶贫办主任刘永富作专题报告。省委副书记、省长谌贻琴，省委常委，省人大常委会、省政府、省政协领导班子成员，省军区、省检察院主要负责同志出席报告会。

8月28日—29日 按照中央关于开展东西部扶贫协作的有关要求和省委的安排，省委副书记、省长谌贻琴率贵州省代表团赴山东省青岛市对接扶贫协作工作，双方举行山东省（青岛市）·贵州省（安顺市）扶贫协作工作座谈会。

8月29日—30日 省委书记、省人大常委会主任孙志刚深入铜仁市万山区、碧江区、松桃自治县、江口县调研脱贫攻坚等工作。他强调，要深入学习贯彻习近平总书记对贵州脱贫攻坚系列重要指示精神，不忘初心，牢记使命，千方百计把农村产业发展起来，坚决夺取脱贫攻坚战全面胜利。

8月29日—31日 按照中央关于开展东西部扶贫协作的有关要求和省委的安排，贵州省代表团赴辽宁省对接扶贫协作工作，双方在大连市举行辽宁省（大连市）·贵州省（六盘水市）扶贫协作工作座谈会并签订有关对口帮扶协议。辽宁省委副书记、省长唐一军，省委副书记、省长谌贻琴讲话并见证签约。

9月6日 全省肉牛产业发展现场推进会在关岭自治县召开，会议强调聚焦打造"中国的和牛——贵州黄牛"，合力推进我省肉牛产业高质量发展，为按时打赢脱贫攻坚战、推进乡村产业振兴提供有力支撑。

9月7日 根据国务院扶贫开发领导小组部署，脱贫攻坚督查组于9月2日—6日到我省开展2019年脱贫攻坚督查工作。6日下午，督查组在贵阳召开督查情况反馈会，反馈督查初步意见。省委书记、省人大常委会主任孙志刚作表态讲话。

9月9日—11日 贵州省党政代表团赴浙江省宁波市、杭州市学习考察，共商扶贫协作和合作发展事宜。浙江省委书记、省人大常委会主任车俊，贵州省委书记、省人大常委会主任孙志刚，省委副书记、省长谌贻琴等参加活动。

9月11日—12日 贵州省党政代表团赴江苏省学习考察，共商扶贫协作和加强合作事宜。江苏省委书记、省人大常委会主任娄勤俭，贵州省委书记、省人大常委会主任孙志刚，江苏省委副书记、省长吴政隆，贵州省委副书记、省长谌贻琴，江苏省领导樊金龙、蓝绍敏，贵州省领导刘捷、吴强参加活动。

9月16日 省委常委会召开扩大会议，通报省委常委会"不忘初心、牢记使命"专题民主生活会情况和近期我省党政代表团赴上海、浙江、江苏、山东、辽宁对接东西部扶贫协作和考察交流情况，研究部署相关工作。省委书记、省人大常委会主任孙志刚主持会议并讲话。省委常委、省人大常委会、省政府、省政协有关负责同志，省检察院检察长参加会议。

9月18日 全省政协脱贫攻坚"百千万行动"推进会在贵阳召开，深入学习贯彻习近平总书记对贵州脱贫攻坚系列重要指示精神，树牢"四个意识"，坚定"四个自信"，做到"两个维护"，全面落实省委十二届五次全会精神，推动"百千万行动"向纵深发展，努力打造我省政协聚焦脱贫攻坚的响亮品牌。

9月24日 省十三届人大常委会第十二次会议在贵阳举行第一次全体会议。省委书记、省人大常委会主任孙志刚主持。会议听取了省人大常委会执法检查组关于检查《贵州省大扶贫条例》《贵州省人民代表大会常务委员会关于深入贯彻落实省委十二届三次全会精神 依法推动打赢脱贫攻坚战的决议》贯彻实施执行情况的报告。会议听取了省人民政府关于全省脱贫攻坚工作情况的报告。

9月28日 省委书记、省人大常委会主任孙志刚到毕节市织金县指导开展第二批"不忘初心、牢记使命"主题教育，调研脱贫攻坚工作。他强调，要深入学习贯彻习近平总书记重要指示精神，以开展主题教育为强大动力，切实做到尽锐出战、务求精准，确保按时打赢脱贫攻坚战，以脱贫攻坚成果检验主题教育成效。

10月8日 省委副书记、省长谌贻琴主持召开省政府常务会议，学习贯彻习近平总书记关于安全生产工作的重要批示精神，贯彻落实全国扶贫办主任视频会议和2019年全国脱贫攻坚考核评估工作会议精神，研究讨论我省新时代推进西部大开发形成新格局有关工作等。

10月10日　2019年湘鄂渝黔四省市政协助推武陵山片区脱贫攻坚合作联席会在铜仁召开。全国政协副主席、中央统战部副部长、国家民委党组书记、主任巴特尔发来书面致辞，湖南省、贵州省、湖北省、重庆市，政协有关负责同志，国家发改委、国家民委、交通运输部、国务院扶贫办、中国国家铁路集团有限公司负责同志出席会议。

10月17日　2019年10月17日是我国第6个国家扶贫日，也是第27个国际消除贫困日。贵州各级各系统、各地各部门于当日开展了捐款活动，广大干部职工积极参与、踊跃捐款。省委、省人大、省政府、省政协机关，省纪委监委、省委组织部、省委宣传部、省委政法委以及省直各单位、各人民团体，各市（州）及贵安新区，各县（区）领导干部、职工纷纷慷慨解囊，奉献爱心，用实际行动为决战决胜脱贫攻坚、全面建成小康社会贡献力量。

10月18日　省委召开常委会会议暨省委"不忘初心、牢记使命"主题教育领导小组会议，传达学习贯彻习近平总书记关于脱贫攻坚工作的重要指示精神和李克强总理重要批示精神，研究推进我省第一批、第二批主题教育整改落实工作。省委书记、省人大常委会主任孙志刚主持会议并讲话，省委副书记、省长谌贻琴等省领导参加会议。

10月19日　西部大开发20周年理论研讨会暨第七届中国·贵州"后发赶超"论坛在都匀市召开。论坛以"西部大开发与后发赶超"为主题，围绕西部大开发20周年的回顾与前瞻、党的十八大以来后发赶超的成就与经验、新中国成立70年来各地的减贫与脱贫等三大议题进行广泛而深入的探讨。

10月21日　全国脱贫攻坚先进事迹巡回报告会在贵阳举行。报告会前，省委书记、省人大常委会主任孙志刚，省委副书记、省长谌贻琴会见了报告团一行。

同日　贵州东西部扶贫协作成果主题采访活动启动仪式暨媒体见面会在贵阳举行，来自辽宁、上海、江苏、浙江、山东、广东等东部6省（市）的70余名记者齐聚贵阳，将分赴贵州8市（州）采访报道东西部扶贫协作中涌现的典型经验做法、典型个人及成果。活动为期一周，以"牢记嘱托、感恩奋进、山海倾情、决战脱贫"为主题，旨在对东部省（市）帮扶贵州的成绩和经验进行集中宣传报道，推动贵州全省上下深入学习贯彻习近平总书记关于东西部扶贫协作的重要指示精神，为全省决战决胜脱贫攻坚营造良好舆论氛围。东西部扶贫协作，是党中央作出的重大决策部署，是中国特色社会主义政治优势和制度优势的重要体现。近年来，中央明确把东西部扶贫协作纳入国家脱贫攻坚考核范围，既考核东部、又考核西部，东西部扶贫协作力度进一步加大，实效进一步凸显。自辽宁、上海、江苏、浙江、山东、广东东部6省（市）对口帮扶贵州省遵义、六盘水、毕节、铜仁、黔东南、黔西南、黔南等8个市（州）以来，6省（市）的7个城市积极主动作为，全面全力跟进，密切协调合作，在产业扶贫、项目带动、资金支持、干部选派、社会力量参与等各方面不断加大帮扶力度，开展了大量帮扶工作，创造了许多值得推广的帮扶经验，涌现了一批优秀杰出的帮扶典型，为助推贵州脱贫攻坚做出了突出贡献。

10月23日　省委副书记、省长谌贻琴主持召开省政府常务会议，学习贯彻习近平总书记关于脱贫攻坚工作的重要指示精神和李克强总理重要批示精神，听取我省2018年脱贫攻坚成效考核发现问题整改落实情况汇报，研究推进全省清理拖欠民营企业、中小企业账款工作，研究部署基础教育工作，审议《贵州省推动长江经济带发展负面清单实施细则（试行）》等文件。

10月24日　省委召开常委会会议暨省扶贫开发领导小组会议，

深入学习贯彻习近平总书记对脱贫攻坚工作作出的重要指示精神，研究深化拓展全省脱贫攻坚"五个专项治理"成果，部署推进贫困县脱贫摘帽工作，确保按时高质量打赢脱贫攻坚战。省委书记、省人大常委会主任、省扶贫开发领导小组组长孙志刚主持会议并讲话。省委副书记、省长、省扶贫开发领导小组组长谌贻琴，省委常委，省人大常委会、省政府、省政协有关负责同志参加会议。

10月25日—26日 中共中央书记处书记、中央统战部部长尤权赴贵州调研，强调要深入学习贯彻习近平总书记在"两不愁三保障"突出问题座谈会上的重要讲话精神，认真落实习近平总书记对毕节试验区建设的重要批示精神，扎实做好定点扶贫工作，更好推动统一战线参与毕节试验区建设，为高质量打赢脱贫攻坚战凝心聚力。

11月7日—8日 全省"脱贫攻坚，代表在行动"经验交流会在安顺召开。会议总结推广了全省各级人大及其常委会、各级人大代表在脱贫攻坚工作中的好经验，为推动打赢脱贫攻坚战形成强大合力，为打赢脱贫攻坚战贡献人大力量。

11月9日—10日 贵州省党政代表团在深圳市学习考察，与深圳市召开扶贫协作工作座谈会，毕节市政府、深圳市政府签署了战略合作框架协议。

11月18日 省委常委会召开会议，通报近期我省党政代表团赴广东省对接扶贫协作和开展考察招商情况，研究部署相关工作。

12月2日—4日 省委书记、省人大常委会主任孙志刚到遵义市调研。他强调，要深入学习贯彻党的十九届四中全会精神和省委十二届六次全会精神，坚持高标准、严要求，扎扎实实抓好"不忘初心、牢记使命"主题教育，全力发起冲刺，确保按时高质量打赢脱贫攻坚战。

12月6日 省委召开常委会会议暨省扶贫开发领导小组会议，深入学习贯彻习近平总书记关于脱贫攻坚工作的重要指示精神，学习贯彻全国扶贫办主任座谈会精神，审议我省《关于确保按时高质量打赢脱贫攻坚战的指导意见》，进一步对夺取脱贫攻坚战全面胜利进行研究部署。省委书记、省人大常委会主任、省扶贫开发领导小组组长孙志刚主持会议并讲话。省委副书记、省长、省扶贫开发领导小组组长谌贻琴，省委常委，省人大常委会、省政府有关负责同志，省法院院长、省检察院检察长参加会议。

同日　全省已脱贫退出县巩固提升脱贫攻坚成果现场推进会在安顺市平坝区召开。会议总结33个已退出县巩固提升脱贫攻坚成果工作，安排下步工作。据介绍，全省33个已脱贫退出县全面落实"四个不摘"总体要求和省委、省政府的各项具体安排部署，扎实推进巩固脱贫成果各项工作。

12月18日　"从毕节看贵州决战脱贫攻坚"网络主题活动启动仪式在毕节市黔西县锦绣花都易地扶贫搬迁点举行。

12月30日　省委召开农村工作暨实施乡村振兴战略领导小组会议和扶贫开发领导小组会议，传达学习习近平总书记日前在中央政治局常委会会议专门研究"三农"工作时发表的重要讲话精神和中央农村工作会议、全国扶贫开发工作会议、恢复生猪生产保障市场供应工作会议精神，研究我省贯彻落实措施。省委书记、省人大常委会主任孙志刚主持会议并讲话。省委副书记、省长谌贻琴，省委常委，省人大常委会、省政府有关负责同志，省法院院长参加会议。

二〇二〇年

1月5日　省委农村工作会议暨全省扶贫开发工作会议在贵阳召

开。会议以习近平新时代中国特色社会主义思想为指导，深入贯彻党的十九大和十九届二中、三中、四中全会精神，认真落实中央农村工作会议、全国扶贫开发工作会议和恢复生猪生产保障市场供应工作会议精神，总结和部署我省脱贫攻坚和"三农"工作，践行庄严承诺，发起最后总攻，坚决夺取脱贫攻坚战的全面胜利，与全国同步全面建成小康社会。省委书记、省人大常委会主任孙志刚，省委副书记、省长谌贻琴出席会议并讲话。省委常委，省人大常委会、省政府、省政协领导班子成员，省法院、省检察院、武警贵州省总队主要负责同志出席会议。会议提出，要发起最后总攻，坚决按时高质量打赢脱贫攻坚战，开展挂牌督战工作，集中力量解决好剩余贫困人口、未摘帽县的脱贫问题。会后，专门召开了全省脱贫攻坚挂牌督战工作部署会议，印发了《贵州省脱贫攻坚挂牌督战工作方案》。

1月6日　省委书记、省人大常委会主任孙志刚深入毕节市大方县、七星关区调研脱贫攻坚工作，走访慰问贫困群众和基层干部。他强调，要认真贯彻习近平总书记重要指示精神，牢记嘱托，感恩奋进，扎实开展挂牌督战，向绝对贫困发起最后总攻，坚决夺取脱贫攻坚战全面胜利。

2月6日　省委召开专题会议，深入学习贯彻习近平总书记2月3日在中央政治局常委会会议上的重要讲话精神，进一步研究部署统筹推进我省农村疫情防控和脱贫攻坚等重点工作。省委书记、省人大常委会主任、省应对新冠肺炎疫情防控工作领导小组组长孙志刚主持会议并讲话。省委副书记、省长、省应对新冠肺炎疫情防控领导小组组长谌贻琴讲话。

2月10日　贵州省决战决胜脱贫攻坚誓师大会召开。会议深入贯彻落实习近平总书记在中央政治局常委会会议上的重要讲话精神，在做好疫情防控工作的同时，统筹抓好改革发展稳定各项工作，特别是抓好涉及决胜全面建成小康社会、决战脱贫攻坚的重点任务，践行庄严承诺，发起最后总攻，坚决夺取脱贫攻坚战全面胜利。省委书记、省人大常委会主任孙志刚讲话。省委副书记、省长谌贻琴主持会议。省委常委、省人大常委会党组书记，省政府副省长和党组成员出席会议。

2月12日 省委书记、省人大常委会主任、省应对新冠肺炎疫情防控工作领导小组组长孙志刚来到省委应急指挥中心，视频连线威宁彝族回族苗族自治县，开展脱贫攻坚挂牌督战和调度疫情防控工作。他强调，要深入学习贯彻习近平总书记系列重要指示精神，按照全省决战决胜脱贫攻坚誓师大会的安排，以更严、更细、更实的作风把各项工作抓到位，确保打赢疫情防控阻击战和脱贫攻坚战。

2月13日 省委副书记、省长谌贻琴主持召开视频会议，督战纳雍县脱贫攻坚和疫情防控工作。她强调，要深入贯彻落实习近平总书记关于统筹抓好疫情防控和改革发展稳定各项工作的重要指示精神，按照全省决战决胜脱贫攻坚誓师大会要求，在做好疫情防控工作的同时，切实把当前不能等的事先干起来，把直接影响按时打赢脱贫攻坚战的硬任务干起来，把规定时限必须完成的事干起来，努力把疫情对脱贫攻坚工作的影响降到最低，确保按时高质量打赢脱贫攻坚战。

2月14日 省委副书记、省长谌贻琴主持召开省政府常务会议，传达学习贯彻习近平总书记在中央政治局常委会会议和在北京市调研指导新冠肺炎疫情防控工作时的重要讲话精神，落实党中央、国务院和省委部署，深入分析疫情对我省经济的影响，审议《关于坚决统筹打赢新冠肺炎疫情防控阻击战和脱贫攻坚战全力推动经济社会持续健康发展的意见》，研究统筹做好疫情防控、脱贫攻坚和经济发展各项工作。

2月15日 贵州省统筹做好疫情防控和经济社会发展工作会议在

贵阳召开。省委书记、省人大常委会主任、省应对新冠肺炎疫情防控工作领导小组组长孙志刚强调,特殊时期各级党员干部更要敢于担当、善于作为,越是艰险越向前,经受住双重严峻考验,确保打赢疫情防控和脱贫攻坚两场战役,全面完成今年经济社会发展目标任务。

2月17日 省委书记、省人大常委会主任、省应对新冠肺炎疫情防控工作领导小组组长孙志刚在省委应急指挥中心视频连线从江县、榕江县,开展脱贫攻坚督战和疫情防控调度工作。他强调,时间不等人,形势不等人。要以更加开阔的思路、更加有效的举措、更加过硬的作风,统筹抓好疫情防控和脱贫攻坚,千方百计把耽误的时间抢回来,把遭受的损失补回来,确保按时高质量打赢脱贫攻坚战。省领导刘捷、吴强参加会议。

2月18日 省委书记、省人大常委会主任、省应对新冠肺炎疫情防控工作领导小组组长孙志刚在省委应急指挥中心视频连线黔西南州、晴隆县、望谟县,开展脱贫攻坚督战和疫情防控调度工作。他强调,要按照疫情防控和脱贫攻坚两场战役都要打赢、两个胜利都要夺取的要求,统筹抓好疫情防控和脱贫攻坚各项重点工作,用创新的办法解决疫情带来的困难和问题,切实选准稳定可持续脱贫的产业发展门路,确保按时高质量打赢脱贫攻坚战。

2月20日 省委书记、省人大常委会主任、省应对新冠肺炎疫情防控工作领导小组组长孙志刚在贵阳市调研企业复工复产和农村春耕备耕情况时强调,要深入贯彻落实习近平总书记系列重要指示精神,统筹好疫情防控和复工复产,在确保防控安全前提下,全力以赴加快生产进度,把疫情耽误的时间抢回来,把疫情造成的损失补回来,确保疫情防控和脱贫攻坚两场战役都要打赢、两个胜利都要必得,千方百计确保完成全年经济社会发展各项目标任务。

2月25日 省委书记、省人大常委会主任、省应对新冠肺炎疫情防控工作领导小组组长孙志刚来到省委应急指挥中心，视频督战紫云自治县、沿河自治县脱贫攻坚和疫情防控工作。他强调，要深入贯彻落实习近平总书记在统筹推进新冠肺炎疫情防控和经济社会发展工作部署会议上的重要讲话精神，以更严、更实、更细、更紧的作风抓好各项工作，确保疫情防控和脱贫攻坚两场战役都要打赢、两个胜利都要必得。

同日 省委副书记、省长谌贻琴主持召开省政府常务会议，传达学习贯彻习近平总书记在统筹推进新冠肺炎疫情防控和经济社会发展工作部署会议上的重要讲话精神，贯彻省委常委会要求，调度推进我省疫情防控和复工复产工作，听取我省 2019 年度 24 个拟退出贫困县专项评估工作情况汇报，部署开展煤矿瓦斯防治攻坚年行动，审议《贵州省人民政府 2020 年立法工作计划（草案）》等。

2 月 26 日 省委书记、省人大常委会主任、省应对新冠肺炎疫情防控工作领导小组组长孙志刚来到省委应急指挥中心，视频督战赫章县、纳雍县、七星关区、织金县脱贫攻坚和疫情防控工作。他强调，要深入贯彻落实习近平总书记在统筹推进新冠肺炎疫情防控和经济社会发展工作部署会议上的重要讲话精神、对全国春季农业生产工作重要指示精神，坚持一刻不能停、一步不能错、一天不能耽误，加班加点工作，抓紧、抓细、抓实各项措施，把耽误的时间抢回来，把遭受的损失补回来，坚决夺取疫情防控和脱贫攻坚两场战役的全面胜利，向党和人民交出合格答卷。

同日 省委副书记、省长谌贻琴采取不发通知、不打招呼、不听汇报、不用陪同和接待，直奔基层、直插现场的方式，深入纳雍县贫困发生率最高的村暗访督战脱贫攻坚。暗访分成三个工作组，坚持问题导向，直奔化作乡大营村、锅圈岩乡文化村、新房乡通作楷村，发现问题，解决问题。

2月28日　省委书记、省人大常委会主任、省应对新冠肺炎疫情防控工作领导小组组长孙志刚来到省委应急指挥中心，视频督战水城县脱贫攻坚和疫情防控工作。他强调，要深入贯彻落实习近平总书记在统筹推进新冠肺炎疫情防控和经济社会发展工作部署会议上的重要讲话精神，坚持两场战役都要打赢、两个胜利都要必得，一刻不能停，一步不能错，一天不能耽误，切实把耽误的时间抢回来，把遭受的损失补回来，确保所有农村贫困人口全部如期实现稳定脱贫、可持续脱贫，同时加快经济结构、产业结构调整步伐，推动产业转型升级、经济社会高质量发展。

3月3日　省委常委会召开会议，传达学习贯彻习近平总书记对全国春季农业生产工作作出的重要指示精神和李克强总理批示精神、全国春季农业生产工作电视电话会议精神、积极应对新冠肺炎疫情决战脱贫攻坚电视电话会议精神。

3月4日　省委书记、省人大常委会主任、省应对新冠肺炎疫情防控工作领导小组组长孙志刚在安顺市调研农业产业结构调整和企业复工复产有关情况时强调，要深入贯彻落实习近平总书记系列重要指示精神，毫不放松抓好疫情防控，开足马力推进春耕生产和企业复工复产，千方百计把时间抢回来、把损失补回来，确保疫情防控和脱贫攻坚两场战役都要打赢、两个胜利都要必得，坚决完成全年经济社会发展目标任务。

3月7日　省委召开常委会会议暨省扶贫开发领导小组会议，传达学习贯彻习近平总书记在决战决胜脱贫攻坚座谈会上的重要讲话精神和3月4日中央政治局常委会会议精神，研究我省贯彻落实措施。省委书记、省人大常委会主任、省扶贫开发领导小组组长孙志刚主持会议并讲话。挂牌督战9个深度贫困县和3个贫困人口超过1万人的县的省领导在会上分别作了发言。

3月10日 省委副书记、省长谌贻琴主持召开省政府常务会议，研究贯彻落实习近平总书记在决战决胜脱贫攻坚座谈会上重要讲话精神的具体措施。会议研究讨论了挂牌督战、教育、医疗、医保、住房、饮水安全、易地扶贫搬迁后续扶持、农村贫困劳动力返岗就业、农业产业结构调整以及春耕备耕、稳定粮食和生猪生产等存在的突出问题和下一步工作措施。

3月17日 全省工会学习贯彻习近平总书记在决战决胜脱贫攻坚座谈会上的重要讲话精神暨助力易地扶贫搬迁建工会促就业"新市民·追梦桥"工作专题会在贵阳召开，按照省委、省政府《关于认真学习贯彻习近平总书记在决战决胜脱贫攻坚座谈会上重要讲话精神的意见》安排部署，研究工会系统贯彻落实意见。

3月19日—20日 省委中心组举行学习研讨会，深入学习贯彻习近平总书记在统筹推进新冠肺炎疫情防控和经济社会发展工作部署会议、决战决胜脱贫攻坚座谈会上的重要讲话精神和在疫情防控期间系列重要讲话精神。省委书记、省人大常委会主任、省应对新冠肺炎疫情防控工作领导小组组长孙志刚主持会议并讲话。他强调，要深入学习贯彻习近平总书记重要讲话精神，把耽误的时间抢回来，把遭受的损失补回来，确保疫情防控和脱贫攻坚两场战役都要打赢、两个胜利都要夺取，确保全面建成小康社会和"十三五"规划圆满收官。

3月25日 省委召开各市（州）党委书记抓脱贫攻坚座谈会。省委书记、省人大常委会主任孙志刚强调，要深入学习贯彻习近平总书记在决战决胜脱贫攻坚座谈会上的重要讲话精神，冲刺九十天，奋战三个月，切实克服疫情影响，坚决打赢脱贫攻坚最后总攻歼灭战。省委副书记、省长谌贻琴，省政协主席刘晓凯，省委常委，省人大常委会、省政府、省政协有关领导同志参加会议。各市（州）党委书记汇报了脱贫攻坚工作情况。挂牌督战"9+3"县区的省领导逐一作了发言。

围绕如何克服疫情影响、打好脱贫攻坚最后歼灭战进行充分讨论。

3月27日 省委召开常委会会议暨省扶贫开发领导小组会议，深入学习贯彻习近平总书记在决战决胜脱贫攻坚座谈会上的重要讲话精神，传达学习中央政治局常委、全国政协主席汪洋3月24日在国务院扶贫办调研座谈时的讲话精神和与我省从江县委负责同志视频连线时的指示精神，认真落实国家脱贫攻坚成效考核反馈意见，强调全省各级党员干部特别是领导干部要以坚强的党性扛起重大政治责任，冲刺九十天，奋战三个月，坚决打赢脱贫攻坚最后总攻歼灭战。

同日 省委副书记、省长谌贻琴主持召开视频会议，督战纳雍县脱贫攻坚工作。她强调，要深入学习贯彻习近平总书记在决战决胜脱贫攻坚座谈会上的重要讲话精神，认真落实中央和省委工作部署，紧紧围绕补短板、强弱项，多查找问题、解决问题，大战九十天，啃下"硬骨头"，坚决克服疫情带来的影响，确保按时高质量打赢脱贫攻坚战。视频会上，省扶贫办通报了有关问题，省政府办公厅汇报了近期督战工作情况，省农业农村厅等6家省直帮扶单位围绕如何支持纳雍县作了发言，毕节市、纳雍县主要负责同志发言，谌贻琴详细询问了住房保障、饮水安全、农村产业结构调整、贫困劳动力就业等有关情况。

3月30日 省委书记、省人大常委会主任孙志刚来到省委应急指挥中心，视频连线威宁彝族回族苗族自治县，开展脱贫攻坚挂牌督战工作。他强调，要深入学习贯彻习近平总书记在决战决胜脱贫攻坚座谈会上的重要讲话精神，同时间赛跑，与贫困较量，抓住三个月"窗口期"多发现问题、多解决问题，奋力发起冲刺，坚决打赢脱贫攻坚最后总攻歼灭战。

3月31日 贵州省脱贫攻坚"冲刺90天打赢歼灭战"动员大会召开。省委书记、省人大常委会主任孙志刚出席会议并讲话，强调要深入贯彻习近平总书记在决战决胜脱贫攻坚座谈会上的重要讲话精神，奋力冲刺90天，坚决打赢歼灭战，夺取脱贫攻坚最后总攻的全面胜利。省委副书记、省长谌贻琴主持会议。省政协主席刘晓凯，省委常委，省人大常委会、省政府、省政协领导班子成员和党组成员，省法院院长、省检察院检察长出席会议。18家省直部门在省主会场签订总攻责任状，9个市（州）、85个有扶贫开发任务的县（市、区）党政主要负责同志在各地分会场签订总攻责任状。

4月7日 省委书记、省人大常委会主任孙志刚到毕节市纳雍县调研脱贫攻坚工作时强调，要深入学习贯彻习近平总书记重要讲话精神，全面落实省委、省政府"冲刺90天、打赢歼灭战"的各项部署，围绕"两不愁三保障"和饮水安全、农村产业革命等重点工作更多发现问题、解决问题，坚决夺取脱贫攻坚最后总攻的全面胜利。

4月8日 省委常委会召开会议，传达学习贯彻4月2日国务院扶贫开发领导小组脱贫攻坚成效考核和专项巡视"回头看"发现问题整改工作电视电话会议精神，分析我省一季度经济形势，研究部署下步工作。省委书记、省人大常委会主任孙志刚主持会议并讲话。省委副书记、省长谌贻琴，省政协主席刘晓凯，省委常委，省人大常委会、省政府有关负责同志，省法院院长、省检察院检察长参加会议。

4月14日 省委常委会召开会议，传达学习中办、国办关于2019年脱贫攻坚成效考核情况的通报、脱贫攻坚约谈会议和全国农业生产视频调度会精神，研究贯彻落实措施。省委书记、省人大常委会主任孙志刚主持会议并讲话，省委副书记、省长谌贻琴，省政协主席刘晓凯，省委常委，省人大常委会、省政府有关负责同志，省法院院长、省检察院检察长参加会议。

4月15日 省委副书记、省长谌贻琴主持召开省政府常务会议，学习贯彻习近平总书记对安全生产的重要指示精神，研究做好脱贫攻坚成效考核问题整改和当前农业生产工作，部署深入推进大数据战略行动，安排全省建制镇生活污水处理设施建设、食品安全等工作。

同日 全省"脱贫攻坚走基层"大型主题采访活动动员大会召开，会议强调全省新闻战线要全面发起脱贫攻坚宣传战总攻，推动正面报道、舆论监督、决策参考"三位一体"，在基层一线强化"四力"建设，为我省按时高质量打赢脱贫攻坚战提供强大现实力量和精神支撑。

4月15日—17日 省委书记、省人大常委会主任孙志刚赴毕节市威宁彝族回族苗族自治县开展脱贫攻坚挂牌督战工作。他强调，要深入贯彻全省脱贫攻坚"冲刺90天打赢歼灭战"动员大会精神，抓住和用好4月、5月、6月三个月"窗口期"，具体深入，较真碰硬，尽可能多地发现问题、解决问题，以过硬作风确保打赢最后总攻歼灭战，兑现对党和人民的庄严承诺。

4月16日 省委副书记、省长谌贻琴赴黔西南州晴隆县调研脱贫攻坚工作。她强调，要深入贯彻落实习近平总书记重要指示精神，按照中央和省委的部署要求，坚持在常态化疫情防控中加快推进脱贫攻坚，坚定必胜信心，继续查缺补漏，以"人一之我十之、人十之我百之"的精神，快马加鞭冲刺90天，高质量打赢歼灭战。

4月22日 省委副书记、省长谌贻琴赴黔南州开展服务重大项目重点企业专项调研。她强调，要认真学习贯彻习近平总书记重要指示精神，落实中央和省委的部署要求，在疫情防控常态化条件下，坚持稳中求进工作总基调，全力做好"六稳""六保"工作，实施扩大内需战略，坚定信心，鼓足干劲，全力以赴抓项目、扩投资、促生产，奋力完成全年经济社会发展目标任务。

4月26日 中共中央政治局常委、全国政协主席汪洋近日在贵州调研脱贫攻坚工作。他强调，要深入贯彻落实习近平总书记在决战决胜脱贫攻坚座谈会上的工作要求，聚焦疫情给贫困群众外出就业及产业发展带来的新困难，瞄准易地扶贫搬迁后续扶持的新问题，充分发挥制度优势，多措并举，精准施策，巩固脱贫成果，确保高质量完成脱贫攻坚目标任务。汪洋强调，易地扶贫搬迁安置任务基本完成后，工作重点要放在后续帮扶上。要加强技能培训，通过因地制宜建设扶贫车间、发展设施农业、开发公益性岗位等措施，进一步拓宽搬迁户就业渠道，真正实现搬迁一户、脱贫一户。要衔接好搬迁群众农民和新市民"两种身份"的转换，按照促进基本公共服务均等化的要求，切实完善相关配套设施，保障搬迁群众就近就医、适龄子女就近入学。要发挥基层党组织战斗堡垒作用，通过有力有效的工作，引导搬迁群众转变思想观念，更新生活习惯和生产方式，逐步适应新环境，融入新生活。省委书记、省人大常委会主任孙志刚，省委副书记、省长谌贻琴分别陪同调研。

4月28—29日 省委副书记、省长谌贻琴赴毕节市纳雍县开展脱贫攻坚挂牌督战工作。她强调，要深入学习贯彻习近平总书记重要指示精神，按照中央和省委部署要求，坚定必胜信心，紧盯"一达标两不愁三保障"目标标准，坚定不移抓产业、稳就业，持续深入查漏项、补短板，坚决按时高质量打赢最后总攻歼灭战。

4月28日—30日 省委书记、省人大常委会主任孙志刚赴黔西南州册亨县、望谟县调研督战脱贫攻坚并召开全州视频会议。他强调，要深入学习贯彻习近平总书记关于脱贫攻坚的系列重要指示精神，绷紧弦，加把劲，更严更实更细更紧抓好各项工作，确保按时高质量打赢脱贫攻坚最后总攻歼灭战。

4月30日 2020年全省春季政金企融资对接活动周总结大会暨集中签约仪式在贵阳举行，省委副书记、省长谌贻琴出席会议并讲话。她强调，要深入学习贯彻习近平总书记关于金融工作的重要论述，全面落实党中央、国务院关于统筹做好疫情防控和经济社会发展的部署要求，构建更加紧密的政金企发展共同体，为做好"六稳"工作、落实"六保"任务，确保按时高质量打赢脱贫攻坚战、奋力完成经济社会发展目标任务提供有力支撑。

5月7日 全省劳务就业扶贫工作会议在贵阳召开。省委书记、省人大常委会主任孙志刚出席会议并讲话，强调要深入贯彻落实习近平总书记关于就业扶贫的重要指示精神，贯彻落实汪洋主席在贵州调研时的指示要求，落实全国统筹推进疫情防控和稳就业工作电视电话会议部署，坚持内外并重、多措并举，确保建档立卡贫困户、易地扶贫搬迁户和边缘户劳动力充分就业、收入稳定，坚决按时高质量打赢脱贫攻坚战。省委副书记、省长谌贻琴主持会议。

5月11日—12日 省委副书记、省长谌贻琴赴毕节市威宁彝族回族苗族自治县调研脱贫攻坚工作。她强调，要深入贯彻落实习近平总书记关于扶贫工作的重要论述，按照孙志刚书记对威宁打赢脱贫攻坚战的一系列部署要求，咬定目标不放松，狠抓落实再加劲，全力抓产业强支撑、稳就业促增收，坚决夺取最后总攻歼灭战的全面胜利。

6月2日—5日 全国政协副主席、民革中央常务副主席郑建邦率队赴贵州省出席民革中央脱贫攻坚民主监督2020年第一次工作推进会并开展调研。

6月10日—11日 省委书记、省人大常委会主任孙志刚到安顺市紫云自治县、镇宁自治县、普定县、西秀区、平坝区调研督战脱贫攻坚。他强调，要深入学习贯彻习近平总书记关于脱贫攻坚系列重要指示精神，落实全国两会工作部署，把以人民为中心的发展思想落实到纵深推进农村产业革命实践中，确保农民群众充分受益、稳定增收、脱贫致富。

6月16日 全省防汛救灾暨因灾致贫返贫帮扶工作电视电话会议在贵阳召开。受省委书记、省人大常委会主任孙志刚委托，省委副书记、省长谌贻琴出席会议并讲话。她强调，要深入贯彻落实习近平总书记重要指示精神，按照党中央、国务院和省委、省政府的部署要求，坚持人民至上、生命至上，坚决打好防汛救灾、脱贫攻坚、疫情防控、安全生产各场硬仗，确保全省人民群众生命财产安全，确保按时高质量打赢脱贫攻坚战，奋力完成全年经济社会发展目标任务。

6月17日　省委书记、省人大常委会主任孙志刚在调度指导遵义市、正安县防汛救灾和脱贫攻坚工作时强调，要坚持人民至上、生命至上，全力防灾减灾，精准核灾救灾，做好应对更大灾情的准备，切实保护人民群众生命财产安全，及时抓好受灾群众帮扶工作，努力把灾情造成的影响降到最低，确保不漏一户、一人、一项，按时高质量打赢脱贫攻坚战。

6月17日—18日　省委副书记、省长谌贻琴赴毕节市纳雍县开展脱贫攻坚挂牌督战工作。她强调，要深入贯彻习近平总书记关于决战决胜脱贫攻坚的重要指示精神，按照省委、省政府"冲刺90天、打赢歼灭战"的部署要求，再鼓一把劲，再加一把油，继续发现问题、解决问题，扎实深入抓具体，不达目标不罢休，坚决夺取脱贫攻坚战最后胜利。

6月22日　省委书记、省人大常委会主任孙志刚来到省委应急指挥中心，视频连线威宁彝族回族苗族自治县，开展脱贫攻坚挂牌督战工作。他强调，要深入学习贯彻习近平总书记重要指示精神，咬定目标、尽锐出战、苦干实干，牢牢掌握主动权、制胜权，确保脱贫攻坚质量高、成色足。

6月23日　省委书记、省人大常委会主任孙志刚来到省委应急指挥中心，视频连线赫章县，开展脱贫攻坚督战工作。他强调，要深入学习贯彻习近平总书记对毕节试验区的重要指示精神，坚持具体深入、严督实战、苦干实干，不断发现问题、解决问题，坚决夺取最后总攻歼灭战的全面胜利，兑现对党和人民的庄严承诺。孙志刚先后听取了赫章县委主要负责同志、省级定点督战队负责同志和省政协副主席、毕节市委书记周建琨工作汇报，仔细询问"窗口期"发现问题整改落实情况，与参会人员进行深入讨论。

同日 省脱贫攻坚挂牌督战和问题整改工作专题会召开，省委常委、省委秘书长刘捷出席会议并讲话，副省长吴强主持会议。会议强调，要深入贯彻落实中央及省委、省政府决策部署，坚定信心，保持定力，深化挂牌督战，动态查缺补漏，狠抓产业和就业扶贫，千方百计克服疫情和灾情影响，抢抓机遇加强基层党组织建设，抓实抓细最后关头各项工作，坚定不移夺取脱贫攻坚全面胜利。

同日 贵州省与澳门特别行政区及澳门中联办扶贫合作工作视频会议暨帮扶项目签约仪式举行。

6月29日 省委召开常委会会议暨省扶贫开发领导小组会议，传达学习贯彻国务院扶贫开发领导小组脱贫攻坚督战工作电视电话会议精神，听取全省脱贫攻坚挂牌督战工作情况汇报，强调要始终保持决战状态，全面抓好查漏补缺、巩固提升各项工作，确保脱贫攻坚质量和成色。

7月1日 贵州省2020年脱贫攻坚"七一"表彰大会在贵阳隆重举行。省委书记、省人大常委会主任孙志刚出席并讲话。他强调，要坚持以习近平新时代中国特色社会主义思想为指引，牢记嘱托，感恩奋进，以先进典型为榜样，大力弘扬新时代贵州精神，坚定信心，奋力拼搏，继续奋战六个月，确保高质量，打好收官战，确保脱贫攻坚和全面建成小康社会圆满收官，彻底撕掉千百年来绝对贫困标签。

7月2日—3日 省委副书记、省长谌贻琴赴安顺市调研。她强调，要深入学习贯彻习近平总书记系列重要指示精神，坚持人民至上、生命至上，按照省委"确保高质量、打好收官战"的要求，坚持以脱贫攻坚统揽经济社会发展全局，统筹做好防汛救灾、高质量脱贫、"六稳""六保"等各项工作，确保脱贫攻坚和全面建成小康社会圆满收官。

7月10日　省委常委会召开会议，传达学习贯彻国家脱贫攻坚普查电视电话会议和部分省区市脱贫攻坚与实施乡村振兴战略有机衔接工作座谈会精神，通报广东省党政代表团在我省考察情况，强调要高质量完成脱贫攻坚普查任务，推进产业扶贫与乡村产业振兴紧密衔接，推动东西部扶贫协作迈上新台阶。

7月13日　全省农村乱占耕地建房问题整治工作电视电话会议在贵阳召开。省委副书记、省长谌贻琴作批示指出要从深入推进农村产业革命、高质量打赢脱贫攻坚战、实施乡村振兴战略的高度，深刻认识耕地保护的极端重要性，压紧压实责任，依法依规、积极稳妥、有力有序有效推进整治工作。会议强调，耕地是粮食生产的基础，是最宝贵的自然资源，保护耕地就是保障国家粮食安全。会议以电视电话会议形式开到县（市、区、特区），省设主会场，各市（州）、各县（市、区、特区）设分会场。省纪委监委、省自然资源厅、省农业农村厅等单位有关负责同志在主会场参加会议并发言。

7月20日—21日　辽宁省代表团到我省交流对接扶贫协作相关工作。21日，辽宁·贵州扶贫协作工作联席会议在六盘水召开，辽宁省委书记、省人大常委会主任陈求发，省委书记、省人大常委会主任孙志刚出席会议并讲话。省委副书记、省长谌贻琴参加有关活动。

8月3日　省委副书记、省长谌贻琴主持召开省政府专题会议，进一步深入学习贯彻习近平总书记对毕节试验区工作的重要指示精神及统一战线参与毕节试验区建设座谈会精神，按照中央和省委部署要求，研究建设毕节新发展理念示范区规划编制工作。

8月4日—5日　江苏省委书记、省人大常委会主任娄勤俭率江苏省党政代表团来我省考察,进一步推进扶贫协作,深化交流合作。4日下午,两省在铜仁市召开江苏·贵州扶贫协作工作联席会议。贵州省委书记、省人大常委会主任孙志刚,省委副书记、省长谌贻琴参加有关考察和会议活动。在贵州期间,江苏省党政代表团一行深入铜仁市碧江区、万山区、江口县,实地考察贵州同德药业公司、苏高新农产品供应链示范基地、旺家易地扶贫搬迁安置点、朱砂古镇、太平镇云舍村等,了解产业扶贫、易地扶贫搬迁、就业扶贫、消费扶贫、文旅扶贫等情况。

8月13日—14日 省委书记、省人大常委会主任孙志刚赴毕节市威宁彝族回族苗族自治县开展脱贫攻坚挂牌督战。他强调,要深入贯彻省委十二届七次全会精神,按照"确保高质量、打好收官战"的要求,一鼓作气,具体深入,查漏补缺,巩固提升,坚决夺取脱贫攻坚收官战全面胜利,兑现对党和人民的庄严承诺。

8月20日—21日 贵州省党政代表团赴上海市学习考察,深入贯彻落实习近平总书记关于推进东西部扶贫协作重要指示精神,深化帮扶协作,学习先进经验,促进合作发展。

8月26日 省委、省政府在贵阳召开脱贫攻坚对口帮扶工作座谈会,省委书记、省人大常委会主任孙志刚出席会议并讲话。他强调,要深入贯彻落实习近平总书记关于东西部扶贫协作和中央单位定点扶贫重要指示精神,进一步凝聚强大合力持续攻坚,迎接大考,赢得大考,为全面建成小康社会、开启全面建设社会主义现代化新征程做出新的更大贡献。

8月28日 省委召开常委会会议暨省扶贫开发领导小组会议,传达学习贯彻国务院扶贫开发领导小组克服疫情灾情影响确保如期全面脱贫电视电话会议精神,通报我省党政代表团到浙江、江苏、上海对接东西部扶贫协作工作情况,强调要坚决贯彻落实习近平总书记重要指示精神，按照党中央、国务院部署要求，坚决克服疫情灾情影响，毫不松懈抓好责任落实，一鼓作气全面打赢脱贫攻坚战。

8月31日 省委召开专题会议，深入学习贯彻习近平总书记关于农业科技的系列重要指示精神，研究推进我省农业科技工作。省委书记、省人大常委会主任孙志刚主持会议并讲话。他强调，要认真贯彻落实习近平总书记重要指示精神，加强农业科技创新和应用推广，努力提升农业科技水平，加快现代山地特色高效农业发展步伐，推进农业农村现代化。

9月1日—2日 省委书记、省人大常委会主任孙志刚赴黔东南州从江县、榕江县开展脱贫攻坚督战调研。他强调，要按照"确保高质量、打好收官战"的要求，全面查漏补缺，抓好巩固提升，大力发展特色优势产业，坚决夺取脱贫攻坚战全面胜利。

9月2日 省委副书记、省长谌贻琴主持召开省政府常务会议，学习贯彻国务院扶贫开发领导小组克服疫情灾情影响确保如期全面脱贫电视电话会议、全国产业扶贫工作推进会、全国消费扶贫行动现场推进会、全国扶贫办主任座谈会精神，部署推进新型城镇化等工作。

9月4日 全省新型城镇化推进大会在贵阳举行，省委书记、省人大常委会主任孙志刚作批示，省委副书记、省长谌贻琴出席会议并讲话。会上印发了《贵州省提升城镇品质做强城镇经济推进新型城镇化若干措施》（黔府办发〔2020〕21号）。会议以电视电话会议形式召开。省发展改革委、省住房城乡建设厅、国家开发银行省分行、贵阳市、遵义市、黔西南州和金沙县负责同志作了交流发言。省有关部门和单位负责同志在主会场参加会议，各市（州）、各县（市、区）有关负责同志在分会场参加会议。

9月10日 省委常委会召开会议，深入贯彻落实习近平总书记重要指示精神，传达学习东西部扶贫协作就业稳岗工作座谈会要求，强调要坚决按照党中央、国务院部署，更加主动担起主体责任，千方百计稳住贫困劳动力务工就业，确保高质量，打好收官战。

9月13日—16日 中共中央政治局常委、中央纪委书记赵乐际到贵州调研。他首先来到毕节市威宁彝族回族苗族自治县格书村，走访慰问贫困户，并在六盘水市委巡察办、威宁彝族回族苗族自治县二塘镇机关，详细了解巡视巡察工作情况，并同大家座谈交流。之后，他来到省纪委监委机关和贵州航天电器股份有限公司，看望纪检监察干部，调研纪检监察工作。赵乐际强调，纪检监察机关要坚决贯彻落实以习近平同志为核心的党中央重大决策部署，增强"四个意识"，坚定"四个自信"，做到"两个维护"，持之以恒纠治"四风"，一体推进不敢腐、不能腐、不想腐，促进党员干部自觉践行"三严三实"，弘扬伟大抗疫精神，以良好的状态和作风决胜全面建成小康社会、决战脱贫攻坚。

9月25日 省委召开常委会会议暨省扶贫开发领导小组会议，研究脱贫攻坚有关工作，强调要坚决贯彻落实习近平总书记重要指示精神，以最实的举措、最硬的作风，确保高质量，打好收官战，坚决夺取脱贫攻坚战最后胜利。

10月7日 中共中央政治局委员、国务院扶贫开发领导小组组长胡春华在贵州督导少数民族地区脱贫攻坚工作。他强调，要坚决贯彻落实习近平总书记重要指示精神，按照党中央、国务院决策部署，进一步加大工作力度，确保少数民族地区决战决胜脱贫攻坚，确保全面建成小康社会一个民族都不能少。

10月12日—13日 省委书记、省人大常委会主任孙志刚赴黔西南州普安县、晴隆县开展脱贫攻坚督战调研。他强调，要以对人民、对历史高度负责的精神和更加过硬的工作作风，按照"确保高质量、打好收官战"的部署，把查漏补缺、巩固提升各项工作抓细抓实抓到位，精心迎接大考，确保赢得大考，坚决夺取脱贫攻坚战全面胜利。

10 月 12 日—14 日 为深入贯彻落实习近平总书记关于东西部扶贫协作的重要指示精神，受省委书记、省人大常委会主任孙志刚委托，省委副书记、省长谌贻琴率贵州省代表团赴辽宁省对接扶贫协作工作。双方在大连市举行辽宁省（大连市）·贵州省（六盘水市）扶贫协作工作座谈会并签署有关合作协议。

10 月 16 日 全省脱贫攻坚督战推进电视电话会议在贵阳召开。会议深入贯彻习近平总书记关于脱贫攻坚重要指示精神，认真落实省委部署和孙志刚书记讲话要求，研究解决专项督查发现问题，安排部署收官阶段重点工作。

10 月 17 日 在第七个国家扶贫日到来之际，省委、省政府在贵阳举行贵州省 2020 年"国家扶贫日"捐赠仪式，号召全省上下合力克难攻坚，全面实现"相约 2020"的庄严承诺，彻底撕掉贵州千百年来"绝对贫困"标签，确保高质量，打好收官战，确保与全国同步全面建成小康社会。

10 月 18 日—19 日 根据国务院扶贫开发领导小组安排，全国脱贫攻坚先进事迹第八巡回报告团到我省开展巡回报告。在 19 日于贵阳举行报告会前，省委书记、省人大常委会主任孙志刚，省委副书记、省长谌贻琴会见报告团一行。

10 月 19 日 省政协在贵阳召开专题协商会，邀请省检察院检察长与省政协委员围绕"全省检察机关充分发挥检察职能，服务保障打赢脱贫攻坚战专项行动情况"进行协商座谈。

10 月 21 日 省委召开专题工作会议，深入学习贯彻习近平总书记对毕节试验区工作的重要指示精神，进一步研究部署在新征程中努力把毕节试验区建设成为贯彻新发展理念的示范区。省委书记、省人大常委会主任孙志刚主持会议并讲话。

10月22日 省委书记、省人大常委会主任孙志刚主持召开省委专题会议并讲话。他强调，全省人民为之奋斗多年的脱贫攻坚、全面小康目标即将实现，即将彻底撕掉"绝对贫困"标签。全省上下务必保持攻坚态势，善始善终，善作善成，抓紧四季度，决胜全年度，扎实细致做好脱贫攻坚、经济发展、防范化解风险等各项工作，确保高质量，打好收官战。

11月1日 省委副书记、省长谌贻琴主持召开省政府常务会议，学习贯彻全国易地扶贫搬迁后续扶持工作现场会精神，研究政府性融资担保体系改革、促进劳动力和人才社会性流动等工作。

11月5日 全省脱贫攻坚工作定期调度会第一次会议召开。会议深入学习贯彻习近平总书记重要指示精神，认真落实省委有关部署，调度掌握近期的工作进展，研究解决突出问题，安排部署收官工作。

11月10日 省委副书记、省长谌贻琴主持召开专题会议，研究进一步推进全省十大工业产业中的先进装备制造和基础材料产业发展工作。她强调，要认真落实党的十九届五中全会精神，全面贯彻习近平总书记关于制造强国战略重要论述，牢牢抓住国家构建新发展格局的重大机遇，坚持高质量发展，大力推进贵州先进装备制造和基础材料产业基础高级化、产业链现代化，大力提高两个产业组合发展能力，为开启现代化建设新征程提供强力支撑。

11月12日 全国"万企帮万村"精准扶贫行动现场交流会暨先进民营企业表彰会在毕节市织金县召开。会议传达了中共中央政治局常委、全国政协主席汪洋对"万企帮万村"行动的指示，传达了中共中央政治局委员、国务院副总理胡春华和中共中央书记处书记、中央统战部部长尤权对"万企帮万村"行动的批示。

同日　省委常委会召开会议，学习贯彻中央《关于巩固深化"不忘初心、牢记使命"主题教育成果的意见》，审议我省《贯彻落实〈关于巩固深化"不忘初心、牢记使命"主题教育成果的意见〉重点任务》，传达学习贯彻全国易地扶贫搬迁后续扶持工作现场会精神，进一步部署推进做好我省脱贫攻坚收官阶段工作。

11月11日—13日　全国政协副主席、全国工商联主席高云龙率队赴毕节市织金县调研并出席全国"万企帮万村"精准扶贫行动现场交流会暨先进民营企业表彰会。

11月23日　省政府新闻办召开新闻发布会，会上省政府宣布同意紫云自治县、纳雍县、威宁自治县、赫章县、沿河自治县、榕江县、从江县、晴隆县、望谟县9个贫困县退出贫困县序列。至此，贵州省66个贫困县全部实现脱贫摘帽。贵州曾是全国贫困人口最多的省份，是全国脱贫攻坚的主战场，全省88个县（市、区）中有66个贫困县。多年来，贵州坚持以习近平新时代中国特色社会主义思想为指导，深入学习贯彻习近平总书记关于扶贫工作重要论述和对贵州工作的重要指示，坚持以脱贫攻坚统揽经济社会发展全局，对标对表党中央、国务院战略部署，感恩奋进，尽锐出战，脱贫攻坚工作取得决定性成效，全面完成188万人易地扶贫搬迁任务。党的十八大以来，贵州减少贫困人口892万余人，成为全国减贫人数最多的省份。

12月4日—5日　省委副书记、代省长李炳军到毕节市七星关区、赫章县调研。他强调，要深入贯彻党的十九届五中全会精神和习近平总书记对毕节试验区工作的系列重要指示精神，按照中央和省委部署，毫不松懈，一鼓作气，高质量交出脱贫攻坚答卷，巩固拓展脱贫攻坚成果，乘势而上建设贯彻新发展理念示范区。

12月23日　全省易地扶贫搬迁后续扶持工作推进会在贵阳召开。省委书记谌贻琴出席会议并讲话。她强调，要深入学习贯彻习近平总书记关于巩固拓展脱贫攻坚成果的重要指示精神，贯彻落实党中央、国务院决策部署，与时俱进深化"五个体系"建设，高质量抓好全省易地扶贫搬迁后续扶持工作，确保搬迁群众稳得住、有就业、逐步能致富。省委副书记、代省长李炳军主持会议。

二〇二一年

1月6日 贵州省人民政府新闻办召开新闻发布会，发布"十三五"时期贵州实施易地扶贫搬迁192万人、建成949个集中安置点、安置住房46.5万套、实现易地扶贫搬迁安置任务全面收官和后续扶持全面推进等相关信息。

1月20日 省委农村工作会议暨全省巩固拓展脱贫攻坚成果同乡村振兴有效衔接工作会议在贵阳召开。省委书记谌贻琴出席会议并讲话。她强调，要深入学习贯彻习近平总书记在中央农村工作会议上的重要讲话精神，充分认识新发展阶段做好"三农"工作的重大意义，坚持把解决好"三农"问题作为全省工作的重中之重，以高质量发展统揽"三农"工作全局，坚决巩固拓展好脱贫攻坚成果，坚决确保粮食安全，大力推进农业现代化，纵深推进农村产业革命，全面推进乡村振兴，奋力推动贵州在实现农业高质高效、乡村宜居宜业、农民富裕富足道路上大踏步前进。

2月25日 全国脱贫攻坚总结表彰大会在北京举行，大会表彰了一批在打赢脱贫攻坚战中做出突出贡献的个人和集体。贵州省晴隆县原县委书记姜仕坤同志获"全国脱贫攻坚楷模"荣誉称号，同时贵州省另获表彰的有113名全国脱贫攻坚先进个人、85个全国脱贫攻坚先进集体，贵州是该次获表彰人数最多的省份。

3月10日 粤黔东西部协作对接工作座谈会在贵阳召开，总结2016年以来贵州与东部帮扶省、市推进东西部扶贫协作取得的成果，就粤黔两地接下来的结对帮扶进行提前谋划。

3月26日 "贵州省决战决胜脱贫攻坚重点主题出版"新书发布会在贵阳市贵州书城举办，此次发布会集中发布了由贵州出版集团、贵州人民出版社编辑出版的贵州省决战决胜脱贫攻坚重点主题出版物共6种112册，包括《主战场：中国大扶贫——贵州战法》、《壮阔大迁徙：贵州192万人易地扶贫搬迁》、《"苍山如海：东西部扶贫协作"丛书》、《千年之变：贵州脱贫攻坚故事》（100卷）等。

4月7日—8日 省委书记、省人大常委会主任谌贻琴到毕节市威宁彝族回族苗族自治县调研巩固拓展脱贫攻坚成果同乡村振兴有效衔接等工作。她强调，要深入学习贯彻习近平总书记视察贵州重要讲话精神，继续弘扬伟大脱贫攻坚精神，大力发展乡村产业，坚决把脱贫攻坚成果巩固住、提升好，奋力在乡村振兴上开新局，加快把毕节建设成为贯彻新发展理念示范区。

4月12日 全省推进新型城镇化暨"强省会"工作大会在贵阳召开，省委书记、省人大常委会主任谌贻琴，省委副书记、省长李炳军出席会议并讲话。会上印发了《中共贵州省委贵州省人民政府关于推进以人为核心的新型城镇化的意见》（黔党发〔2021〕12号）和《中共贵州省委贵州省人民政府关于支持实施"强省会"五年行动若干政策措施的意见》（黔党发〔2021〕13号）。

4月20—22日 全国政协副主席、农工党中央常务副主席何维率队赴我省毕节市大方县开展调研。在黔期间，调研组一行先后前往大方县一棵树村华润电力乌蒙电厂选址点、小屯乡市院村、贵州大方发电有限公司、恒大医院、奢香古镇调研，并在大方县召开"深化定点帮扶·助力乡村振兴"工作座谈会,就相关工作情况进行交流。

4月23日 贵州省脱贫攻坚总结表彰大会在贵阳隆重举行。省委书记、省人大常委会主任谌贻琴出席会议并讲话。省委副书记、省长李炳军主持会议,会上授予贵阳市委办公厅等1000个集体"贵州省脱贫攻坚先进集体"称号,授予刘明兰等1500名同志"贵州省脱贫攻坚先进个人"称号。

同日 贵州省东西部协作工作座谈会在贵阳召开,会议学习贯彻全省脱贫攻坚总结表彰大会精神,对我省东西部扶贫协作工作进行了总结,对援黔干部和专业技术人才进行了表彰。会上,宣读了省委、省政府通报表扬决定,为8个市(州)援黔工作组组长和专业技术人才代表颁发援黔工作纪念章,7位对口帮扶省(市)工作队领队和2名援黔专家作了发言。

4月26日 省政府召开全省脱贫攻坚问题整改工作电视电话会议,部署开展"两不愁三保障"情况排查,督促推进脱贫攻坚成效考核发现问题整改,安排部署当前农业农村重点工作。

4月27日—28日 中国共产党贵州省第十二届委员会第九次全体会议在贵阳举行。全会要求全省上下要进一步提高政治领悟力,准确把握习近平总书记视察贵州重要讲话的精神实质,深刻领悟以高质量发展统揽全局这个总要求,守好发展和生态两条底线这个一贯要求;统筹发展和安全工作这个基本要求;在新时代西部大开发上闯新路、在乡村振兴上开新局、在实施数字经济战略上抢新机、在生态文明建设上出新绩这个最新要求;推动共同富裕这个本质要求;毫不动摇加强党的建设这个最严要求;坚决把思想和行动统一到习近平总书记视察贵州重要讲话精神上来。全会提出,各地区各部门要把推进"四新""四化"作为重大政治责任,立足新发展阶段,贯彻新发展理念,融入新发展格局,坚持全局意识、系统观念、辩证思维,围绕"四新"

抓"四化"，坚决把脱贫攻坚成果巩固住、拓展好，在新征程上不断推动高质量发展取得新成就。

4月30日 全省特色田园乡村·乡村振兴集成示范试点建设工作部署电视电话会议在贵阳召开，会议深入学习贯彻习近平总书记视察贵州重要讲话精神，认真落实省委十二届九次全会部署，安排示范试点规划方案编制各项工作。

5月9日 省委副书记、省长李炳军赴贵阳市修文县调研乡村振兴和农业现代化工作。他强调，要深入学习领会习近平总书记视察贵州重要讲话精神，认真落实省委十二届九次全会部署，坚持市场导向，加快农业现代化，高质量推动乡村全面振兴。

5月10日 省委常委会召开会议，听取全省巩固拓展脱贫攻坚成果工作情况汇报，研究部署开展"回头看"工作。省委书记、省人大常委会主任谌贻琴主持会议并讲话。省委副书记、省长李炳军等参加会议。

5月12日 全省农业现代化推进大会在贵阳召开。省委副书记、省长李炳军讲话，强调要认真学习贯彻习近平总书记视察贵州重要讲话精神，坚持以高质量发展统揽全局，按照围绕"四新"主攻"四化"的要求，加快推进农业现代化，奋力推动农业高质量发展，为在乡村振兴上开新局提供有力支撑。领衔推进12个农业特色优势产业的省领导，省委、省人大常委会、省政府、省政协相关领导出席会议。

5月12日—13日 省委书记、省人大常委会主任谌贻琴深入六盘水市钟山区、水城区、盘州市调研。她强调，要深入学习贯彻习近平总书记视察贵州重要讲话精神，认真落实省委十二届九次全会的部署，坚定不移以高质量发展统揽全局，坚决把脱贫攻坚成果巩固住、拓展好，全力以赴围绕"四新"抓"四化"，努力在新征程上交出新的优异答卷。

5 月 24 日 全国政协在京召开"巩固拓展脱贫攻坚成果，全面实施乡村振兴战略"专题协商会，中共中央政治局常委、全国政协主席汪洋出席会议并讲话。中共中央政治局委员、国务院副总理胡春华出席会议并介绍有关情况。全国政协副主席张庆黎主持上午的会议，杨传堂在会上发言。本次专题协商会采取联动协商形式，100 余位全国、省、市、县级政协委员在全国政协机关主会场和贵州、云南分会场参会，28 位委员、专家和基层代表在会议现场或通过视频连线方式发言，近 140 位委员通过移动履职平台发表意见。住黔全国政协委员召集人等在贵州分会场出席协商活动。

5 月 25 日 贵州省乡村振兴局正式挂牌成立。组建省乡村振兴局是省委、省政府贯彻落实习近平总书记重要指示和中央决策部署的具体行动，是巩固拓展脱贫攻坚成果同乡村振兴有效衔接的必然要求，是落实"一二三四"总体思路、围绕"四新"抓"四化"的重要举措，将为我省全面实施乡村振兴战略提供新的力量支撑和制度保障。

5 月 29 日 《国务院办公厅关于对 2020 年落实有关重大政策措施真抓实干成效明显地方予以督查激励的通报》印发，贵州在 2020 年脱贫攻坚成效考核中被认定为完成年度计划、减贫成效显著、综合评价好的省份之一，予以督查激励。这也是贵州在国家脱贫攻坚成效考核中连续五年获得"好"的综合评价。本次在国家脱贫攻坚成效考核中再次被认定为"好"，是国家层面对 2020 年贵州脱贫攻坚成效的充分肯定，也是我省继 2016 年、2017 年、2018 年、2019 年后，再次获得该荣誉。从全国范围来看，贵州是为数不多在国家脱贫攻坚成效考核中连续五年为"好"的省份之一。

6 月 2 日 全省易地扶贫搬迁工作领导小组全体会议在贵阳召开，副省长、省易地扶贫搬迁工作领导小组组长吴胜华出席会议并讲话，对当前和"十四五"期间易地扶贫搬迁后续扶持工作进行安排部署。

6月8日—9日 省委副书记、省长李炳军到毕节市大方县、纳雍县调研。他强调，要深入学习贯彻习近平总书记视察贵州重要讲话精神，按照省委十二届九次全会部署，围绕"四新"狠抓"四化"，做好巩固拓展脱贫攻坚成果同乡村振兴有效衔接，奋力推动经济社会高质量发展。

6月18日—19日 国家乡村振兴重点帮扶县工作会议在毕节召开。中共中央政治局委员、国务院副总理胡春华出席会议并讲话。他强调，要深入贯彻习近平总书记重要指示精神，按照党中央、国务院决策部署，以更加集中的支持、更加有效的举措、更加有力的工作，加快国家乡村振兴重点帮扶县发展，让脱贫基础更加稳固、成效更可持续，确保在全面推进乡村振兴的新征程中不掉队，为加快实现农业农村现代化奠定坚实基础。中央农办主任、农业农村部部长唐仁健主持会议，省委书记、省人大常委会主任谌贻琴致辞，省委副书记、省长李炳军参加会议并发言。中央农办副主任、国家乡村振兴局局长王正谱作工作部署，广西壮族自治区、四川省、云南省、陕西省，甘肃省东乡县、青海省尖扎县，财政部、人力资源和社会保障部、自然资源部、水利部有关负责同志先后作交流发言。在贵州期间，胡春华赴国家乡村振兴重点帮扶县中的毕节市纳雍县和六盘水市水城区进行了实地考察。与会人员赴纳雍县库东关乡玛瑙红樱桃产业基地、珙桐街道易地扶贫搬迁安置点实地调研。

6月26日 省委副书记、省长李炳军赴贵阳市开阳县、修文县调研乡村振兴工作推进情况，走访慰问老党员，开展"我为群众办实事"实践活动。他强调，要深入学习贯彻习近平总书记视察贵州重要讲话精神，坚定不移听党话、跟党走，始终牢记为民初心，扎实办好民生实事，奋力推动乡村振兴开新局。

6月28日 贵州省庆祝中国共产党成立100周年活动之一的"中

国减贫奇迹的精彩篇章——贵州脱贫攻坚成就展"在贵阳开展。成就展以"中国减贫奇迹的精彩篇章"为主题，规划"序厅""回首""谋划""开拓""风采""展望"等6个篇章，展览面积3600平方米。在传统展示的基础上，成就展还通过场景复原、艺术沙盘、观众互动等多种方式进行呈现。

7月12日—16日 中共中央政治局常委、全国人大常委会委员长栗战书在贵州调研。他强调，要以习近平新时代中国特色社会主义思想为指导，深入学习贯彻习近平总书记关于全面推进乡村振兴的重要论述，全面有效实施乡村振兴促进法。栗战书先后在贵阳市、黔南州、黔东南州、铜仁市和六盘水市进行调研后主持召开座谈会，围绕乡村振兴促进法实施听取意见建议。

7月16日 "丹青颂伟业——贵州脱贫攻坚百米画卷"作品展在北京民族文化宫隆重开展。作品展由中央文史研究馆指导，贵州省委统战部主办，贵州省文史研究馆承办。"贵州脱贫攻坚百米画卷"的创作历时两年。在省委统战部、省文史研究馆的倡议引导下，省内外百名书画家、辞赋作家以传统文化的艺术形式，按照"时代楷模代表人物""移民安居典范村寨""交通巨变桥梁写意""生态家园珍禽花卉""脱贫攻坚辞赋书法"五个篇章，用心用情倾力创作了百米画卷，以笔墨讲述贵州脱贫攻坚的点滴故事，赞扬脱贫攻坚楷模，宣扬脱贫攻坚精神，讴歌脱贫攻坚伟业。

8月2日—3日 省委副书记、省长李炳军到黔东南州台江县、施秉县、黄平县调研。他强调，要深入贯彻习近平总书记"七一"重要讲话和视察贵州重要讲话精神，坚持以人民为中心的发展思想，围绕"四新"主攻"四化"，大力发展特色优势产业，加快促进农民增收，更好推动民族地区高质量发展。

8月11日—12日 省委书记、省人大常委会主任谌贻琴深入黔南布依族苗族自治州龙里县、贵定县、都匀市，宣讲习近平总书记"七一"重要讲话精神，调研民族地区高质量发展工作。她强调，今年是中国共产党成立100周年，是"十四五"开局之年，是黔南建州65周年，要深入学习贯彻习近平总书记"七一"重要讲话和视察贵州重要讲话精神，坚持以高质量发展统揽全局，全力以赴围绕"四新"主攻"四化"，在高质量发展上有新突破，在推动民族团结进步繁荣发展上做表率，全力建设民族地区创新发展先行示范区，为开创百姓富、生态美的多彩贵州新未来做出新贡献。

8月14日—16日 省委副书记、省长李炳军到遵义市湄潭县、凤冈县、余庆县调研。他强调，要深入学习贯彻习近平总书记"七一"重要讲话和视察贵州重要讲话精神，贯彻落实中央关于乡村振兴各项决策部署和全国医改工作电视电话会议精神，坚持以人民为中心的发展思想，全面推进乡村振兴，持续深化医改工作，为经济社会高质量发展提供有力支撑。

8月28日 2021年"今朝更好看"大型融媒体直播暨"宣传促消费行动"助力乡村振兴系列活动启动仪式在惠水县好花红镇举行。本次活动由省委宣传部主办，省工业和信息化厅、省农业农村厅、省商务厅、省文化和旅游厅、省乡村振兴局及各市（州）党委宣传部联合协办，旨在深入反映贵州的实践成果、发展成就和宝贵经验，多角度讲好贵州故事，全方位宣传贵州特色优势产业，进一步推动绿色农产品出山，形成品牌声势，助力贵州经济社会高质量发展。

9月6日—8日 为深入学习贯彻习近平总书记关于深化东西部协作的重要指示精神，进一步推进粤黔结对帮扶，贵州省党政代表团赴广东学习考察。9月7日下午，两省领导在广州举行会见座谈，并共同见证双方签署有关合作协议。广东省委书记李希，贵州省委书记、省人大常委会主任谌贻琴，广东省委副书记、省长马兴瑞，贵州省委副书记、省长李炳军参加。会见结束后两省对口城市签署了"十四五"东西部协作协议，两省有关部门签署了新型工业化战略协作、共建乡村振兴现代农业产业园区、教育共建100所协作帮扶示范学校、医疗卫生协作等协议。

9月17日 2021年湘鄂渝黔四省市政协助推武陵山片区乡村振兴合作联席会议在湖北省恩施土家族苗族自治州召开，深入学习领会习近平总书记关于加强和改进民族工作的重要思想，认真贯彻落实中央民族工作会议精神，聚焦武陵山片区巩固拓展脱贫攻坚成果、全面推进乡村振兴、加强区域交通基础设施互联互通等重大问题，充分协商交流，广泛凝聚共识。

9月23日 2021年中国农民丰收节贵州主会场活动在毕节市七星关区举行，省人大常委会副主任杨永英出席并宣布活动启动。活动由中央农村工作领导小组办公室、中华人民共和国农业农村部指导，中共贵州省委农村工作领导小组办公室、贵州省农业农村厅、中共毕节市委、毕节市人民政府主办。活动遵循"农民主体、因地制宜、节俭热烈、开放搞活"的原则，以"庆丰收·感党恩"为主题，秉承"庆祝丰收、弘扬文化、振兴乡村"的宗旨，通过举办群众联欢活动、农业品牌发布推介、金秋消费季展销、乡村振兴促进法宣传、丰收吃新等活动，展示我省农业农村发展新成就、乡村振兴新面貌。

9月29日 省委书记、省人大常委会主任、省委乡村振兴工作领导小组组长谌贻琴主持召开省委专题会议暨省委乡村振兴工作领导小组会议，深入学习贯彻习近平总书记视察贵州重要讲话精神，听取全省巩固拓展脱贫攻坚成果和推进乡村振兴工作情况汇报，学习贯彻《巩固脱贫成果后评估办法》，审议贵州省全面推进乡村振兴"1+5"行动方案等文件，研究部署下步工作。

10月18日—22日 中国经济社会理事会调研组赴黔开展"在新

时代西部大开发上闯新路"专题调研，全国政协港澳台侨委员会主任、中国经济社会理事会副主席朱小丹率队。

10月19日—21日　中共中央书记处书记、中央统战部部长尤权在贵州调研时强调，要深入学习贯彻中央民族工作会议精神，切实铸牢中华民族共同体意识，更好促进民族团结进步，助力全面推进乡村振兴，努力让各族群众过上更加美好的生活。

10月24日—25日　省委副书记、省长李炳军深入黔西南布依族苗族自治州望谟县、册亨县、安龙县、义龙新区、贞丰县调研。他强调，要深入学习贯彻习近平总书记视察贵州重要讲话精神，统筹抓好常态化疫情防控和经济社会发展各项工作，扎实做好巩固拓展脱贫攻坚成果同乡村振兴有效衔接，奋力实现"十四五"民族地区高质量发展开好局、起好步。

11月24日　省委举行理论学习中心组集中研讨会。省委书记、省人大常委会主任谌贻琴主持会议并讲话。她强调，要深入学习贯彻党的十九届六中全会精神，深刻把握"两个确立"的决定性意义，坚决做到"两个维护"，进一步统一思想、统一意志、统一行动，全力以赴围绕"四新"主攻"四化"，奋力开创新时代贵州高质量发展新局面。

11月28日　由中国经济社会理事会和贵州省政协联合举办的助力贵州"在实施数字经济战略上抢新机"主题研讨会在贵阳举行。

12月1日—2日　中国共产党贵州省第十二届委员会第十次全体会议在贵阳举行。省委委员66人、候补委员1人出席会议，省纪委委员和有关方面负责同志，党的十九大代表中的部分基层代表、省第十二次党代会代表中的部分基层代表列席会议。省委书记、省人大常委会主任谌贻琴作了讲话。省委副书记、省长李炳军就《决定（讨论稿）》《决议（草案）（讨论稿）》向全会作了说明。

12 月 27 日　2021 年度巩固拓展脱贫攻坚成果同乡村振兴有效衔接考核评估省级工作对接会在贵阳召开。国家考核评估综合核查组组长、生态环境部副部长赵英民讲话。省委书记、省人大常委会主任谌贻琴主持会议并讲话。省委副书记、省长李炳军汇报贵州省 2021 年巩固拓展脱贫攻坚成果同乡村振兴有效衔接工作情况。

12 月 29 日　国家巩固拓展脱贫攻坚成果同乡村振兴有效衔接考核评估综合核查组来到湄潭县走访慰问脱贫户和困难群众。

后 记

    《全面建成小康社会贵州大事记》由中共贵州省委宣传部组织编撰，旨在纪录和展现 1949 年到 2021 年贵州在全面建成小康社会中的大事、要事，对于纪录好、研究好、宣传好贵州的脱贫攻坚具有重要意义。

    本书具体由中共贵州省委党史研究室刘毓麟同志负责整理、编写，是在参考《贵州脱贫攻坚战略行动实录·大事记》《中国共产党贵州历史大事记》《贵州年鉴》《贵州省志·大事记》等前期研究成果，同时参考中共贵州省委档案室、省政府档案室、省档案馆、省扶贫办等部门以及《贵州日报》等省级新闻媒体上公开发布的相关资料的基础上完成的。

    中共贵州省委政策研究室、中共贵州省委党史研究室、贵州省乡村振兴局等单位的领导和专家对本书进行了认真审读，并提出了宝贵意见。相关意见均已吸纳进书中，在此对各位领导、专家的指导深表谢意！

本书编写组

2022 年 6 月